Adler | Menschenkenntnis

Alfred Adler
Menschenkenntnis

Herausgegeben von Jürg Rüedi

Reclam

RECLAMS UNIVERSAL-BIBLIOTHEK Nr. 14489
2024 Philipp Reclam jun. Verlag GmbH,
Siemensstraße 32, 71254 Ditzingen
Gestaltung: Cornelia Feyll, Friedrich Forssman
Druck und Bindung: Esser printSolutions GmbH,
Untere Sonnenstraße 5, 84030 Ergolding
Printed in Germany 2024

ISBN 978-3-15-014489-3

www.reclam.de

Vorwort

Dieses Buch versucht dem breitesten Leserkreis die unerschütterlichen Grundlagen der Individualpsychologie und ihren Wert für die Menschenkenntnis, zugleich auch ihre Bedeutung für den Umgang mit Menschen und für die Organisation des eigenen Lebens zu zeigen. Es ist aus Jahresvorlesungen hervorgegangen, die im Volksheim in Wien vor einem vielhundertköpfigen Publikum gehalten wurden. Die Hauptaufgabe dieses Buches wird demnach darin zu suchen sein, die Mängel unseres Wirkens und Schaffens in der Gesellschaft aus dem fehlerhaften Verhalten des Einzelnen zu verstehen, seine Irrtümer zu erkennen und eine bessere Einfügung in den gesellschaftlichen Zusammenhang zu bewerkstelligen.

Irrtümer im Erwerb, in den Wissenschaften sind gewiss bedauerlich und schädlich. Irrtümer in der Menschenkenntnis sind meist lebensgefährlich. Die fleißigen Mitarbeiter an unserer Wissenschaft werden, so hoffe ich, weit über unseren Kreis hinaus die vorliegenden Feststellungen und Erfahrungen ebenso wenig übersehen wollen wie unsere früheren.

Ich fühle mich gedrängt an dieser Stelle Herrn Dr. jur. Broser meinen innigsten Dank auszusprechen. Er hat aus meinen Vorlesungen nahezu alles in emsiger Arbeit festgehalten, geordnet und gesichtet. Ich sage nicht zu viel, wenn ich feststelle, dass ohne seine Hilfe dieses Buch kaum zustande gekommen wäre.

Ebenso danke ich meiner Tochter, Dr. med. Ali Adler, für die Durchsicht der Korrekturen und für den Abschluss des Buches in einer Zeit, in der ich bestrebt war in England und

Amerika der Individualpsychologie neue Freunde zu gewinnen.

Der Verlag S. Hirzel hat in vorbildlicher Art das Erscheinen des Buches gefördert und in umsichtiger Weise die Öffentlichkeit vorbereitet. Die Individualpsychologie ist ihm hierfür zu besonderem Dank verpflichtet.

Diese Vorträge und dieses Buch sollen dem Zwecke dienen, den Weg der Menschheit zu beleuchten.

London, am 24. November 1926

Dr. Alfred Adler

Allgemeiner Teil

Einleitung

Des Menschen Gemüt
ist sein Geschick. (Herodot)

Die Grundlagen der Menschenkenntnis sind derart, dass sie allzu viel Überhebung und Stolz nicht zulassen. Im Gegenteil, wahre Menschenkenntnis muss geeignet sein, eine gewisse Selbstbescheidung eintreten zu lassen, indem sie uns lehrt, dass hier eine ungeheure Aufgabe vorliegt, an der die Menschheit seit den Uranfängen ihrer Kultur arbeitet, ein Werk, das sie bloß nicht zielbewusst und systematisch angegangen hat, so dass man immer nur einzelne große Menschen auftauchen sieht, die über mehr Menschenkenntnis verfügten als der Durchschnitt. Damit berühren wir einen wunden Punkt. Wenn man nämlich die Menschen unvoreingenommen auf ihre Menschenkenntnis hin prüft, so findet man, dass sie meistens versagen. Wir besitzen alle nicht viel Menschenkenntnis. Das hängt mit unserem isolierten Leben zusammen. Nie dürften die Menschen so isoliert gelebt haben wie heutzutage. Schon von Kindheit an haben wir wenig Zusammenhänge. Die Familie isoliert uns. Auch unsere ganze Art des Lebens gestattet uns keinen so intimen Kontakt mit unseren Mitmenschen, wie er zur Entfaltung einer Kunst, wie es Menschenkenntnis ist, unumgänglich notwendig ist. Das sind zwei Momente, die voneinander abhängig sind. Denn wir können wieder den Kontakt mit den anderen Menschen nicht finden, weil sie uns mangels eines besseren Verständnisses allzu lange fremd anmuten.

Die schwerwiegendste Folge dieses Mangels ist die, dass wir in der Behandlung unserer Mitmenschen und im Zusammenleben mit ihnen meist versagen. Es ist eine oft hervorgehobene und empfindliche Tatsache, dass die Menschen aneinander vorübergehen und vorüberreden, den Zusammenschluss nicht finden können, weil sie sich fremd gegenüberstehen, nicht nur im weiteren Rahmen einer Gesellschaft, sondern sogar im engsten Kreis der Familie. Nichts tritt uns öfter entgegen, als Klagen von Eltern, die ihre Kinder nicht verstehen, und von Kindern, dass sie von den Eltern nicht verstanden würden. Und doch liegt in den Grundbedingungen des menschlichen Zusammenlebens so viel Zwang, einander zu verstehen, weil unsere gesamte Haltung zum Nebenmenschen davon abhängt. Die Menschen würden viel besser zusammenleben, wenn die Menschenkenntnis größer wäre, weil gewisse störende Formen des Zusammenlebens wegfielen, die heute nur deshalb möglich sind, weil wir einander nicht kennen und so der Gefahr ausgesetzt sind, uns durch Äußerlichkeiten täuschen zu lassen und auf Verstellungen anderer hineinzufallen.

Wir wollen nun erklären, wieso gerade vonseiten der Medizin die Versuche ausgehen, in diesem ungeheuren Gebiet eine Disziplin festzulegen, die sich Menschenkenntnis nennt, und welche *Voraussetzungen* diese Wissenschaft hat, welche Aufgaben ihr zufallen und welche Ergebnisse von ihr erwartet werden können.

Vor allem ist die *Nervenheilkunde* selbst schon eine Disziplin, welche Menschenkenntnis in dringendster Weise erfordert. Der Nervenarzt ist genötigt, sich so rasch wie möglich einen Einblick in das Seelenleben *nervös erkrankter* Menschen zu verschaffen. Auf diesem Gebiet der Medizin kann man sich nur dann ein brauchbares Urteil bilden, man ist nur dann imstande, Eingriffe und Kuren vorzunehmen oder vorzuschlagen, wenn man sich darüber klar ist, was in der Seele des Patienten vorgeht. Hier gibt es keine Oberflächlichkeit, hier folgt auf den Irrtum sofort die Strafe und auf das richtige Erfassen zumeist auch der Erfolg. Hier wird also ziemlich strenge und sofortige Prüfung abgehalten. Im gesellschaftlichen Leben darf man sich in der Beurteilung eines Menschen schon eher irren. Auch hier folgt zwar jedes Mal die Strafe, doch kann die Reaktion darauf so spät erfolgen, dass wir meist nicht mehr in der Lage sind, die Zusammenhänge zu erfassen und staunend davorstehen, wie ein Irrtum in der Beurteilung eines Menschen vielleicht Jahrzehnte später zu schweren Misserfolgen und Schicksalen geführt hat. Solche Umstände belehren uns immer wieder über die *Notwendigkeit und die Pflicht der Gesamtheit Menschenkenntnis zu erwerben* und zu vertiefen.

Bei unseren Untersuchungen erkannten wir bald, dass jene seelischen Anomalien, Verwicklungen und Fehlschläge, die man in Krankheitsfällen so oft wahrnimmt, im Grunde genommen, ihrer Struktur nach nichts enthalten, was dem Seelenleben der sog. normalen Menschen fremd wäre. Es sind dieselben Elemente und Voraussetzungen, nur tritt alles krasser und deutlicher hervor und ist leichter erkennbar. Und so gestattet uns der Vorteil dieser Erkenntnisse hier zu lernen und durch Vergleich mit dem normalen Seelenleben Erfahrungen zu sammeln, die uns schließlich ermöglichen auch für normale Verhältnisse ein geschärftes Auge zu bekommen. Es war nicht mehr als Übung, verbunden mit jener Hingabe und Geduld, die jeder Beruf von uns verlangt.

Die erste Erkenntnis, die sich uns bot, war die, dass die stärksten Anregungen für den Ausbau des menschlichen Seelenlebens aus der frühesten Kindheit stammen. An sich war das wohl keine besonders verwegene Entdeckung, denn ähnliche Erörterungen finden sich bei Forschern aller Zeiten vor. Das Neue hierbei war aber der Umstand, dass wir die kindlichen Erlebnisse, Eindrücke und Stellungsnahmen, soweit sie noch nachweisbar waren, mit späteren Erscheinungen des Seelenlebens dadurch in einen *bindenden* Zusammenhang zu bringen suchten, dass wir Erlebnisse der frühesten Kindheit mit späteren Situationen und mit der Haltung des Individuums in seiner späteren Zeit in Vergleich zogen. Und da erwies sich nun als besonders wichtig, dass man *Einzelerscheinungen im Seelenleben nie als ein für sich abgeschlossenes Ganzes betrachten* dürfe, sondern nur dann für sie ein Verständnis gewinnen konnte, wenn man alle Erscheinungen eines Seelenlebens als Teile eines untrennbaren Ganzen versteht und sodann versucht die Bewegungslinie, die Lebensschablone, den Lebensstil eines Menschen aufzudecken und sich klarzumachen, dass das geheime Ziel der kindlichen Haltung mit dem der Haltung eines Menschen in späteren Jahren identisch ist. Kurz, es zeigte sich in überraschender Klarheit, dass vom Standpunkt der *seelischen Bewegung* aus keine Veränderungen vor sich gegangen waren, dass sich wohl die äußere Form, die Konkretisierung, die Verbalisierung der seelischen Erscheinungen, das Phänomenale ändern konnte, dass aber die Grundlagen, das Ziel und die Dynamik, alles, was das Seelenleben in der Richtung auf das Ziel hin bewegt, unverändert blieb. Wenn z.B. ein Patient einen ängstlichen Charakter aufwies, immer von Misstrauen erfüllt und bestrebt, sich von den andern abzusondern, so war leicht nachzuweisen, dass ihm dieselben Bewegungen schon im dritten oder vierten Lebensjahre angehaftet hatten, nur in kindlicher Einfachheit und leichter zu durchschauen. Wir haben uns daher zur Regel gemacht das Schwergewicht unserer Aufmerksamkeit immer zuerst in die Kindheit des Patienten zu verlegen. Wir kamen so weit bei einem Menschen vieles aus seiner Kindheit voraussetzen zu können, es zu wissen, ohne dass es uns jemand gesagt hätte. Wir betrachteten das, was wir an ihm sahen, als die Abdrücke seiner ersten Kindheitserlebnisse, die ihm bis in das hohe Alter anhaften. – Und wenn wir andererseits von einem Menschen hören, an welche Begebenheiten aus seiner Kindheit er sich erinnert, so gibt uns das, richtig verstanden, ein Bild davon, was für eine Art Mensch wir vor uns haben. Hierbei benutzen wir auch die weitere Erkenntnis, dass die Menschen so schwer von der Schablone, in die sie in den ersten Lebensjahren hineingewachsen sind, loskommen. Es gibt nur wenig Menschen, die sie abzustreifen vermocht haben, wenn auch das Seelenleben im erwachsenen Alter in anderen Situationen anders in Erscheinung tritt und dadurch einen anderen Eindruck vermittelt. Dies ist aber nicht gleichbedeutend mit einer Änderung der Lebensschablone;

das Seelenleben ruht noch immer auf demselben Fundament, der Mensch zeigt die gleiche Bewegungslinie und lässt uns in beiden Altersstufen, in der Kindheit wie im Alter, das gleiche Ziel erraten. Auch deshalb musste das Schwergewicht unserer Aufmerksamkeit in die Kindheit fallen, weil wir erkannten, dass es, wenn wir eine Änderung planen, doch nicht angehe, gleichsam von oben her, all die unzähligen Erlebnisse und Eindrücke eines Menschen abtragen zu wollen, sondern dass wir zuerst seine Schablone finden und aufdecken müssten, aus der uns das Verständnis für seine Eigenart und damit zugleich für seine auffallenden Krankheitserscheinungen erwuchs.

So wurde für uns die Betrachtung des kindlichen Seelenlebens der Angelpunkt unserer Wissenschaft, und das war Erquickung und Belehrung genug. Eine Fülle von Arbeiten war dem Studium dieser ersten Lebensjahre gewidmet. Hier ist ein so ungeheures, noch nicht durchgearbeitetes Material angehäuft, dass noch für lange Zeiten vorgesorgt und jeder in der Lage ist, Neues, Wichtiges und Interessantes zu finden.

Diese Wissenschaft ist uns gleichzeitig ein Mittel Fehlern vorzubeugen; denn eine Wissenschaft, die nur um ihrer selbst willen da wäre, ist die Menschenkenntnis nicht. Auf Grund unserer Erkenntnisse kamen wir ganz von selbst in die Erziehungsarbeit hinein, der wir nun seit Jahren dienen. Erziehungsarbeit ist aber eine Fundgrube für jeden, der Menschenkenntnis als eine wichtige Wissenschaft erkannt hat, der sie erleben und sich erarbeiten will; denn sie ist keine Buchweisheit, sondern will praktisch gelernt sein. Man muss jede Erscheinung im Seelenleben sozusagen miterlebt und in sich aufgenommen, den Menschen durch seine Freuden und Ängste begleitet haben, wie etwa ein guter Maler in die Züge eines Menschen, den er porträtieren will, nur das hineinlegen kann, was er von ihm erfühlt. So ist Menschenkenntnis zu denken als eine Kunst, für die genügend Werkzeuge zur Verfügung stehen, aber auch als eine Kunst, die sich allen andern Künsten in gleichem Rang anreiht und von der eine bestimmte Klasse von Menschen, die Dichter, einen sehr wertvollen Gebrauch gemacht haben. Sie soll uns in erster Linie dazu dienen unsere Kenntnisse zu vermehren, was auf nichts weniger abzielt, als uns allen die Möglichkeit einer besseren und reiferen seelischen Entwicklung zu verschaffen.

Eine Schwierigkeit, die man bei dieser Arbeit häufig vorfindet, besteht darin, dass wir Menschen in diesem Punkt außerordentlich empfindlich sind. Es gibt wenig Menschen, die sich, obwohl sie keine Studien angestellt haben, nicht für Menschenkenner hielten, und noch weniger solche, die nicht im ersten Augenblick ein Gefühl der Verletztheit hätten, wenn man sie etwa in ihrer Menschenkenntnis fördern wollte. Unter allen diesen sind die wirklich Wollenden nur jene, die den Wert der Menschen durch das Erleben eigener oder durch Mitempfinden fremder seelischer Not schon irgendwie erkannt haben. Aus diesem Umstand erwächst uns bei unserer Beschäftigung auch die Notwendigkeit einer bestimmten *Taktik*. Denn nichts wird gehässiger und mit kritischerem Blick betrachtet, als wenn man einem Menschen die von seinem Seelenleben gewonnenen Erkenntnisse brüsk vor Augen führt. Wer sich nicht gern unbeliebt machen will, dem ist zu raten, in dieser Beziehung vorsichtig zu sein. Es ist das beste Mittel, um sich in schlechten Ruf zu bringen, wenn man mit dieser Wissenschaft unvorsichtig umgeht und sie missbraucht, etwa bei einer Tischgesellschaft zeigen wollte, wie viel man von dem Seelenleben seiner Nachbarn verstehe oder errate. Ebenso gefährlich ist es, wenn man Grundanschauungen dieser Lehre einem Fremden als fertiges Produkt entgegenhält. Selbst jene, die schon etwas davon wissen, würden sich dadurch mit Recht verletzt fühlen. Damit wiederholen wir, was anfangs gesagt wurde, dass diese Wissenschaft zur Selbstbescheidung zwingt, indem sie nicht gestattet, voreilig oder überflüssigerweise Erkenntnisse vorzutragen, was übrigens nur dem alten Stolz der Kindheit entsprechen würde, zu prahlen und zu zeigen, was man schon alles kann. Für Erwachsene ist das viel bedenklicher. Deshalb wollen wir hiermit vorschlagen zu warten, sich selbst zu prüfen und niemand mit Erkenntnissen in den Weg zu treten, die man irgendwo im Dienste der Menschenkenntnis erworben hat. Wir würden für die werdende Wissenschaft und ihren Zweck nur neue Schwierigkeiten schaffen, weil wir dadurch genötigt wären Fehler auf uns zu nehmen, die nur dem Unbedacht des – allerdings enthusiastischen – Jüngers entsprungen sind. Es ist besser vorsichtig zu bleiben und dessen eingedenk, dass wir zuerst wenigstens ein abgerundetes Ganzes vor uns haben müssen, bevor wir ein Urteil fällen, und dass wir das nur dann tun sollen, wenn wir sicher sind, dass wir jemand damit einen Vorteil verschaffen. Denn man kann dadurch, dass man ein, wenn auch richtiges Urteil in schlechter Weise und an unrichtiger Stelle ausspricht, viel Schaden stiften.

Bevor wir diese Betrachtungen fortsetzen, müssen wir einem Einwand begegnen, der sich sicherlich schon manchem aufgedrängt hat. Die obige Behauptung nämlich, dass die Lebenslinie eines Menschen unverändert bleibt, wird manchem unverständlich erscheinen, weil doch der Mensch so viel Erfahrungen im Leben mache, die eine Änderung seiner Haltung bewirken. Man bedenke aber, dass eine Erfahrung vieldeutig ist. Man wird finden, dass es kaum zwei Menschen gibt, die aus einer und derselben Erfahrung die gleiche Nutzanwendung ziehen. Man wird somit aus seinen Erfahrungen nicht immer klug. Man lernt wohl gewisse Schwierigkeiten zu vermeiden, man bekommt ihnen gegenüber eine gewisse Haltung. Aber die Linie, auf der sich einer bewegt, wird dadurch nicht geändert. Wir werden im Verlauf unserer Erörterungen sehen, dass der Mensch aus der Fülle seiner Erfahrungen immer nur ganz bestimmte Nutzanwendungen macht, die sich bei näherer Untersuchung stets als solche nachweisen lassen, die irgendwie zu seiner Lebenslinie passen, ihn in seiner Lebensschablone bestärken. Die Sprache sagt mit dem ihr eigenen Gefühl, dass man seine Erfahrungen *macht*, womit sie andeutet, dass jeder darüber Herr ist, wie er seine Erfahrungen verwertet. Man kann in der Tat täglich beobachten, wie die Menschen die verschiedensten Folgerungen aus ihren Erfahrungen ziehen. Man stößt z. B. auf einen Menschen, der gewohnheitsmäßig irgendeinen Fehler begeht. Auch wenn es gelingt, ihn seines Fehlers zu überführen, wird man verschiedene Resultate finden. So kann er folgern, dass es eigentlich schon Zeit wäre, den Fehler abzulegen. Diese Folgerung ist selten. Ein anderer wird erwidern, er habe das schon so lange gemacht, jetzt werde er es sich nicht mehr abgewöhnen. Ein Dritter beschuldigt für seine Fehler die Eltern oder allgemein die Erziehung, er habe niemand gehabt, der sich um ihn gekümmert hätte, oder er sei verzärtelt oder zu streng behandelt worden – und bleibt bei seinem Irrtum. Dadurch aber verraten Letztere nur, dass sie eigentlich gedeckt dastehen wollen. Sie können sich auf diese Weise immer vorsichtig und mit scheinbarer Berechtigung einer Selbstkritik entziehen. Selbst schuldig sind sie nie, immer liegt die Schuld für alles, was sie nicht erreicht haben, bei anderen. Dabei übersehen sie, dass sie selbst recht wenig Anstrengungen machen, ihre Fehler zu bekämpfen, vielmehr mit einer gewissen Inbrunst dabei verharren, *während die schlechte Erziehung doch nur so lange schuldig ist, als sie es wollen.* Die Vieldeutigkeit der Erfahrungen, die Möglichkeit, verschiedene Konsequenzen daraus zu ziehen, lässt uns nun verstehen, warum ein Mensch seine Gangart nicht ändert, sondern seine Erlebnisse so lange dreht und wendet, bis er sie wieder seiner Gangart angepasst hat. Es scheint das Schwerste für die Menschen zu sein, sich selbst zu erkennen und zu ändern.

Wollte aber jemand es unternehmen, hier einzugreifen und zu versuchen, bessere Menschen zu erziehen, so wäre er in großer Verlegenheit, wenn ihm nicht die Erfahrungen und Befunde der Menschenkenntnis zur Verfügung stünden. Er würde vielleicht, wie bisher, an der Oberfläche operieren und, weil die Sache ein neues Aussehen, eine andere Nuance gewonnen hätte, meinen, er habe schon etwas geändert. Wir werden uns an praktischen Fällen überzeugen können, wie wenig durch solche Eingriffe an einem Menschen geändert wird, wie das alles nur Schein ist, der wieder verfliegt, solange nicht die Bewegungslinie selbst anders verläuft. Der Prozess, einen Menschen zu ändern, ist also nicht allzu leicht, dazu gehört eine gewisse Besonnenheit und Geduld, vor allem Beseitigung jeder persönlichen Eitelkeit, da der andere nicht verpflichtet ist, als Objekt für unsere Eitelkeit zu dienen. Außerdem muss dieser Prozess so geleitet werden, dass er für den andern mundgerecht wird. Denn es ist verständlich, dass jemand eine Speise, die ihm sonst immer schmecken würde, deshalb abweist, weil sie ihm nicht in der richtigen Weise geboten wurde.

Die Menschenkenntnis hat aber noch eine andere, ebenso wichtige Seite, die sozusagen ihr soziales Gesicht ist. Es ist zweifellos, dass sich die Menschen viel besser vertragen, dass sie viel mehr aneinander heranrücken würden, wenn sie sich besser verstünden. Denn dann wäre es unmöglich, dass sie einander täuschten. In dieser Täuschungsmöglichkeit liegt eine ungeheure Gefahr für die Gesellschaft. Diese Gefahr müssen wir unseren Mitarbeitern, die wir ins Leben hineinführen, zeigen. Sie müssen fähig sein, all das Unbewusste im Leben, alle Verheimlichungen, Verstellungen, Masken, Listen und Tücken zu erkennen, um jene, auf die sie einwirken sollen, darauf aufmerksam zu machen und ihnen zu helfen. Dazu verhilft uns nur Menschenkenntnis, in bewusster Absicht betrieben.

Es dürfte auch die Frage interessieren, *wer* eigentlich am besten in der Lage ist, Menschenkenntnis zu sammeln und zu betreiben. Es wurde bereits erwähnt, dass es nicht möglich ist, diese Wissenschaft nur theoretisch zu betreiben. Der bloße Besitz aller Regeln genügt noch nicht, es ist auch notwendig, ihn aus dem Studium in die Praxis und in ein höheres Studium des Zusammenfassens und Verstehens hinüberzuleiten, damit das Auge schärfer und tiefer blicken lernt, als es die eigene bisherige Erfahrung gestattete. Dies ist der bewegende Grund, warum wir theoretisch Menschenkenntnis betreiben. Lebendig machen können wir aber diese Wissenschaft erst dadurch, dass wir ins Leben hinaustreten und hier die gewonnenen Grundsätze prüfen und anwenden. Die obige Frage nun drängt sich uns deshalb auf, weil wir aus dem, was uns während der Erziehung geboten wird, viel zu wenig, vielfach auch unrichtige Menschenkenntnis schöpfen, weil somit unsere Erziehung gegenwärtig noch ungeeignet ist, brauchbare Menschenkenntnis zu vermitteln. Es ist jedem Kind allein überlassen, wie weit es sich entwickeln und aus seiner Lektüre, wie aus seinen Erlebnissen Nutzanwendungen ziehen will. Auch gibt es für die Pflege der Menschenkenntnis keine Tradition. Es gibt noch keine Lehre über sie, sie befindet sich noch in demselben Zustand wie etwa die Chemie, als sie noch Alchimie war.

Halten wir nun unter jenen Menschen, die in diesem Durcheinander unseres Erzogenwerdens die günstigste Gelegenheit haben, Menschenkenntnis zu erwerben, Umschau, so sind es jene, die noch nicht aus dem Zusammenhang gerissen sind, die noch in irgendeiner Weise den Kontakt mit den Mitmenschen und dem Leben bewahrt haben, also jene, die noch Optimisten sind oder wenigstens kämpfende Pessimisten, solche, die der Pessimismus noch nicht zur Resignation getrieben hat. Außer dem Kontakt aber muss noch das Erleben da sein. Und so gelangen wir zu dem Schluss: Wirkliche Menschenkenntnis wird bei unserer mangelhaften Erziehung heute eigentlich nur einem Typus von Menschen zukommen, das ist der »reuige Sünder«, derjenige, der entweder drinnen war in all den Verfehlungen des menschlichen Seelenlebens und sich daraus gerettet hat, oder der wenigstens nahe daran vorbeigekommen ist. Selbstverständlich kann das auch jemand anderer sein, insbesondere jener, dem man es demonstrieren konnte, oder dem die Gabe der Einfühlung ganz besonders gegeben ist. Der beste Menschenkenner wird aber sicher der sein, der alle diese Leidenschaften selbst durchgemacht hat. Der reuige Sünder scheint nicht nur für unsere Zeit, sondern auch für die Zeit der Entwicklung aller Religionen jener Typus zu sein, dem der höchste Wert zugebilligt wird, der viel höher steht als tausend Gerechte. Fragen wir uns, wieso das kommt, dann müssen wir zugeben, dass ein Mensch, der sich aus den Schwierigkeiten des Lebens erhoben, sich aus dem Sumpf emporgearbeitet hat, der die Kraft gefunden hat, alles das hinter sich zu werfen und sich daraus zu erheben, die guten und schlechten Seiten des Lebens am besten kennen muss. Ihm kommt darin kein anderer gleich, vor allem nicht der Gerechte.

Aus der Kenntnis der menschlichen Seele erwächst uns ganz von selbst eine Pflicht, eine Aufgabe, die, kurz gesagt, darin besteht, die Schablone eines Menschen, sofern sie sich als für das Leben ungeeignet erweist, zu zerstören, ihm die falsche Perspektive zu nehmen, mit der er im Leben umherirrt, und ihm eine solche Perspektive nahezulegen, die für das Zusammenleben und für die Glücksmöglichkeiten dieses Daseins besser geeignet ist, eine Denkökonomie, oder sagen wir, um nicht unbescheiden zu sein, auch wieder eine Schablone, in der aber das Gemeinschaftsgefühl die hervorragende Rolle spielt. Wir haben gar nicht die Absicht, zu einer Idealgestaltung einer seelischen Entwicklung zu gelangen. Man wird aber finden, dass oft schon der Standpunkt allein dem Irrenden und Fehlenden eine enorme Hilfe im Leben ist, weil er bei seinen Irrtümern die sichere Empfindung hat, in welcher Richtung er fehlgegangen ist. Die strengen Deterministen, die alles menschliche Geschehen von der Aufeinanderfolge von Ursache und Wirkung abhängig machen, kommen bei dieser Betrachtung durchaus nicht zu kurz. Denn es ist sicher, dass die *Kausalität* eine ganz andere wird, dass die Auswirkungen eines Erlebnisses völlig andere werden, wenn im Menschen noch eine Kraft, noch ein Motiv lebendig wird, die *Selbsterkenntnis*, das gesteigerte Verständnis dessen, was in ihm vorgeht und aus welchen Quellen es stammt. Er ist ein anderer geworden und kann sich dessen wohl niemals mehr entschlagen.

I. Kapitel: Die Seele des Menschen

1. Begriff und Voraussetzung des Seelenlebens. Beseelung schreiben wir eigentlich nur *beweglichen*, lebenden Organismen zu. Die Seele steht in innigster Beziehung zur freien Bewegung. Bei Organismen, die festwurzeln, gibt es kaum ein Seelenleben, es wäre für sie auch ganz überflüssig. Man muss nur die Ungeheuerlichkeit bedenken, einer festwurzelnden Pflanze Gefühle und Gedanken zuzumuten, die, während sie über Bewegung in keiner Weise verfügen könnte, etwa Schmerz erwarten sollte, die sie voraussähe, vor denen sie sich aber nicht hüten könnte, oder wenn man annehmen wollte, dass eine Pflanze der Vernunft, des freien Willens teilhaftig wäre, während es von vornherein ausgeschlossen ist, dass sie diesen Willen je gebrauchen könnte. Ihr Wille, ihre Vernunft bliebe ewig unfruchtbar.

So sehen wir, wie scharf in dieser Beziehung durch den Mangel eines Seelenlebens die Pflanze vom Tier zu unterscheiden ist und merken auf einmal die ungeheure Bedeutung, die im *Zusammenhang von Bewegung und Seelenleben* gelegen ist. Dieser Gedankengang legt uns auch nahe, dass in der Entwicklung des Seelenlebens alles erfasst werden muss, was mit der Bewegung zusammenhängt, dass an alle Schwierigkeiten einer Ortsveränderung bereits angeknüpft werden kann, dass dieses Seelenleben berufen ist, vorauszusehen, Erfahrungen zu sammeln, ein Gedächtnis zu entwickeln, um es für die bewegliche Praxis des Lebens brauchbar zu machen.

Wir können also zuerst feststellen, dass die Entwicklung des Seelenlebens an die Bewegung gebunden ist, und dass der Fortschritt alles dessen, was die Seele erfüllt, durch diese freie Beweglichkeit des Organismus bedingt ist. Denn diese Beweglichkeit reizt, sie fördert und verlangt eine immer stärkere Intensivierung des Seelenlebens. Stellen wir uns jemand vor, dem wir jede Bewegung untersagt hätten; sein gesamtes Seelenleben wäre zum Stillstand verdammt. »Nur die Freiheit brütet Kolosse aus, während der Zwang tötet und verdirbt.«

2. Funktion des seelischen Organs. Wenn wir von diesem Gesichtspunkt aus die Funktion des Seelenlebens überblicken, so wird uns klar, dass hier die Entwicklung einer angeborenen Fähigkeit vor uns liegt, die ausersehen ist, ein *Angriffs-, Abwehr- oder Sicherungs-, ein Schutzorgan* vorzustellen, je nachdem, ob die Situation eines Lebensorganismus den Angriff oder die Sicherung verlangt. Wir können also ein Seelenleben nur betrachten als einen Komplex von Angriffs- und Sicherungsvorkehrungen, die auf die Welt rückzuwirken haben, um den Bestand des menschlichen Organismus zu gewährleisten und seine Entwicklung sicherzustellen. Ist diese Bedingung einmal festgehalten, dann ergeben sich weitere Bedingungen, die für die Erfassung dessen, was wir als Seele betrachten wollen, wichtig sind. *Wir können uns ein Seelenleben, das isoliert ist, nicht vorstellen*, sondern nur ein Seelenleben, das mit allem, von dem es umgeben ist, verknüpft ist, das Anregungen von außen aufnimmt und irgendwie beantwortet, das über Möglichkeiten und Kräfte verfügt, die nötig sind, um den Organismus gegenüber der Umwelt oder im Bunde mit ihr zu sichern und sein Leben zu gewährleisten.

Die Zusammenhänge, die sich nun unserem Auge erschließen, sind mannigfach. Sie betreffen zuerst den Organismus selbst, die Eigenart des Menschen, seine Körperlichkeit, Vorzüge und Nachteile. Das sind aber nur ganz relative Begriffe. Denn es ist durchaus verschieden, ob irgendeine Kraft, irgendein Organ einen Vorzug oder einen Nachteil bedeutet. Beides wird sich aus der Situation ergeben, in der sich das Individuum befindet. So stellt bekanntlich der Fuß des Menschen in gewissem Sinne eine verkümmerte Hand vor. Diese wäre z. B. für ein Klettertier ein ungeheurer Nachteil, ist aber bei einem Menschen, der sich auf dem Boden bewegt, ein solcher Vorteil, dass keiner wünschen würde, statt des Fußes etwa eine normale Hand zu haben. Überhaupt finden wir im persönlichen Leben, wie im Leben aller Völker, dass Minderwertigkeiten nicht etwa so aufzufassen sind, als ob sie immer die ganze Last der Nachteile in sich bergen würden, sondern es kommt auf die Situation an, in der dies entschieden wird. Wir ahnen, ein wie ungeheuer weites Feld der Betrachtung sich auch hinsichtlich der Beziehungen ergibt, in denen das menschliche Seelenleben zu allen Forderungen *kosmischer Natur* steht, wie zu Wandel von Tag und Nacht, zur Herrschaft der Sonne, zur Bewegtheit der Atome usw. Auch diese Einflüsse stehen in innigem Zusammenhang mit der Eigenart unseres Seelenlebens.

3. Zielstrebigkeit im Seelenleben. Was wir aus den seelischen Regungen zuerst erfassen können, ist selbst wieder Bewegung, die auf ein Ziel gerichtet ist. Deshalb müssen wir feststellen, dass es ein Trugschluss wäre, sich die menschliche Seele so vorzustellen, als ob sie ein ruhendes Ganzes wäre, sondern wir können sie uns nur vorstellen in der Form von sich bewegenden Kräften, die allerdings aus einem einheitlichen Grund hervorgegangen sind und einem einheitlichen Ziel zustreben. Schon im Begriff der Anpassung liegt dieses Zielstrebige. Wir können uns ein Seelenleben nicht vorstellen ohne ein Ziel, zu dem hin die Bewegung, die Dynamik, die im Seelenleben enthalten ist, abrollt.

Das menschliche Seelenleben ist also durch ein Ziel bestimmt. Kein Mensch kann denken, fühlen, wollen, sogar träumen, ohne dass all dies bestimmt, bedingt, eingeschränkt, gerichtet wäre durch ein ihm vorschwebendes Ziel. Dies ergibt sich fast von selbst im Zusammenhang mit den Forderungen des Organismus und der Außenwelt und mit der Antwort, die der Organismus darauf zu geben genötigt ist. Die körperlichen und seelischen Erscheinungen des Menschen entsprechen diesen aufgestellten Grundanschauungen. Eine seelische Entwicklung ist nicht anders denkbar, als in diesem eben geschilderten Rahmen, als auf ein irgendwie vorschwebendes Ziel gerichtet, das sich von selbst aus den geschilderten Kraftwirkungen ergibt. Das Ziel kann veränderlich oder starr gefasst werden.

Man kann also alle seelischen Erscheinungen in dem Sinne auffassen, als ob sie eine Vorbereitung auf etwas Kommendes wären. Es scheint, dass das seelische Organ gar nicht anders betrachtet werden kann, als dass es ein Ziel vor sich habe, und die *Individualpsychologie* nimmt alle Erscheinungen der menschlichen Seele so auf, als ob sie auf ein Ziel gerichtet wären.

Wenn man das Ziel eines Menschen kennt und auch sonst in der Welt halbwegs informiert ist, dann weiß man auch, was seine Ausdrucksbewegungen bedeuten können und kann deren Sinn als eine Vorbereitung für dieses Ziel erfassen. Dann weiß man auch, was für Bewegungen dieser Mensch machen muss, um es zu erreichen, etwa so, wie man den Weg kennt, den ein Stein nehmen muss, wenn man ihn zur Erde fallen lässt. Nur, dass die Seele kein Naturgesetz kennt, denn das vorschwebende Ziel ist nicht feststehend, sondern abänderbar. Wenn jemandem jedoch ein Ziel vorschwebt, dann verläuft die seelische Regung so zwangsmäßig, als ob hier ein Naturgesetz walten würde, nach dem man zu handeln genötigt ist. Das besagt aber, dass es im Seelenleben kein Naturgesetz gibt, sondern dass sich der Mensch auf diesem Gebiet seine Gesetze selbst macht. Wenn sie ihm dann wie ein Naturgesetz erscheinen, so ist das ein Trug seiner Erkenntnis, denn er hat ja, wenn er ihre Unabänderlichkeit, ihre Determination festzustellen glaubt und sie beweisen will, die Hand dabei im Spiel. Wenn einer z. B. ein Bild malen will, so wird man an ihm alle Haltungen wahrnehmen können, die zu einem Menschen gehören, der ein solches Ziel vor Augen hat. Er wird alle dazugehörigen Schritte mit unbedingter Konsequenz machen, wie wenn ein Naturgesetz vorläge. Muss er aber dieses Bild malen?

Es ist also ein Unterschied zwischen den Bewegungen der Natur und jenen im menschlichen Seelenleben. Hier knüpfen die Streitfragen über die Freiheit des menschlichen Willens an, die heute dahin geklärt zu sein scheinen, als ob der menschliche Wille unfrei wäre. Richtig ist, dass er unfrei wird, sobald er sich an ein Ziel bindet. Und da dieses so oft aus seiner kosmischen, animalischen und gesellschaftlichen Bedingtheit erwächst, so muss uns natürlich das Seelenleben so erscheinen, als ob es unter unabänderlichen Gesetzen stünde. Wenn man aber beispielsweise seinen Zusammenhang mit der Gemeinschaft leugnet und bekämpft, sich nicht den Tatsachen anpassen will, dann sind alle diese scheinbaren Gesetzmäßigkeiten des Seelenlebens aufgehoben und es tritt eine neue Gesetzmäßigkeit ein, die eben durch das neue Ziel bedingt ist. Ebenso wirkt für einen Menschen, der am Leben verzweifelt und seine Mitmenschlichkeit auszutilgen sucht, das Gesetz der Gemeinschaft nicht mehr bindend. Wir müssen also festhalten, dass erst durch die Aufstellung eines Zieles eine Bewegung im Seelenleben mit Notwendigkeit erfolgen muss.

Umgekehrt ist es möglich, aus den Bewegungen eines Menschen auf das ihm vorschwebende Ziel zu schließen. Eigentlich wäre dies das Wichtigere, weil manche Menschen sich über ihr Ziel oft nicht im Klaren sind. In der Tat ist das der regelmäßige Weg, den wir zum Zweck der Pflege unserer Menschenkenntnis gehen müssen. Er ist nicht so einfach wie der erstere, weil die Bewegungen vieldeutig sind. Wir können aber mehrere Bewegungen eines Menschen hernehmen, vergleichen, Linien ziehen. Man kann zum Verständnis eines Menschen dadurch gelangen, dass man die Haltungen, die Ausdrucksformen zweier zeitlich voneinander verschiedener Punkte seines Lebens durch eine Linie miteinander zu verbinden sucht. Dadurch bekommt man ein System in die Hand, bei dessen Anwendung man den Eindruck einer *einheitlichen Richtung* erhält. Hierbei kann man entdecken, wie eine kindliche Schablone in einer manchmal überraschenden Weise bis in die späten Lebenstage hinein wiederzufinden ist. Ein Beispiel mag dies erläutern:

Ein 30-jähriger, außerordentlich strebsamer Mann hatte es trotz Schwierigkeiten in seiner Entwicklung zu Ansehen und guten Erfolgen gebracht. Er erscheint beim Arzt in einem Zustand äußerster Depression und beklagt sich über Arbeits- und Lebensunlust. Er erzählt, dass er vor einer Verlobung stehe, jedoch der Zukunft mit großem Misstrauen entgegensehe. Er sei von heftiger Eifersucht geplagt und es bestehe die Gefahr, dass die Verlobung bald wieder auseinandergehen werde. Die Tatsachen, die er hierzu anführt, sind nicht gerade überzeugend; dem Mädchen kann kein Vorwurf gemacht werden. Das auffallende Misstrauen, das er an den Tag legt, lässt den Verdacht rege werden, dass er einer von den vielen Menschen sei, die einem andern gegenübertreten, sich von ihm angezogen fühlen, aber gleichzeitig eine Angriffsstellung einnehmen und nun voller Misstrauen das zerstören, was sie aufbauen wollen. Um nun die obenerwähnte Linie ziehen zu können, wollen wir ein Ereignis aus seinem Leben herausgreifen und versuchen, es mit seiner jetzigen Stellungnahme zu vergleichen. Unserer Erfahrung zufolge greifen wir immer auf die ersten

Kindheitseindrücke zurück, obwohl wir wissen, dass das, was wir zu hören bekommen, einer objektiven Prüfung nicht immer standhalten muss. Seine erste Kindheitserinnerung war folgende: Er war mit seiner Mutter und seinem jüngeren Bruder auf dem Markt. Wegen des herrschenden Gedränges nahm die Mutter ihn, den Älteren, auf den Arm. Als sie ihren Irrtum bemerkte, stellte sie ihn wieder auf die Erde und nahm den andern auf, während er selbst nun betrübt neben ihr einherlief. Er war damals vier Jahre alt. Wie wir bemerken können, klingen bei der Wiedergabe dieser Erinnerung ähnliche Saiten wider, wie wir sie soeben bei der Schilderung seines Leidens vernommen haben: Er ist nicht sicher, der Vorgezogene zu sein und kann es nicht ertragen, daran denken zu müssen, dass ihm etwa ein anderer vorgezogen werden könnte. – Auf diesen Umstand aufmerksam gemacht, ist er sehr erstaunt und erkennt den Zusammenhang sofort.

Das Ziel, auf das hin wir uns alle Ausdrucksbewegungen eines Menschen gerichtet denken müssen, kommt unter dem Einfluss der Eindrücke zustande, die dem Kind durch die Außenwelt vermittelt werden. Das Ideal, das Ziel eines Menschen, bildet sich schon in den ersten Monaten seines Lebens. Denn dort werden schon jene Empfindungen eine Rolle spielen, auf die das Kind mit Freude oder mit Missbehagen antwortet. Dort werden bereits die ersten Spuren eines Weltbildes auftauchen, wenn auch nur in der primitivsten Art. Damit ist gesagt, dass die Grundlagen für die uns zugänglichen Faktoren des Seelenlebens bereits in der Säuglingszeit gelegt werden. Dieselben werden immer weiter ausgebaut, sie sind wandelbar, beeinflussbar. Die mannigfachsten Einwirkungen finden statt, die das Kind zwingen, mit irgendeiner Stellungsnahme auf die Anforderungen des Lebens zu antworten.

So können wir jenen Forschern nicht unrecht geben, die hervorheben, dass Charakterzüge eines Menschen schon in seiner Säuglingszeit bemerkbar waren, weshalb viele behaupten, der Charakter sei angeboren. Man kann aber feststellen, dass die Auffassung, dass der Charakter des Menschen von seinen Eltern ererbt sei, gemeinschädlich ist, denn sie hindert ja den Erzieher, sich mit Vertrauen an seine Aufgabe zu machen. Eine Bekräftigung dieser Annahme liegt in dem Umstand, dass die Auffassung von der Angeborenheit des Charakters meist dazu verwendet wird, um jenen, der sich ihrer bediente, freizusprechen, seine Verantwortlichkeit auszuschalten, was natürlich den Aufgaben der Erziehung widerspricht.

Eine wichtige Bedingung, die bei der Aufrichtung des Zieles mitwirkt, ist durch den Einfluss der *Kultur* gegeben. Durch diese ist sozusagen eine Schranke aufgestellt, an die die Kraft des Kindes immer wieder stößt, so lange, bis es einen Weg findet, der ihm gangbar erscheint, der ihm Erfüllung für seine Wünsche, sowie für die Zukunft Sicherung und Anpassung verspricht. Wie stark die Sicherung sein soll, die das Kind begehrt, wie viel Sicherung ihm die Hingabe an die Kultur gewährt, ist bald zu erkennen. Es ist nicht einfach Sicherung vor Gefahr, sondern es kommt wie bei einer gut eingerichteten Maschine ein weiterer Sicherungskoeffizient hinzu, der die Erhaltung des menschlichen Organismus noch besser gewährleisten soll. Diesen verschafft sich das Kind dadurch, dass es über das gegebene Maß hinaus Sicherungen, Triebbefriedigungen, ein Plus verlangt, mehr, als zu einem einfachen Bestande, zu seiner ruhigen Entwicklung nötig wäre. Dadurch kommt aber eine neue Bewegung in sein Seelenleben. Die Bewegungslinie, die wir hier bemerken, ist ganz deutlich die der *Überhebung*. Das Kind will, ähnlich wie ein Erwachsener, mehr erreichen als alle andern, es strebt eine Überlegenheit an, die ihm dann jene Sicherheit und Anpassung bringen und bewahren soll, die ihm als Ziel von vornherein gesetzt ist. So wogt es, so entsteht eine Unruhe im seelischen Leben, die noch vielfach verstärkt wird. Man braucht sich nur vorzustellen, dass etwa die kosmischen Einwirkungen eine stärkere Antwort erzwingen. Oder wenn in Zeiten der Not die Seele sich ängstigt, sich ihrer Aufgaben nicht gewachsen glaubt, werden wieder Abweichungen in dem Sinn zu beobachten sein, dass die Forderung nach Überlegenheit noch deutlicher hervortritt.

Dabei kann es vorkommen, dass die Zielsetzung in der Weise erfolgt, dass das Individuum größeren Schwierigkeiten dadurch zu entkommen sucht, dass es ihnen *ausweicht*. Man kann hier eine Menschenart feststellen, die das Menschlichste enthält, über das wir unterrichtet sind, den Menschentypus, der vor Schwierigkeiten entweder zurückbebt oder Unterschlupf sucht, um die an ihn gestellten Forderungen wenigstens vorläufig abzuweisen. Dies gibt uns die Möglichkeit, zu verstehen, dass die *Reaktionen der menschlichen Seele durchaus nicht Endgültigkeit* besitzen, sondern dass sie immer nur vorläufige Antworten sein können, die nie volle Richtigkeit für sich beanspruchen dürfen. Ganz besonders bei der seelischen Entwicklung des Kindes, an die wir nicht das Maß der Erwachsenen anlegen dürfen, müssen wir uns vor Augen halten, dass wir es hier nur mit vorläufigen Zielsetzungen zu tun haben. Immer haben wir mit dem Kind weiter zu blicken und uns vorzustellen, wohin die Kraft, die wir am Werke sehen, das Kind wohl einmal tragen möge. Und wenn wir uns in die Seele des Kindes versetzen, wird uns klar, dass diese Kraftäußerungen nicht anders zu verstehen sind, als dass es sich in seinem Sinne zu einer endgültigen Anpassung an Gegenwart und Zukunft mehr oder weniger entschlossen hat. Die damit zusammenhängende Stimmungslage weist es nach verschiedenen Seiten. Die eine Seite zeigt sich als die des *Optimismus*, das Kind traut sich zu, die ihm erwachsenden Aufgaben auch glatt lösen zu können. Dann wird es in sich jene Charakterzüge entwickeln, die eben zu einem Menschen gehören, der seine Aufgaben für löslich hält. So entwickeln sich Mut, Offenheit, Verlässlichkeit, Fleiß u. dgl. Das Gegenteil hiervon sind die Züge des *Pessimismus*. Denkt man sich das Ziel eines Kindes, das sich die Fähigkeit zur Lösung seiner Aufgaben nicht zutraut, dann kann man sich auch vorstellen, wie es in der Seele eines solchen Kindes aussehen mag. Wir finden dort Zaghaftigkeit, Schüchternheit, Verschlossenheit, Misstrauen und alle andern Züge, mit denen der Schwache sich zu verteidigen sucht. Sein Ziel wird außerhalb der Grenzen des Erreichbaren, weit hinter der Front des Lebens liegen.

II. Kapitel: Soziale Beschaffenheit des Seelenlebens

Um zu verstehen, was in einem Menschen vorgeht, ist es notwendig, dessen Haltung zu seinen Mitmenschen einer Betrachtung zu unterziehen. Die Beziehungen der Menschen untereinander sind zum Teil naturgegeben und als solche Veränderungen unterworfen, teils entstehen hieraus planmäßige Beziehungen, wie sie besonders im politischen Leben der Völker, bei der Staatenbildung, im Gemeinwesen beobachtet werden können. Das menschliche Seelenleben kann nicht verstanden werden, ohne dass man diese Zusammenhänge gleichzeitig mitbetrachtet.

1. Absolute Wahrheit. Das menschliche Seelenleben ist nicht imstande frei zu schalten, sondern steht ständig vor Aufgaben, die sich von irgendwoher eingestellt haben. Alle diese Aufgaben sind untrennbar verbunden mit der *Logik des menschlichen Zusammenlebens*, eine jener Hauptbedingungen, die ununterbrochen auf das einzelne Individuum einwirken und sich seinem Einfluss nur bis zu einem gewissen Grade unterwerfen lassen. Wenn wir nun bedenken, dass nicht einmal die Bedingungen des menschlichen Zusammenlebens von uns endgültig erfasst werden können, weil sie zu zahlreich sind, dass ferner diese Forderungen doch einem gewissen Wandel unterliegen, so wird uns klar, dass wir kaum recht in der Lage sind, die Dunkelheiten eines vor uns liegenden Seelenlebens völlig zu erhellen, eine Schwierigkeit, die umso größer wird, je weiter wir uns aus unseren eigenen Verhältnissen entfernen.

Es ergibt sich aber als eine der Grundtatsachen für die Förderung unserer Menschenkenntnis, dass wir mit den immanenten Spielregeln einer Gruppe, wie sie sich auf diesem Planeten bei der beschränkten Organisation des menschlichen Körpers und seiner Leistungen von selbst ergeben, als mit einer *absoluten Wahrheit* rechnen müssen, der wir uns nur langsam, meist nach Überwindung von Fehlern und Irrtümern nähern können.

Ein bedeutsamer Anteil dieser Grundtatsachen ist in der materialistischen Geschichtsauffassung festgehalten, die *Marx* und *Engels* geschaffen haben. Nach dieser Lehre ist es die ökonomische Grundlage, die technische Form, in der ein Volk seinen Lebensunterhalt erwirbt, die den »ideologischen Überbau«, das Denken und Verhalten der Menschen bedingt. So weit reicht der Einklang mit unserer Auffassung von der wirkenden »Logik des menschlichen Zusammenlebens«, von der »absoluten Wahrheit«. Die Geschichte, vor allem unsere Einsicht in das Einzelleben, unsere *Individualpsychologie*, lehrt uns aber, dass das menschliche Seelenleben gern mit Irrtümern auf die Impulse der ökonomischen Grundlagen antwortet, denen es sich nur langsam entwindet. Unser Weg zur »absoluten Wahrheit« führt über zahlreiche Irrtümer.

2. Der Zwang zur Gemeinschaft. Die Forderungen des gemeinschaftlichen Lebens sind eigentlich genauso selbstverständlich wie jene Forderungen, die etwa Witterungseinflüsse an den Menschen stellen, Forderungen des Kälteschutzes, des Wohnungsbaues u. dgl. Wir erblicken den Zwang zur Gemeinschaft – wenn auch noch in einer unverstandenen Form – auch in der *Religion*, wo die Heiligung von gesellschaftlichen Formen an Stelle des verstehenden Gedankens als Bindemittel der Gemeinschaft dient. Sind die Lebensbedingungen im ersten Fall kosmisch, so sind sie im letzteren Fall sozial bedingt, bedingt durch das Zusammenleben der Menschen und die sich daraus von selbst ergebenden Regeln und Gesetzmäßigkeiten. Die Forderungen der Gemeinschaft haben die Beziehungen der Menschen geregelt, die schon ursprünglich als selbstverständlich, als »absolute Wahrheit« bestanden haben. Denn vor dem Einzelleben der Menschen war die Gemeinschaft. Es gibt in der Geschichte der menschlichen Kultur keine Lebensform, die nicht als gesellschaftlich geführt worden wäre. Nirgends sind Menschen anders als in Gesellschaft aufgetreten. Diese Erscheinung ist leicht erklärlich. Durch das ganze Tierreich geht das Gesetz, der Grundzug, dass jene Gattungen, die sich der Natur gegenüber nicht in besonders hohem Grade gewachsen zeigen, durch Zusammenschluss erst neue Kräfte sammeln und dann in neuer, eigenartiger Weise nach außen wirken. Auch der Menschheit dient zu diesem Zweck der Zusammenschluss, und so kam es, dass das seelische Organ des Menschen ganz durchdrungen war von den Bedingungen eines Lebens in der Gemeinschaft. Schon *Darwin* weist darauf hin, dass man nie schwächliche Tiere findet, die allein leben. Und hierher muss man ganz besonders auch den Menschen rechnen, denn er ist nicht stark genug, um allein leben zu können. Er kann der Natur nur geringen Widerstand bieten, er bedarf einer größeren Menge von Hilfsmitteln, um sein Dasein zu führen, um sich zu erhalten. Man braucht sich nur die Lage eines Menschen vorzustellen, der sich allein und ohne Hilfsmittel der Kultur in einem Urwald befände. Er würde ungleich bedrohter erscheinen als jedes andere Lebewesen. Er hat nicht die Schnelligkeit der Beine, verfügt nicht über die Muskelkraft der starken Tiere, er hat nicht die Zähne des Raubtiers, nicht die Feinhörigkeit und die scharfen Augen, um sich in solchem Kampfe zu behaupten. Es bedarf für ihn eines ungeheuren Aufwandes, um seine Daseinsberechtigung erst sicherzustellen und ihn vor dem Zugrundegehen zu bewahren. Seine Nahrung ist eigenartig und seine Lebensweise bedarf eines ganz intensiven Schutzes.

Nun ist es begreiflich, dass sich der Mensch nur erhalten konnte, wenn er sich unter besonders günstige Bedingungen stellte. Diese hat ihm aber erst das Gruppenleben verschafft, das sich als eine Notwendigkeit erwies, weil nur das Zusammenleben den Menschen ermöglichte, in einer Art *Arbeitsteilung* Aufgaben zu bewältigen, bei denen der Einzelne unterliegen musste. Nur die Arbeitsteilung war imstande, dem Menschen Angriffs- und Verteidigungswaffen und überhaupt alle Güter zu verschaffen, die er brauchte, um sich zu behaupten, die wir heute unter dem Begriff der *Kultur* zusammenfassen. Wenn man nun bedenkt, unter welchen Schwierigkeiten Kinder geboren werden, wie hier ganz besondere Aufwendungen notwendig werden, die der Einzelne vielleicht nicht einmal unter den größten Mühen leisten könnte und die eben nur bei Vorhandensein einer Arbeitsteilung herbeigeschafft werden können, wenn man sich vorstellt, welchem Übermaß von Krankheiten und Gebrechen ein menschliches Wesen besonders im Säuglingsalter ausgesetzt ist – mehr als dies im Tierreich der Fall ist –, dann hat man ungefähr einen Begriff von dem ungeheuren Maß an Obsorge, die zu treffen war, um den Bestand der menschlichen Gesellschaft zu sichern, und fühlt deutlich die Notwendigkeit dieses Zusammenhanges.

3. Sicherung und Anpassung. Auf Grund der bisherigen Ausführungen müssen wir feststellen: Vom Standpunkt der Natur aus gesehen ist der Mensch ein minderwertiges Wesen. Aber *diese Minderwertigkeit, die ihm anhaftet, die ihm als ein Gefühl des Verkürztseins und der Unsicherheit zum Bewusstsein kommt, wirkt als ein fortwährender Reiz*, einen Weg ausfindig zu machen, um die Anpassung an dieses Leben zu bewerkstelligen, *vorzusorgen*, sich Situationen zu schaffen, wo die Nachteile der menschlichen Stellung in der Natur ausgeglichen erscheinen. Und da war es wieder sein seelisches Organ, das die Fähigkeit hatte, die Anpassung und Sicherung durchzuführen. Viel schwerer wäre es gewesen, aus diesem ursprünglichen Tiermenschen durch Zuhilfenahme von Wachstumserscheinungen, wie Hörnern, Kraller oder Zähnen ein Exemplar zu erzeugen, das der feindlichen Natur hätte standhalten können. Wirklich rasch konnte nur das seelische Organ Hilfe schaffen, welches ersetzte, was dem Menschen an organischer Wertigkeit fehlte. Und gerade der Reiz, der von dem ununterbrochenen Gefühl der Unzulänglichkeit ausging, machte es aus, dass der Mensch eine *Voraussicht* entwickelte und seine Seele zu einer Entwicklung brachte, wie wir sie heute als Organ des Denkens, Fühlens und Handelns vorfinden. Und da bei diesen Hilfen, bei diesen Anpassungsbestrebungen auch die Gesellschaft eine wesentliche Rolle spielte, musste das seelische Organ von Anfang an mit den Bedingungen der Gemeinschaft rechnen. Alle seine Fähigkeiten sind auf einer Grundlage entwickelt, die den Einschlag eines gesellschaftlichen Lebens in sich tragen. Jeder Gedanke des Menschen musste so beschaffen sein, dass er einer Gemeinschaft gerecht werden konnte.

Wenn man sich nun vorstellt, wie der Fortschritt weiterging, dann kommt man zu den Ursprüngen der *Logik*, die in sich die Forderung der Allgemeingültigkeit trägt. *Logisch ist nur, was allgemeingültig ist.* Ein weiteres deutliches Resultat des gemeinschaftlichen Lebens finden wir in der *Sprache*, einem Wunderwerk, das den Menschen vor allen andern Lebewesen auszeichnet. Man kann sich von einer Erscheinung, wie sie die Sprache ist, den Begriff der Allgemeingültigkeit nicht wegdenken, was darauf hinweist, dass sie im sozialen Leben der Menschen ihren Ursprung hat. Sprache ist für ein einzeln lebendes Wesen ganz überflüssig. Sie rechnet mit dem gemeinsamen Leben der Menschen, sie ist ein Produkt desselben und Bindemittel zugleich. Ein starker Beweis für diesen Zusammenhang liegt darin, dass Menschen, die unter Bedingungen aufwachsen, unter denen der Anschluss an andere Menschen erschwert oder verwehrt ist oder die diesen Anschluss selbst verweigern, fast regelmäßig an ihrer Sprache und Sprachfähigkeit Mangel leiden. Es ist, als ob dieses Band nur gebildet und erhalten werden könnte, wenn der Kontakt mit der Menschheit gesichert ist. Die Sprache hat eine überaus tiefe Bedeutung für die Entwicklung des menschlichen Seelenlebens. Logisches Denken ist nur möglich unter der Voraussetzung der Sprache, die uns durch die Möglichkeit der Begriffsbildung erst in die Lage versetzt, Unterscheidungen vorzunehmen und Begriffe zu schaffen, die nicht Privateigentum sind, sondern Gemeingut. Auch unser Denken und Fühlen ist nur begreiflich, wenn man Allgemeingültigkeit voraussetzt, und unsere Freude am Schönen erhält ihre Grundlage nur durch das Verständnis, dass das Gefühl und die Anerkennung für das Schöne und Gute Gemeingut sein muss. So kommen wir zu der Erkenntnis, dass die Begriffe von Vernunft, Logik, Ethik und Ästhetik nur in einem gemeinschaftlichen Leben der Menschen ihren Ursprung haben können, dass sie aber gleichzeitig auch die Bindemittel sind, welche die Kultur vor Verfall zu schützen haben.

Aus der Situation des einzelnen Menschen ist auch sein Wollen zu begreifen. Der *Wille* stellt nichts anderes vor als eine Regung, aus einem Gefühl der Unzulänglichkeit zu einem Gefühl der Zulänglichkeit zu gelangen. Diese Linie vorschweben fühlen und betreten, heißt »wollen«. Jedes Wollen rechnet mit dem Gefühl der Unzulänglichkeit, der Minderwertigkeit und löst den Zwang aus, die Neigung, einen Zustand der Sättigung, der Zufriedenheit, der Vollwertigkeit anzustreben.

4. Gemeinschaftsgefühl. Wir verstehen nun, dass jene Spielregeln, Erziehung, Aberglaube, Totem und Tabu, Gesetzgebung, die notwendig waren, um den Bestand des Menschengeschlechtes zu sichern, wieder in erster Linie der Gemeinschaftsidee gerecht werden mussten. Wir haben es bei den religiösen Einrichtungen gesehen, wir finden die Forderungen der Gemeinschaft in den wichtigsten Funktionen des seelischen Organes und finden sie wieder in den Forderungen des Lebens des Einzelnen wie in jenen der Allgemeinheit. Was wir *Gerechtigkeit* nennen, was wir als die Lichtseite des menschlichen Charakters betrachten, ist im Wesentlichen nichts anderes als Erfüllung von Forderungen, die aus dem gemeinsamen Leben der Menschen erflossen sind. Sie sind es, die das seelische Organ geformt haben. So kommt es, dass Verlässlichkeit, Treue, Offenheit, Wahrheitsliebe u. dgl. eigentlich Forderungen sind, die durch ein allgemein gültiges Prinzip der Gemeinschaft aufgestellt und gehalten werden. Was wir einen guten oder schlechten Charakter nennen, kann nur vom Standpunkt der Gemeinschaft aus beurteilt werden. Charakter, wie jede Leistung wissenschaftlicher Natur, politischen Ursprungs oder künstlerischer Art werden sich immer nur dadurch als groß und wertvoll erweisen, dass sie für die Allgemeinheit von Wert sind. Ein *Idealbild*, nach dem wir den Einzelnen messen, kommt nur unter Berücksichtigung seines Wertes, seines Nutzens für die Allgemeinheit zustande. Womit wir den Einzelnen vergleichen, ist das Idealbild eines Gemeinschaftsmenschen, eines Menschen, der die vor ihm liegenden Aufgaben in einer allgemeingültigen Art bewältigt, eines Menschen, der das *Gemeinschaftsgefühl* so weit in sich entwickelt hat, dass er – nach einem Ausspruch von *Furtmüller* – »die Spielregeln der menschlichen Gesellschaft befolgt«. Es wird sich im Verlaufe unserer Ausführungen erweisen, dass kein vollsinniger Mensch ohne Pflege und hinreichende Betätigung des Gemeinschaftsgefühls aufwachsen kann.

III. Kapitel: Kind und Gesellschaft

Die Gemeinschaft setzt eine Anzahl von Forderungen und beeinflusst dadurch alle Normen und Formen unseres Lebens, somit auch die Entwicklung unseres Denkorganes. Sie ist auch organisch fundiert. Die Anknüpfungspunkte für die Gemeinschaft liegen schon in der Zweigeschlechtlichkeit des Menschen und erst eine Gemeinschaft, nicht die Isolierung ist imstande, dem Lebensdrang des Einzelnen zu genügen, ihm Sicherheit und Lebensfreude zu gewährleisten. Bei der Betrachtung der langsamen Entwicklung des Kindes lässt sich feststellen, dass an eine Entfaltung menschlichen Lebens nur gedacht werden konnte, sobald eine schützende Gemeinschaft vorhanden war. Ferner brachten es die Verbundenheiten des Lebens mit sich, dass eine *Arbeitsteilung* geschaffen wurde, die nicht eine Trennung der Menschen bewirkt, sondern ihr Zusammenhalten. Jeder hat die Aufgabe, dem andern in die Hände zu arbeiten, er muss sich dem andern verbunden fühlen, und so kommen die großen Zusammenhänge zustande, die sich in der Seele des Menschen irgendwie als Forderungen vorfinden. Einigen dieser Verbundenheiten, die das Kind bereits vorfindet, wollen wir im Folgenden nachgehen.

1. Die Lage des Säuglings. Das Kind, das so sehr der Hilfe der Gemeinschaft bedarf, findet sich einer Umgebung gegenüber, die nimmt und gibt, fordert und erfüllt. Es sieht sich mit seinen Trieben vor gewissen Schwierigkeiten, deren Überwindung ihm Pein macht. Es lernt bald die Not kennen, die aus seiner Kindheit stammt, und bringt hierzu nun jenes seelische Organ mit, dessen Funktion es ist, vorauszusehen und Richtlinien ausfindig zu machen, bei denen die Befriedigung seiner Triebe ohne Reibung erfolgen kann, bei denen es möglich wird, ein erträgliches Leben zu führen. Stets bemerkt es Menschen, die ihre Triebe viel leichter befriedigen können, ihm also etwas voraushaben. So lernt es die Größe schätzen, die befähigt, eine Türe zu öffnen, die Kraft, die andere besitzen, um einen Gegenstand zu heben, die Stellung, die andere dazu legitimiert, Befehle zu geben und deren Befolgung zu fordern. In seinem seelischen Organ entsteht ein Strom von Sehnsucht, zu wachsen, um gleich oder stärker zu sein wie andere, jene zu überragen, die sich um das Kind gesammelt haben und mit ihm so umgehen, als ob es hier eine Unterordnung gäbe, die sich aber doch vor der Schwäche des Kindes beugt, so dass dieses zwei Operationsmöglichkeiten hat: einerseits sich mit jenen Mitteln durchzusetzen, die es bei den Erwachsenen als Mittel ihrer Macht empfindet, anderseits seine Schwäche darzustellen, die von den andern als unerbittliche Forderung empfunden wird. Diese Verzweigung menschlicher Seelenregungen werden wir bei Kindern immer wieder finden. Schon hier beginnt eine Typenbildung. Während die einen sich in der Richtung des Forderns von Anerkennung, der Kraftansammlung und der Kraftbetätigung entwickeln, finden wir bei anderen etwas, das aussieht wie eine Spekulation mit der eigenen Schwäche, eine Darbietung ihrer Schwäche in den verschiedensten Formen. Erinnert man sich an Haltung, Ausdruck und Blick einzelner Kinder, so wird man immer solche finden, die sich in die eine oder die andere Gruppe einreihen lassen. Alle diese Typen bekommen erst einen Sinn, wenn wir ihre Beziehung zur Umwelt verstehen. Ihre Bewegungen sind auch meist der Umwelt abgelauscht.

In diesen einfachen Bedingungen, in diesem Streben des Kindes, seinen Schwächezustand zu überwinden, was wieder den Anreiz zur Entfaltung einer Menge von Fähigkeiten abgibt, liegt seine *Erziehbarkeit* begründet.

Die Situationen der Kinder sind äußerst verschieden. Im einen Fall ist eine Umgebung vorhanden, die dem Kind feindliche Eindrücke vermittelt, Eindrücke, die ihm die Welt als feindlich gesinnt erscheinen lassen. Dieser Eindruck ist bei der Unzulänglichkeit des kindlichen Denkorgans erklärlich. Wenn die Erziehung hier nicht vorbeugt, dann kann sich die Seele dieses Kindes so entwickeln, dass es später die Außenwelt überhaupt nur als feindliches Gebiet betrachtet. Verstärkt wird der Eindruck der Feindseligkeit, sobald das Kind größeren Schwierigkeiten begegnet, wie es besonders bei Kindern mit minderwertigen Organen vorkommt. Diese Kinder werden ihre Umgebung anders empfinden als jene, die mit verhältnismäßig tragfähigen Organen zur Welt gekommen sind. Die *Organminderwertigkeit* kann sich äußern in Schwierigkeiten der Bewegungsfähigkeit, in Fehlern einzelner Organe, geringer Widerstandskraft des Organismus, so dass das Kind vielfach Krankheiten ausgesetzt ist.

Die Ursache von Schwierigkeiten muss aber nicht immer in der Unfertigkeit des kindlichen Organismus gelegen sein, sie kann auch in der Schwere der Aufgaben liegen, die dem Kind durch eine unverständige Umgebung gesetzt werden, oder in einer Unvorsichtigkeit bei der Stellung dieser Aufgaben, kurz, in einer Mangelhaftigkeit der Umgebung des Kindes, die als eine Erschwerung der Außenwelt entstammt. Denn das Kind, das sich seiner Umgebung anpassen will, findet auf einmal Hindernisse, die diese Anpassung erschweren. Das ist z. B. der Fall, wenn das Kind in einer Umgebung aufwächst, die selbst schon den Mut verloren hat und von Pessimismus erfüllt ist, der leicht auf das Kind übergehen kann.

2. Einwirkung von Schwierigkeiten. Angesichts der Schwierigkeiten, die dem Kinde von verschiedenster Seite und aus den verschiedensten Ursachen entgegentreten, insbesondere wenn man bedenkt, dass das kindliche Seelenleben noch nicht lange Gelegenheit hatte sich zu entwickeln, ist es klar, dass man mit fehlerhaften Antworten zu rechnen hat, wenn sich beim Kind die Notwendigkeit einstellt, sich mit den unabweislichen Bedingungen der Außenwelt auseinanderzusetzen. Überblickt man eine Anzahl von *Verfehlungen*, dann drängt sich der Gedanke auf, man hat es hier mit einer Entwicklung des Seelenlebens zu tun, die während des ganzen Lebens nicht aufhört und in fortwährenden Versuchen besteht, vorwärtszukommen und eine richtigere Antwort zu geben. Was wir insbesondere in den kindlichen Ausdrucksbewegungen zu erblicken haben, ist die Form einer Antwort, die ein werdender, sich der Reife nähernder Mensch in einer bestimmten Situation gibt. Diese Antwort, die Haltung eines Menschen wird uns Anhaltspunkte für die Artung seiner Seele bieten. Dabei ist wohl ins Auge zu fassen, dass *die Ausdrucksformen eines Menschen* – und auch die einer Masse – *nicht ohne weiteres nach einer Schablone beurteilt werden dürfen.*

Die Schwierigkeiten, mit denen das Kind in der Entwicklung seines Seelenlebens zu kämpfen hat und die fast regelmäßig zur Folge haben, dass es sein Gemeinschaftsgefühl nur äußerst mangelhaft entwickeln kann, können wir einteilen in solche, die aus der Mangelhaftigkeit der Kultur stammen und sich in der ökonomischen Situation der Familie und des Kindes äußern werden. Ferner in solche, die sich aus Mängeln körperlicher Organe ergeben. Einer Welt gegenüber, die eigentlich nur für vollwertige Organe geschaffen ist und wo alle Kultur, die das Kind umgibt, mit der Kraft und Gesundheit vollentwickelter Organe rechnet, haben wir dann ein Kind, das hinsichtlich wichtiger Organe mit Fehlern behaftet ist und infolgedessen den Anforderungen des Lebens nicht recht nachkommen kann. Hierher gehören z. B. Kinder, die später gehen lernen oder überhaupt Schwierigkeiten bei der Vornahme von Bewegungen haben, oder solche, die später sprechen lernen, die längere Zeit hindurch ungeschickt sind, weil bei ihnen die Entwicklung der Gehirntätigkeit länger dauert als bei jenen Kindern, mit denen unsere Kultur rechnet. Es ist bekannt, wie solche Kinder fortwährend anstoßen, schwerfällig sind, körperliche und seelische Leiden auf sich nehmen müssen. Sie sind sichtlich nicht angenehm berührt von einer Welt, die nicht recht für sie geschaffen ist. Derlei durch Unterentwicklung bedingte Schwierigkeiten sind außerordentlich häufig. Es besteht wohl die Möglichkeit, dass sich im Laufe der Zeit von selbst ein Ausgleich einstellt, ohne dass ein dauernder Schade zurückbleibt, wenn nicht schon in der Zwischenzeit die Bitternis des seelischen Notstandes, in dem solche Kinder aufwachsen und zu dem sich meist auch ein ökonomischer Notstand hinzugesellt, in ihrem Gemüt einen Niederschlag erzeugt, der sich oft im späteren Leben dieser Kinder fühlbar macht. Es ist leicht zu verstehen, dass die absolut gegebenen Spielregeln der menschlichen Gesellschaft von diesen Kindern schlecht befolgt werden. Sie werden mit Misstrauen auf das Getriebe sehen, das sich um sie entwickelt, den Hang haben, sich abzusondern und sich ihren Aufgaben zu entziehen. Mit ganz besonderer Schärfe wittern und empfinden sie eine Feindseligkeit des Lebens und übertreiben sie. Ihr Interesse für die Schattenseiten des Lebens ist viel größer als das für die Lichtseiten. Meist überschätzen sie beides, so dass ihnen zeitlebens eine Kampfstellung anhaftet, bei der sie ein besonderes Maß von Aufmerksamkeit für sich beanspruchen und geneigt sind, mehr an sich selbst als an die andern zu denken. Da sie die Forderungen des Lebens mehr als Schwierigkeiten aufnehmen und nicht als Anreiz, da sie als

Kämpfer mit zu weit getriebener Vorsicht allen Erlebnissen gegenüberstehen, klafft zwischen ihnen und ihrer Umwelt ein tiefer Abgrund. Sie entfernen sich immer mehr von der Wahrheit, von der Wirklichkeit und verwickeln sich immer von neuem in Schwierigkeiten.

Ähnliche Schwierigkeiten können entstehen, wenn die Zärtlichkeit der Angehörigen des Kindes *unter* einem bestimmten Maß bleibt. Auch dieser Umstand kann für die Entwicklung des Kindes bedeutsame Folgen haben. Seine Haltung wird dann dadurch beeinflusst, dass es die Liebe nicht kennenlernt und keinen Gebrauch davon zu machen versteht, weil sich sein Zärtlichkeitstrieb nicht entfaltet. Und wenn sich dieser in der Familie nicht entfaltet, besteht die Gefahr, dass es in späterer Zeit nur schwer gelingen wird, einen Menschen, der in solchen Verhältnissen aufgewachsen ist, zu einem regeren Austausch von Zärtlichkeiten irgendwelcher Art zu bewegen. Es wird zum Bestand seines Wesens werden, zärtlichen Regungen und Beziehungen auszuweichen. Dieselbe Wirkung kann aber auch eintreten, wenn Eltern, Erzieher oder die sonstige Umgebung durch irgendwelche Erziehungsmaximen so auf das Kind einwirken, dass es seine Zärtlichkeitsregungen als untunlich oder lächerlich empfindet. Es pflegt nicht so selten zu geschehen, dass dem Kind nahegelegt wird, Zärtlichkeit mit dem Eindruck von Lächerlichkeit zu verbinden. Das ist besonders bei Kindern der Fall, die öfters Gegenstand des Spottes sind. Man wird sie von einer *Gefühlsscheu* beherrscht finden, der zufolge sie jede Regung von Zärtlichkeit, von Liebe zu einem andern als lächerlich, *unmännlich*, als eine Regung betrachten, die sie in die Hörigkeit des andern bringt und sie in den Augen der anderen herabsetzt.

Das sind jene Menschen, die schon in ihrer Kindheit allen künftigen Liebesbeziehungen eine Grenze gezogen haben. *Lieblosigkeiten*, die im Großen und Ganzen in eine *harte Erziehung* übergehen, die sich über alle Zärtlichkeitsregungen hinwegsetzt, haben bewirkt, dass sie in der Kindheit solche Regungen in sich verschlossen, und sich verstimmt, verbittert und erschreckt bald von dem kleinen Kreis ihrer Umgebung allmählich zurückgezogen haben, deren Gewinnung und Einbeziehung in ihr eigenes Seelenleben von größter Wichtigkeit gewesen wäre. Findet sich noch eine Person in der Umgebung, die dem Kind den Anschluss ermöglicht, so wird es ihn ganz besonders innig vollziehen. So wachsen oft Menschen auf, die überhaupt nur zu einer einzigen Person Beziehung gefunden haben, die ihre Anschlussneigung auf mehr als einen Menschen überhaupt nicht erstrecken können. Das Beispiel von dem Knaben, der so gekränkt war, als er bemerkte, dass sich die Zärtlichkeit der Mutter dem andern Bruder zuwandte, der seither immer im Leben umherirrte, um die Wärme zu finden, die er von früher Kindheit an vermisst hatte, ist ein Fall, der die Schwierigkeiten zeigt, die solche Menschen im Leben finden können.

Das ist die Gruppe jener Menschen, deren Erziehung unter einem gewissen Druck vor sich gegangen ist.

Auch in der entgegengesetzten Richtung können Fehlschläge eintreten, wenn durch eine besondere Wärme, von der die Erziehung begleitet ist, durch eine *Verzärtelung* des Kindes sein Zärtlichkeitstrieb über alle Grenzen hinaus entwickelt wird, so dass es sich zu enge an eine oder mehrere Personen anschließt und von ihnen nicht mehr lassen will. Die Zärtlichkeit des Kindes wird hier durch verschiedene Missgriffe oft so weit gesteigert, dass das Kind dahinterkommt, dass aus seiner eigenen Zärtlichkeit gewisse Verpflichtungen für die andern erwachsen, wie es leicht bewirkt werden kann, wenn Erwachsene z. B. sagen: »Weil ich dich liebhabe, musst du dies oder jenes tun.« Es kommt oft vor, dass innerhalb einer Familie ein derartiges Gewächs wuchert. Die Neigung anderer wird von solchen Kindern leicht aufgegriffen und dazu benutzt, um nunmehr durch gleiche Mittel die Abhängigkeit des andern ihrer eigenen Zärtlichkeit entsprechend zu steigern. Ein solches Aufflammen der Zärtlichkeit zu einer der Personen der Familie ist immer im Auge zu behalten. Es ist keine Frage, dass das Schicksal eines Menschen durch solche einseitige Erziehung nachteilig beeinflusst wird. Es können dann Erscheinungen eintreten, wie z. B. die, dass ein Kind, um die Zärtlichkeit eines andern festzuhalten, zu den gewagtesten Mitteln Zuflucht nimmt, etwa einen Rivalen, meist Bruder oder Schwester herabzusetzen sucht, indem es seine Schlimmheit aufdeckt oder heimtückisch fördert oder auf andere Weise, alles nur, um sich in der Liebe der Eltern zu sonnen. Oder es wird einen Druck ausüben, um wenigstens die Aufmerksamkeit der Eltern auf sich zu lenken und kein Mittel unversucht lassen, um in den Vordergrund zu kommen, mehr Bedeutung zu erlangen als andere. Es wird faul oder schlimm sein, um die andern zu veranlassen, sich mehr mit ihm zu beschäftigen, oder es wird brav sein, um die Aufmerksamkeit der andern wie eine Belohnung zu empfinden. Es beginnt dann ein derartiger Prozess im Leben des Kindes, aus dem ersichtlich wird, dass alles zum Mittel werden kann, wenn im seelischen Leben einmal die Richtung festgelegt ist. Es kann sich nach der schlimmen

Seite hin entwickeln, um sein Ziel zu erreichen und es kann auch ein überaus braves Kind werden, das dasselbe Ziel im Auge hat. Oft kann man beobachten, wie eines der Kinder versucht, durch besondere Unbändigkeit das Augenmerk auf sich zu lenken, während ein anderes, schlauer oder weniger schlau, durch besondere Bravheit dasselbe zu erreichen trachtet.

In die Gruppe der verzärtelten Kinder gehören auch jene, denen man alle Schwierigkeiten aus dem Weg räumt, deren Eigenartigkeiten man freundlich belächelt, die sich alles herausnehmen dürfen, ohne auf nennenswerten Widerstand zu stoßen. Diesen Kindern fehlt jede Gelegenheit, jene Vorübungen zu machen, die im weiteren Leben dazugehören, um den Anschluss auch an anschlusswillige Menschen in der richtigen Weise anzustreben und zu bewerkstelligen, geschweige denn an solche Menschen, die selbst durch Schwierigkeiten ihrer Kindheit irregeführt, diesem Anschluss Hindernisse in den Weg stellen. Da man ihnen nicht Gelegenheit gibt, sich in der Überwindung von Schwierigkeiten zu üben, sind sie für ihr weiteres Leben äußerst mangelhaft vorbereitet. Sie erleiden fast regelmäßig Rückschläge, sobald sie aus dem kleinen Bereich dieser tropischen Atmosphäre heraustreten und sich dem Leben gegenüberfinden, wo kein Mensch mehr seine Verpflichtungen in der Weise übertreibt, wie die überzärtlichen Erzieher.

Alle Erscheinungen dieser Art haben gemeinsam, dass das Kind mehr oder weniger *isoliert* wird. Kinder z. B., deren Verdauungsorgane Mängel aufweisen, werden sich zur Nahrungsaufnahme anders verhalten und infolgedessen möglicherweise eine ganz andere Entwicklung nehmen als andere, in dieser Hinsicht normale Kinder. Kinder mit minderwertigen Organen werden eine besondere Gangart aufweisen, die sie mit der Zeit in die Isolierung hineintreibt. Wir haben dann Kinder vor uns, die ihren Zusammenhang mit der Umwelt nicht so deutlich empfinden, ihn vielleicht ganz ablehnen. Sie können keine Kameraden finden, halten sich von den Spielen ihrer Altersgenossen fern, sehen entweder neidig zu oder wenden sich verachtend ihren eigenen Spielen zu, die sie in stiller Abgeschlossenheit für sich betreiben. Auch Kinder, die unter einem schweren Druck in der Erziehung, etwa unter großer Strenge, aufwachsen, sind von der Isolierung bedroht. Auch ihnen wird das Leben nicht in günstigem Licht erscheinen, weil sie immer wieder und von überall her schlimme Eindrücke erwarten. Sie fühlen sich entweder als Dulder, die alle Schwierigkeiten demütig in Empfang nehmen oder als Kämpfer, die immer bereit sind, die als Feind empfundene Umgebung anzugreifen. Diese Kinder betrachten das Leben und ihre Aufgaben als besondere Schwierigkeiten und es ist leicht zu verstehen, dass ein solches Kind meist darauf bedacht sein wird, seine Grenzen zu wahren, darauf achtend, dass ihm kein Abbruch geschieht und dass es stets misstrauisch die Umgebung im Auge behält. Belastet durch diese übergroße Vorsicht wird es eine Neigung entwickeln, lieber größere Schwierigkeiten und Gefahren zu wittern, als sich etwa in leichtsinniger Weise dem Schicksal einer Niederlage auszusetzen. Ein weiteres gemeinsames Merkmal dieser Kinder, gleichzeitig ein in die Augen springendes Zeichen ihres weniger entwickelten Gemeinschaftsgefühls, ist die Erscheinung, dass sie mehr an sich denken als an die andern. Man sieht hier klar die ganze Entwicklung. Alle diese Menschen neigen im Allgemeinen zu einer pessimistischen Weltanschauung und können ihres Lebens nicht froh werden, wenn sie keine Erlösung von ihrer falschen Lebensschablone finden.

3. Der Mensch als gesellschaftliches Wesen. Wir waren bestrebt, darauf hinzuweisen, dass wir über die Persönlichkeit eines Individuums nur dann Aufschluss bekommen können, wenn wir es in seiner Situation beurteilen und darin verstehen. Unter Situation haben wir die Stellung des Menschen im Weltall und zu seiner näheren Umgebung verstanden, seine Stellung zu den Fragen, die ihm unausgesetzt begegnen, wie Fragen der Betätigung, des Anschlusses, der Beziehung zu den Mitmenschen. Wir haben auf diesem Wege festgestellt, dass es die auf den Menschen einstürmenden Eindrücke der Umgebung sind, die die Haltung des Säuglings und später des Kindes und des Erwachsenen zum Leben auf das nachhaltigste beeinflussen. Schon nach einigen Monaten der Säuglingszeit kann man feststellen, wie sich ein Kind zum Leben verhält. Eine Verwechslung zweier Säuglinge bezüglich ihrer Haltung zum Leben ist von jetzt an nicht mehr möglich, weil jeder schon einen ausgeprägten Typus vorstellt, der immer deutlicher wird, ohne die Richtung, die ihm einmal anhaftet, zu verlieren. Was sich in der Seele des Kindes entwickelt, wird immer mehr von den Beziehungen der Gesellschaft zum Kinde durchdrungen, es kommt zu den ersten Anzeichen des angeborenen Gemeinschaftsgefühls, zum Aufblühen organisch bedingter Zärtlichkeitsregungen, die so weit gehen, dass das Kind die Nähe der Erwachsenen sucht. Man kann immer beobachten, dass das Kind Zärtlichkeitsbestrebungen auf andere – nicht, wie *Freud* meint, auf sich selbst –

richtet. Diese sind verschieden abgestuft und bezüglich verschiedener Personen anders. Bei Kindern, die über das zweite Lebensjahr hinaus sind, kann man diese Verschiedenheit auch in den sprachlichen Äußerungen feststellen. Das Gefühl der Zusammengehörigkeit, das Gemeinschaftsgefühl wird in der Seele des Kindes bodenständig und verlässt den Menschen nur unter den schwersten krankhaften Ausartungen seines Seelenlebens. Es bleibt durch das ganze Leben, nuanciert, beschränkt oder erweitert sich und erstreckt sich in günstigen Fällen nicht nur auf die Familienmitglieder, sondern auf den Stamm, das Volk, auf die ganze Menschheit. Es kann sogar über diese Grenzen hinausgehen und sich dann auch auf Tiere, Pflanzen und andere leblose Gegenstände, schließlich sogar auf den Kosmos überhaupt ausbreiten.

Wir haben hiermit in unserem Bestreben, zum Verständnis des Menschen zu gelangen, einen wichtigen Hilfspunkt gewonnen. Es ist das *Verständnis für die Notwendigkeit, den Menschen als ein Gemeinschaftswesen zu betrachten.*

IV. Kapitel: Eindrücke der Außenwelt

1. Das Weltbild im Allgemeinen. Die durch die Notwendigkeit der Anpassung an die Umgebung bedingte Fähigkeit, Eindrücke aufzunehmen und die Eigenartigkeit des seelischen Mechanismus, immer ein Ziel zu verfolgen, legen den Gedanken nahe, dass das *Weltbild* und die *ideale Leitlinie* eines Menschen schon sehr frühe in der Seele des

Kindes entstehen muss, nicht geformt und nicht mit einem Ausdruck fassbar, aber irgendwie in Sphären schwebend, die uns bekannt anmuten, die wir verständlich finden, die immer im Gegensatz zu einem Gefühl der Unzulänglichkeit stehen. Seelische Bewegungen können sich nur abspielen, wenn ein Ziel vorschwebt. Seine Errichtung setzt, wie bekannt, notwendig Bewegungsmöglichkeit bzw. Bewegungsfreiheit voraus. Und die Bereicherung, die durch alle Bewegungsfreiheit zustande kommt, ist nicht zu unterschätzen. Ein Kind, das sich zum ersten Mal vom Boden erhebt, kommt in diesem Augenblick in eine ganz neue Welt, es empfindet irgendwie eine feindliche Atmosphäre. Es kann in der Kraft, mit der es sich auf die Füße stellt, eine verstärkte Hoffnung für seine Zukunft empfinden, bei seinen ersten Bewegungsversuchen, besonders beim Gehenlernen, verschieden große oder gar keine Schwierigkeiten haben. Solche Eindrücke, Ereignisse, die uns Erwachsenen oft als unbedeutende Kleinigkeiten erscheinen, nehmen einen ungeheuren Einfluss auf das kindliche Seelenleben und damit vor allem auf die Entstehung seines Weltbildes. So werden Kinder, die in der Bewegung Schwierigkeiten hatten, gewöhnlich ein Idealbild vor Augen haben, das stark mit raschen Bewegungen durchsetzt ist, was sich leicht erkennen lässt, wenn man sie nach ihren Lieblingsspielen oder nach ihrer Berufswahl fragt. Die Antwort (Kutscher, Schaffner u. dgl.) wird bedeuten, dass in ihnen die Sehnsucht lebt, über alle Schwierigkeiten mangelnder Bewegungsfreiheit hinwegzukommen, an einen Punkt zu gelangen, wo sie kein Gefühl der Minderwertigkeit, der Zurückgesetztheit haben, welches Gefühl ja besonders genährt werden kann, wenn sich Kinder langsam oder krankhaft entwickeln. Ebenso oft wird man finden, dass Kinder, die infolge fehlerhafter Augen die Welt nur mangelhaft wahrnehmen können, das Bestreben haben, das Sehbare der Welt stärker und intensiver zu erfassen, und dass Kinder mit Empfindlichkeiten der Ohren oft nur für gewisse Töne, die lieblicher klingen, Interesse, Verständnis und Vorliebe haben, kurz, dass sie musikalisch sind (Beethoven).

Von den Organen, mittels deren sich das Kind der Umwelt zu bemächtigen sucht, sind es hauptsächlich die Sinnesorgane, welche Beziehungen unlösbarer Art zur Außenwelt herstellen. Sie sind es, die ein Weltbild aufbauen helfen. Vor allem ist hier das Auge zu nennen, dem sich die Umwelt entgegenstellt. Es ist vorwiegend die sehbare Welt, die sich dem Menschen besonders aufdrängt und die Hauptstütze für seine Erfahrung abgibt. So entsteht das *visuelle Weltbild*, dessen unvergleichliche Bedeutung darin liegt, dass es dauernde, stets unveränderliche Objekte zur Verfügung hat gegenüber den andern Sinnesorganen, die zumeist auf vergängliche Reizquellen angewiesen sind, wie das Ohr, die Nase, die Zunge und zum großen Teil die Haut. In anderen Fällen tritt wieder das Gehörorgan stärker hervor und schafft ein Seelenvermögen, das mehr mit dem Hörbaren der Welt rechnet *(akustische Psyche)*. Seltener sind die *Motoriker*, Menschen, die auf Bewegungsvorgänge eingestellt sind. Eine Überbetonung des Geruchs- und Geschmacksvermögens bringt wieder andere Typen hervor, von denen insbesondere der erstere Typus durch seine Geruchsbegabung in unserer Kultur schlecht gestellt ist. Dann gibt es eine große Anzahl Kinder, bei denen die Bewegungsorgane eine große Rolle spielen. Die einen kommen mit einer größeren Regsamkeit zur Welt, sie sind immer in Bewegung und später immer zur Tätigkeit gedrängt; ihr Sinn ist vorwiegend auf Leistungen gerichtet, zu deren Vollbringung die Muskulatur in Bewegung gesetzt werden muss. Selbst im Schlaf wird dieser Tätigkeitsdrang nicht ruhen und man wird oft beobachten können, wie sie sich unruhig im Bett herumwälzen. Hierher gehören auch die »zappeligen« Kinder, deren Ruhelosigkeit ihnen oft als Fehler angerechnet wird. – Im Allgemeinen gibt es fast keine Kinder, die sich nicht sowohl mit Augen und Ohren, wie auch mit ihren Bewegungsorganen dem Leben gegenüberstellen, um aus den Eindrücken und aus den Möglichkeiten, die sich ihnen bieten, ihr Weltbild aufzubauen, und wir können einen Menschen nur verstehen, wenn wir auch wissen, mit welchem Organ er dem Leben am unvermitteltsten gegenübersteht. Denn alle Beziehungen gewinnen hier an Bedeutung und gewinnen Einfluss auf die Gestaltung des Weltbildes und damit auf die spätere Entwicklung des Kindes.

2. Elemente der Entwicklung des Weltbildes. Jene besonderen Fähigkeiten des seelischen Organs, die beim Zustandekommen des Weltbildes in erster Linie mitwirken, haben miteinander gemeinsam, dass ihre Auswahl, Schärfe und Wirkung durch das Ziel bestimmt wird, das einem Menschen vorschwebt. Das erklärt die Tatsache, dass jeder nur einen bestimmten Teil des Lebens, der Umwelt, eines Ereignisses u. dgl. *besonders* wahrnimmt. Der Mensch verwertet nur, was und wie es von seinem Ziel verlangt wird. Man kann daher auch diese Seite des menschlichen Seelenlebens erst begreifen, wenn man sich von dem geheimen Ziel eines Menschen ein Bild gemacht und alles an ihm als von diesem Ziel beeinflusst verstanden hat.

a) Wahrnehmungen. Die durch die Sinnesorgane von außen her vermittelten Eindrücke und Erregungen geben im Gehirn ein Signal, von dem irgendwelche Spuren aufbewahrt werden können. Aus diesen Spuren baut sich die *Vorstellungswelt* auf, sowie die *Welt der Erinnerung.* Nun ist aber die Wahrnehmung nie mit einem photographischen Apparat vergleichbar, sondern sie enthält immer auch etwas von der Eigenart des Menschen. Nicht alles, was man sieht, nimmt man auch wahr und wenn man zwei Menschen, die dasselbe Bild erblickt haben, nach ihrer Wahrnehmung fragt, kann man die verschiedensten Antworten erhalten. Das Kind nimmt also aus seiner Umgebung nur das wahr, was aus irgendeinem Grund zu seiner bisher geformten Eigenart passt. So sind die Wahrnehmungen von Kindern, deren Sehlust besonders entwickelt ist, vorwiegend visueller Natur, was bei den meisten Menschen der Fall ist. Andere werden wieder mit Gehörswahrnehmungen ihr Weltbild füllen. Wie erwähnt, sind diese Wahrnehmungen mit der Wirklichkeit nicht streng identisch. Der Mensch ist fähig, seine Berührungen mit der Außenwelt so umzugestalten, wie es von seiner Eigenart verlangt wird. Was also ein Mensch wahrnimmt und *wie* er es tut, darin liegt seine besondere Eigenart. Wahrnehmung ist mehr als ein bloßer physikalischer Vorgang, sie ist eine seelische Funktion, und aus der Art und Weise, aus dem Umstand, wie und was ein Mensch wahrnimmt, kann man tiefe Schlüsse auf sein Inneres ziehen.

b) Erinnerungen. Wir konnten feststellen, dass das in seinen Grundlagen angeborene seelische Organ hinsichtlich seiner Entwicklungsfähigkeit mit dem Zwang zur Tätigkeit und den Tatsachen der Wahrnehmung zusammenhängt. Getragen von der Tendenz, zweckmäßig auf ein Ziel gerichtet zu sein, ist das seelische Organ innig mit der Bewegungsfähigkeit des menschlichen Organismus verbunden. Der Mensch muss alle seine Beziehungen zur Außenwelt in seinem seelischen Organ zusammenfassen und ordnen, und dieses ist nun als ein Organ der Anpassung genötigt, auch alle jene Fähigkeiten zu entwickeln, die zur Sicherung des Individuums nötig sind, die zu seiner Existenz gehören.

Nun ist es klar, dass die individuelle Antwort des seelischen Organs auf die Fragen des Lebens in der seelischen Entwicklung Spuren hinterlassen muss, dass somit auch die Funktionen des Gedächtnisses und der Wertung durch die Anpassungstendenz erzwungen sind. Erst der Bestand von Erinnerungen macht es aus, dass der Mensch für seine Zukunft Vorsorge treffen kann. Wir dürfen schließen, dass alle Erinnerungen eine (unbewusste) Endabsicht in sich tragen, dass sie nicht unbefangen in uns leben, dass sie eine warnende oder aneifernde Sprache sprechen. Harmlose Erinnerungen gibt es nicht. Die Bedeutung einer Erinnerung kann man nur beurteilen, wenn man sich über die Endabsicht klar geworden ist, die ihr zugrunde liegt. Es ist wichtig, *warum* man sich an gewisse Dinge erinnert und an andere nicht. Und wir erinnern uns an jene Begebenheiten, deren Erinnerung für den Fortbestand einer bestimmten seelischen Richtung wichtig und ersprießlich ist, und wir vergessen jene, deren Vergessen ebenfalls hierfür förderlich ist. Damit ist gesagt, dass auch das Gedächtnis ganz dem Dienst der zweckmäßigen Anpassung an ein vorschwebendes Ziel unterworfen ist. Eine bleibende Erinnerung, *mag sie auch irrtümlich sein*, und, wie meist in der Kindheit, ein einseitiges Urteil enthalten, kann, wenn es für das angestrebte Ziel förderlich ist, auch aus dem Bereich des Bewusstseins verschwinden und ganz in *Haltung, Gefühl und Anschauungsform* übergehen.

c) Vorstellungen. Noch deutlicher zeigt sich die Eigenart des Menschen in seinen Vorstellungen. Unter Vorstellung versteht man die Wiederherstellung einer Wahrnehmung, ohne dass das Objekt derselben gegenwärtig ist. Sie ist also eine reproduzierte, bloß in Gedanken wieder hervorgerufene Wahrnehmung, welcher Umstand wieder auf die Tatsache der schöpferischen Fähigkeit des seelischen Organs hinweist. Es ist nicht so, als ob die einmal erfolgte und von der schöpferischen Kraft der Seele schon beeinflusste Wahrnehmung nun wiederholt würde, sondern die Vorstellung, die sich ein Mensch macht, ist wieder ganz von seiner Eigenart geformt und ein neues, ihm eigenartiges Kunstwerk.

Es gibt nun Vorstellungen, die den gewöhnlichen Grad ihrer Schärfe weit überschreiten und wie Wahrnehmungen wirken, die so scharf hervortreten, als ob sie gar nicht Vorstellungen wären, sondern als ob der abwesende, anregende Gegenstand wirklich vorhanden wäre. Man spricht dann von *Halluzinationen*, von Vorstellungen, die so auftauchen, als ob sie von einem anwesenden Objekt ausgingen. Die Bedingungen hierfür sind dieselben wie die oben geschilderten. Auch die Halluzinationen sind schöpferische Leistungen des seelischen Organs, geformt nach den Zielen und Zwecken des betreffenden Menschen. Ein Beispiel soll dies besser beleuchten:

Eine junge, intelligente Frau hatte gegen den Willen ihrer Eltern geheiratet. Die Abneigung der Eltern gegen die Eheschließung war so groß, dass alle Beziehungen zwischen Eltern und Kind abgebrochen worden waren. Im Laufe der Zeit war die Frau zur Überzeugung gelangt, dass ihre Eltern an ihr nicht richtig gehandelt hatten, doch scheiterten mehrfache Versöhnungsversuche an dem Stolz und Trotz beider Teile. Durch die Eheschließung war die Frau, die aus hochangesehener Familie stammt, in ganz ärmliche Verhältnisse gekommen. Man könnte aber bei oberflächlicher Beobachtung von einer Missheirat nichts merken und über das Schicksal der Frau beruhigt sein, wenn sich nicht seit einiger Zeit ganz eigentümliche Erscheinungen eingestellt hätten.

Sie war als Lieblingskind des Vaters aufgewachsen. Die Beziehungen der beiden waren so innig, dass es auffallen musste, wieso es zu einem derartigen Bruch kommen konnte. In Angelegenheit ihrer Ehe nun behandelte der Vater das Mädchen außerordentlich schlecht und der Zerfall der beiden war gründlich. Selbst als ein Kind kam, waren die Eltern nicht zu bewegen, sich dasselbe zu besehen oder sich der Tochter wieder zu nähern, und die Frau, von großem Ehrgeiz beseelt, vertrug die Haltung ihrer Eltern deshalb so schlecht, weil es sie schmerzlich berührte, in einer Frage, in der sie sichtlich recht hatte, unrecht bekommen zu haben.

Man muss sich vor Augen halten, dass die Stimmung der Frau völlig unter dem Einfluss ihres Ehrgeizes stand. Erst dieser Charakterzug erklärt, warum sie das Zerwürfnis mit den Eltern so schlecht vertrug. Ihre Mutter war eine strenge, rechtliche Frau, die sicher wertvolle Qualitäten hatte, aber dem Mädchen gegenüber eine strenge Hand bekundete. Sie verstand es auch, äußerlich wenigstens, sich dem Manne unterzuordnen, ohne dabei ihren Rang einzubüßen. Selbst diese Unterwerfung betonte sie mit einem gewissen Stolz und rühmte sich ihrer. Der Umstand, dass in der Familie auch noch ein Sohn auftauchte, der als männlicher Spross und künftiger Erbe des angesehenen Namens eine gewisse höhere Wertung gegenüber dem Mädchen erlangte, stachelte den Ehrgeiz der Letzteren noch besonders auf. Die Schwierigkeiten und die Notlage, in die das Mädchen, die so etwas bisher nie gekannt hatte, durch die Ehe geraten war, brachten es mit sich, dass sie mit immer steigendem Unmut an das Unrecht der Eltern dachte.

Eines Nachts nun, als sie noch nicht eingeschlafen war, hatte sie folgende Erscheinung: Die Tür ging auf, die Mutter Gottes trat zu ihr und sagte: »Weil ich dich so gern habe, teile ich dir mit, dass du Mitte Dezember sterben wirst; du sollst nicht unvorbereitet sein.«

Die Frau war darüber zwar nicht erschreckt, weckte aber ihren Mann, dem sie alles erzählte. Am nächsten Tag erfuhr es der Arzt. Es war eine Halluzination. Die Frau beharrte darauf, richtig gesehen und gehört zu haben. Das ist auf den ersten Blick unverständlich. Erst wenn wir unseren Schlüssel anwenden, können wir gewisse Aufschlüsse erhalten. Es besteht ein Zerwürfnis mit den Eltern, die Frau befindet sich in Not, sie ist ehrgeizig und hat, wie die Untersuchung ergibt, die Neigung, allen überlegen zu sein. Da ist es verständlich, wenn ein Mensch in seinem Streben, über die ihm gegebene Sphäre hinauszugreifen, sich der Gottheit nähert und mit ihr Zwiesprache hält. Man denke, die Mutter Gottes wäre nur in der Vorstellung geblieben, wie es bei Betenden der Fall ist. Niemand würde daran etwas Besonderes finden. Das genügt ihr daher nicht, sie braucht stärkere Argumente. Wenn wir verstehen, dass die Seele derartiger Kunststücke fähig ist, dann verliert die Angelegenheit alles Rätselhafte. Und ist nicht jeder Mensch, der träumt, in einer ähnlichen Lage? Der Unterschied ist eigentlich nur, dass diese Frau wachend träumen kann. Wir müssen hinzurechnen, dass ihr Ehrgeiz gegenwärtig durch ein Gefühl der Demütigung ganz besonders angespannt ist. Und da fällt uns auf, dass jetzt tatsächlich eine andere Mutter zu ihr kommt, und zwar jene, von der das Volk annimmt, dass sie eine gütigere Mutter sei. Diese Mütter müssen zueinander in einem gewissen Gegensatz stehen. Die Mutter Gottes ist erschienen, weil die eigene Mutter nicht gekommen ist. Die Erscheinung weist auf die mangelnde Liebe der eigenen Mutter hin. Die Frau sucht sichtlich nach einem Ausweg, wie sie ihre Eltern am besten ins Unrecht setzen könnte. Mitte Dezember ist auch nicht eine ganz bedeutungslose Zeit. Es ist die Zeit, wo sich im Leben der Menschen innigere Beziehungen ausgestalten, wo die Menschen meist wärmer werden, sich Geschenke machen u. dgl., wo auch die Möglichkeit von Versöhnungen viel näher rückt, so dass man verstehen kann, dass dieser Zeitpunkt mit einer Lebensfrage der jungen Frau in einem gewissen Zusammenhang steht.

Vorläufig befremdet nur, dass die freundliche Annäherung der Mutter Gottes von einem Misston begleitet ist, der Verkündung des baldigen Todes. Der Umstand, dass sie ihrem Mann geradezu in freudiger Art diese Mitteilung macht, muss etwas bedeuten. Auch dringt diese Vorhersage nun gar über den Kreis der Familie hinaus und schon am nächsten Tage erfährt davon der Arzt. Nun war es leicht zu erreichen, dass die eigene Mutter zu ihr kam. Einige Tage nachher erschien aber die Mutter Gottes zum zweiten Mal und wieder sprach sie dieselben Worte. Auf die Frage, wie die Begegnung mit der Mutter ausgefallen sei, erzählte die junge Frau, ihre Mutter sähe halt doch nicht ein, dass sie Unrecht getan habe. Das alte Leitmotiv taucht also wieder auf. Wieder handelt es sich darum, dass das Ziel der Überlegenheit über die Mutter noch nicht erreicht war. Nun wurde versucht, den Eltern den Sachverhalt klarzumachen, worauf eine Begegnung mit dem Vater zustande kam, die glänzend ausfiel. Es folgte eine rührende Szene. Aber noch immer war die Frau nicht befriedigt, denn sie erzählte, es sei so etwas Theatralisches im Wesen des Vaters gewesen. Und warum habe er sie denn so lange warten lassen! Die Neigung, dem andern Unrecht zu geben und selbst als Sieger dazustehen, bestand eben noch immer.

Nach dem Bisherigen können wir also sagen: Die Halluzination tritt auf in einem Moment der höchsten seelischen Anspannung, in einem Zustand, in dem der Mensch die Abdrängung von seinem Ziel fürchtet. Es ist keine Frage, dass solche Halluzinationen früher und vielleicht auch jetzt in Gegenden, wo eine rückständige Bevölkerung lebe, bedeutenden Einfluss gewinnen können. Gewisse Halluzinationen, aus Schriften von Reisenden bekannt, betreffen Erscheinungen, wie sie Wüstenwanderern begegnen, wenn sie in Schwierigkeiten geraten, unter Hunger, Durst, Müdigkeit, Verirrung leiden. Es ist eine Spannung der höchsten Not, die das Vorstellungsvermögen des Leidenden zwingt, sich mit vollendeter Deutlichkeit aus der gegenwärtigen Bedrückung in eine erquickende Situation zu erheben. Letztere muntert den Müden auf, entzündet die Kräfte des Wankenden, macht ihn stärker oder unempfindlicher, oder wirkt wie ein Balsam, wie eine Narkose.

Wir müssen feststellen, dass die Erscheinung der Halluzination für uns eigentlich keinen neuen Vorgang bedeutet, da wir Ähnliches bereits im Wesen der Wahrnehmung, der Erinnerung und der Vorstellung gefunden haben und auch in den Träumen wiederfinden werden. Durch eine Verstärkung in der Vorstellung selbst und durch eine Ausschaltung der Kritik können derartige Leistungen leicht zustande kommen. Wir wollen festhalten, dass immer Situationen besonderer Art die Auslösung besorgen. Solche Leistungen sind in einem Zustand der Not und unter dem Eindruck einer Machtbedrohung zustande gekommen, bei einem Menschen, der aus einem Gefühl der Schwäche heraus nach Überwindung derselben strebt. Ist die Spannung in einem solchen Zustand außerordentlich groß, dann wird auf die Gabe der Kritik nicht mehr so viel Rücksicht genommen. Dann ist es nach dem Grundsatz: »Hilf dir, wie du kannst« möglich, dass die Vorstellung, mit der vollen Kraft des seelischen Organs dargestellt, in die Formen der Halluzination übergeht.

Mit der Halluzination verwandt ist die *Illusion*, die sich von der Ersteren dadurch unterscheidet, dass ein äußerlicher Anknüpfungspunkt besteht, nur in eigenartiger Weise verkannt, wie z. B. in Goethes Erlkönig. Die Grundlage, nämlich der seelische Notstand, bleibt dieselbe.

Ein weiterer Fall soll zeigen, wie die schöpferische Kraft des seelischen Organs in einem Zustand der Not imstande ist, eine Halluzination oder eine Illusion zu erzeugen.

Ein Mann aus angesehener Familie, der es infolge einer schlechten Erziehung zu nichts gebracht hatte, versah eine untergeordnete Schreiberstelle. Er hatte alle Hoffnung aufgegeben, in Zukunft je zu Ansehen zu gelangen. Zu dieser

Hoffnungslosigkeit, die schwer auf ihn lastete, kamen die Vorwürfe seiner Umgebung, die die starke seelische Spannung in ihm noch erhöhten. In diesem Zustand ergab er sich dem Trunke, der ihm Vergessen und eine Ausrede für seinen Fall brachte. Nach kurzer Zeit kam er mit Delirien ins Krankenhaus. *Delirien* sind wesensverwandt mit der Halluzination. Bekanntlich besteht die gewöhnliche Form der Halluzination bei Säuferdelirien im Erblicken von Mäusen oder schwarzen Tieren. Auch andere Halluzinationen kommen vor, die mit dem Beruf des Patienten zusammenhängen. Unser Patient kam in die Hand von Ärzten, die scharfe Alkoholgegner waren und ein strenges Regime eingeführt hatten. Er wurde von seinem Alkoholismus vollkommen befreit, verließ das Spital geheilt und blieb drei Jahre alkoholfrei. Dann kam er mit anderen Klagen wieder ins Spital zurück. Er erzählte, dass er bei seinen Arbeiten – er war jetzt Erdarbeiter – immer einen Mann auftauchen sähe, der sich grinsend über ihn lustig mache. Einmal, als er darüber in besonderen Zorn geraten war, nahm er sein Werkzeug und warf es nach ihm, um zu sehen, ob ein wirklicher Mensch dahinterstecke. Die Gestalt wich aus, fiel aber dann über ihn her und prügelte ihn.

In diesem Fall kann man nicht mehr von einem Gespenst, von einer Halluzination sprechen, denn die Gestalt hatte ganz reale Fäuste gehabt. Die Erklärung ist leicht zu geben: Sonst halluzinierte er, die Probe machte er aber an einem wirklichen Menschen. Es ergab sich, dass der Mann trotz Befreiung vom Alkohol nach seiner Entlassung aus dem Spital, weiter gesunken war. Er hatte seine Stelle verloren, war von zu Hause verstoßen worden und brachte sich nun durch Erdarbeiten fort, die sowohl er, wie auch seine Angehörigen als niedrigste Beschäftigung einschätzten. Die seelische Spannung, in der er gelebt hatte, war nicht gewichen. Vom Alkohol befreit, war er trotz dieses ungeheuren Vorteils eigentlich um eine Tröstung ärmer geworden. Seinen ersten Beruf konnte er erledigen, indem er sich auf das Trinken verlegte. Wenn zu Hause Vorwürfe laut wurden, dass er es zu nichts bringen könne, schien ihm der Hinweis auf seinen Alkoholismus weniger schmerzlich, als der auf seine Unfähigkeit. Nach seiner Heilung stand er wieder der Wirklichkeit gegenüber und einer Situation, die nicht weniger schwer und drückend war als die frühere. Sollte er es nun wieder zu nichts bringen, dann hatte er nicht einmal die Ausrede des Alkohols. In dieser seelischen Not tauchen nun wieder Halluzinationen auf. Er hatte sich in seine frühere Situation wieder eingelebt, er betrachtete die Dinge so, als ob er noch immer ein Säufer wäre und sagte damit eigentlich, er habe sein ganzes Leben durch das Trinken geschädigt, es könne nun nicht mehr besser werden. Als Kranker konnte er hoffen, von seinem neuen, wenig geachteten und ihm daher widerwärtigen Beruf befreit, enthoben zu werden, ohne selbst einen Entschluss fassen zu müssen. Und so kam es, dass die obige Erscheinung länger anhielt, bis Abhilfe kam und er wieder ins Krankenhaus ging. Nun konnte er sich tröstend sagen, er hätte viel mehr erreichen können, wenn nicht das Unglück des Trunkes über ihn hereingebrochen wäre. Dadurch konnte er sein Persönlichkeitsgefühl immer noch hochhalten. Dieses nicht sinken zu lassen, die Überzeugung festhalten zu können, dass er zu größeren Leistungen geeignet wäre, wenn ihn dieses Unglück nicht getroffen hätte, war für ihn viel wichtiger als die Arbeit selbst. Damit hatte er die Machtlinie erreicht und konnte feststellen, dass die andern nicht besser seien als er, sondern dass eine Schwierigkeit im Weg war, die sich nicht wegräumen ließ. In dieser Stimmung, bei der er eine tröstende Entschuldigung suchte, erwuchs ihm wie eine Rettung die Erscheinung des grinsenden Mannes.

3. Phantasie. Eine weitere künstlerische Leistung des seelischen Organs ist die Phantasie. Spuren derselben kann man in allen Erscheinungen finden, die bereits behandelt wurden. Es ist ein ähnlicher Bewegungsprozess wie bei jenen Leistungen der Seele, wo bestimmte Erinnerungen in den Vordergrund geschoben oder Vorstellungen aufgebaut werden. Einen wesentlichen Bestandteil bildet auch bei der Phantasie wieder jene Voraussicht, die ein in Bewegung befindlicher Organismus mit Naturnotwendigkeit in sich tragen muss. Auch die Phantasie ist an die Beweglichkeit des Organismus gebunden und ist selbst nichts anderes als eine Form dieses Voraussehens. Wenn man bei Phantasien von Kindern und Erwachsenen – auch *Tagträume* genannt – Luftschlösser vor sich hat, so handelt es sich immer um Vorstellungen, die die Zukunft betreffen, zu der sich der Mensch hinbewegt und die er, in seiner Weise voraussehend, auszubauen versucht.

Bei der Prüfung von Kinderphantasien erweist sich, dass bei ihnen als wesentlicher Faktor das Spiel der Macht einen weiten Raum einnimmt, dass es immer Ziele des Ehrgeizes sind, die sich widerspiegeln. Die meisten Phantasien beginnen mit Worten wie: »wenn ich einmal groß sein werde« und ähnlichen. Es gibt auch Erwachsene, die noch immer so leben, als ob sie erst einmal groß sein müssten. Die deutliche Ausprägung der Machtlinie weist wieder darauf hin, dass ein Seelenleben sich nur entwickeln kann, wenn vorher die Zielsetzung erfolgt ist. In der menschlichen Kultur ist dieses Ziel ein Ziel der *Geltung*. Bei neutralen Zielen bleibt es fast nie, denn das gemeinsame Leben der Menschen ist von einem fortwährenden Sich-Messen begleitet, wobei die Sehnsucht nach *Überlegenheit* entsteht und das Verlangen, die Konkurrenz siegreich zu bestehen. Es ist daher erklärlich, dass jene Formen der Voraussicht, wie wir sie in den Phantasien der Kinder finden, regelmäßig *Machtvorstellungen* sind.

Für den Umfang dieser Vorstellungen, für die Größe der Phantasie lassen sich keine Regeln aufstellen oder mit anderen Worten: Man darf auch hier nicht in den Fehler verfallen zu generalisieren. Das oben Gesagte gilt für eine große Anzahl von Fällen, kann sich aber in einzelnen Fällen auch als anders geartet feststellen lassen. Es ist naheliegend, dass jene Kinder ihre Phantasie stärker entwickeln werden, die das Leben mit feindlichen Augen betrachten, mit welcher Einstellung gewöhnlich auch eine stärkere Anspannung der Vorsicht verbunden ist. So haben schwächliche Kinder, denen das Leben so manches Üble bietet, eine verstärkte Phantasie und die Neigung, sich mit Phantasien zu beschäftigen. In weiterer Folge tritt oft ein Entwicklungsstadium ein, in dem die Phantasie zu Hilfe genommen wird, um sich aus dem realen Leben herauszuschleichen, also die Phantasie gleichsam für die Verurteilung des realen Lebens benutzt erscheint. Sie ist dann der Machtrausch eines Menschen, der sich über die Niedrigkeit des Lebens erhoben hat.

Nicht nur die Machtlinie allein ist es, die man in den Phantasien feststellen kann, auch das Gemeinschaftsgefühl spielt in ihnen eine große Rolle. Die Kinderphantasien sehen fast nie so aus, dass nur die Macht des Kindes darin zur Geltung kommt, sondern diese Macht erscheint irgendwie als zum Nutzen anderer mitverwendet. Das ist z. B. der Fall bei Phantasien, deren Inhalt darin gipfelt, ein Retter zu sein, ein Helfer, ein Sieger über ein den Menschen schädliches Ungetüm u. dgl. Häufig vorzufinden ist die Phantasie, nicht aus der Familie zu sein, in der man aufwächst. Eine Menge Kinder hält den Gedanken fest, dass sie eigentlich aus einer andern Familie stammen, dass sich eines Tages die Wahrheit zeigen und der wirkliche Vater (immer irgendeine hohe Persönlichkeit) kommen und sie abholen werde. Dies ist meist bei Kindern der Fall, die ein starkes Minderwertigkeitsgefühl haben, die Entbehrungen ausgesetzt sind, Zurücksetzungen zu erdulden haben oder die mit der Zärtlichkeit ihrer Umgebung unzufrieden sind. Oft verraten sich solche Größenideen schon in der äußeren Haltung der Kinder, die so tun, als ob sie schon erwachsen wären. Beinahe krankhafte Ausartungen der Phantasie findet man in der Form, dass z. B. ein Kind eine besondere Vorliebe für steife Hüte oder für Zigarrenspitzen empfindet, oder wenn Mädchen sich vornehmen ein Mann zu werden. Es gibt viele Mädchen, die eine Haltung oder Kleidung vorziehen, die eher für Knaben passen würde.

Es gibt auch Menschen, von denen geklagt wird, sie hätten zu wenig Phantasie. Das ist sicher ein Fehlschluss. Entweder äußern sich solche Kinder nicht oder es liegen andere Gründe vor, aus denen sie sogar dazu gelangen können, einen Kampf gegen das Auftauchen von Phantasien zu führen. Es kann sein, dass ein Kind darin ein Stärkegefühl empfindet. In einem krampfhaften Bestreben, sich der

Wirklichkeit anzupassen, erscheint diesen Kindern die Phantasie als unmännlich oder kindisch und wird von ihnen abgelehnt. Es gibt Fälle, bei denen diese Ablehnung zu weit geht und die Phantasie fast vollkommen zu fehlen scheint.

4. Träume (Allgemeines). Außer den oben beschriebenen Tagträumen gibt es noch eine andere, sehr früh auftauchende Erscheinung, die eine große Wirksamkeit verrät und auch entfaltet. Es sind die Schlafträume. Im Allgemeinen kann man feststellen, dass sich in ihnen die gleiche Methode des Kindes, zu träumen, wiederfindet, wie in den Tagträumen. Alte, erfahrene Psychologen haben darauf hingewiesen, dass sich aus den Träumen des Menschen sein Charakter leicht enthüllen lasse. In der Tat ist der Traum eine Erscheinung, die das Denken des Menschen zu allen Zeiten außerordentlich in Anspruch genommen hat. Wie die Tagträume Erscheinungen sind, die das Voraussehenwollen begleiten, die auftreten, wenn sich der Mensch damit beschäftigt, einen Weg in die Zukunft zu bahnen und ihn sicher zu gehen, so ist es auch mit den Schlafträumen. Der auffallende Unterschied ist, dass man Tagträume zur Not noch versteht, während dies bei den andern Träumen sehr selten der Fall ist. Diese Unverständlichkeit ist eine besondere Merkwürdigkeit und man wird leicht versucht sein, darin ein Zeichen der Überflüssigkeit solcher Erscheinungen zu vermuten. Vorläufig sei hervorgehoben, dass sich auch in den Träumen wieder dieselbe Machtlinie eines Menschen zeigt, der die Zukunft festhalten will, der vor einer Frage steht und deren Bewältigung anstrebt. Sie liefern uns bei der Betrachtung des Seelenlebens wichtige Handhaben, auf die wir noch zurückkommen werden.

5. Einfühlung. Bei der Funktion des Voraussehens, die bei beweglichen Organismen eine unerlässliche Notwendigkeit ist, weil sie immer vor Fragen der Zukunft gestellt sind, kommt dem seelischen Organ noch die Fähigkeit zu Hilfe, nicht nur zu empfinden, was in der Wirklichkeit ist, sondern auch zu fühlen, zu erraten, was etwa in der Zukunft sein wird. Man nennt diesen Vorgang »Einfühlung«. Diese Fähigkeit ist bei den Menschen außerordentlich stark entwickelt. Sie ist ein so weitreichender Vorgang, dass man sie an jeder Stelle des Seelenlebens findet. Bedingung ist auch hier die Notwendigkeit zur Voraussicht; denn wenn ich genötigt bin, mir vorzustellen, zu denken, wie ich mich im Falle einer auftauchenden Frage benehmen werde, so bin ich auch gezwungen, über jene Empfindungen ein festes Urteil zu bekommen, die sich aus der gegenwärtig noch nicht herangereiften Situation ergeben könnten. Erst durch das Zusammenfassen des Denkens, Fühlens und Empfindens einer erst zu erlebenden Situation kann wieder ein Standpunkt gewonnen werden, etwa der, einen bestimmten Punkt entweder mit besonderer Kraft anzustreben, oder ihm mit besonderer Vorsicht auszuweichen. Einfühlung kommt schon zustande, wenn man mit jemand spricht. Es ist unmöglich, mit einem Menschen Fühlung zu bekommen, wenn keine Einfühlung in die Lage des andern vorhanden ist. Eine besondere künstlerische Ausgestaltung erfährt die Einfühlung im *Schauspiel.* Weitere Erscheinungen der Einfühlung sind die Fälle, in denen den Menschen ein eigentümliches Gefühl überkommt, wenn er merkt, dass einem andern irgendeine Gefahr droht. Hier ist die Einfühlung manchmal so stark, dass man unwillkürlich selbst, obwohl nicht gefährdet, Abwehrbewegungen ausführt. Bekannt ist ferner die zurückziehende Bewegung, die man mit der Hand ausführt, wenn man z. B. ein Glas fallen lässt. Oft kann man beim Kegelschieben beobachten, wie einzelne Spieler gleichsam die Bewegung der Kugel mitmachen wollen, sie mit ihrem ganzen Körper vorwegnehmen, als ob sie deren Lauf dadurch beeinflussen wollten. Weitere Erscheinungen sind die Gefühle, von denen man befallen wird, wenn man jemand in einem hochgelegenen Stockwerk Fenster putzen sieht, oder wenn man erlebt, dass ein Redner das Unglück hat, steckenzubleiben. Im Theater wird man es kaum vermeiden können, mitzufühlen und die verschiedensten Rollen in seinem Innern mitzuspielen. – Unser gesamtes Erleben hängt also mit der Einfühlung innig zusammen.

Suchen wir danach, wo diese Funktion ihren Ursprung hat, diese Möglichkeit, so zu empfinden, als ob man ein anderer wäre, so finden wir die Erklärung nur in der Tatsache des angeborenen Gemeinschaftsgefühls. Diese ist eigentlich ein kosmisches Gefühl, ein Abglanz des Zusammenhanges alles Kosmischen, das in uns lebt, dessen wir uns nicht ganz entschlagen können und das uns die Fähigkeit gibt, uns in Dinge einzufühlen, die außerhalb unseres Körpers liegen.

Wie es verschiedene Grade des Gemeinschaftsgefühls gibt, gibt es auch verschiedene Grade der Einfühlung, die man ebenfalls schon im Kindesalter beobachten kann. Es gibt Kinder, die sich mit Puppen so beschäftigen, als ob es lebendige Wesen wären, während andere vielleicht nur das Interesse haben, nachzusehen, was darinnen ist. Durch Ablenken der Gemeinschaftsbeziehungen von den Mitmenschen auf leblose oder wenig wertvolle Dinge, kann die

Entwicklung eines Menschen sogar völlig zum Scheitern gebracht werden. Fälle von Tierquälerei, die man so oft bei Kindern beobachtet, sind nur denkbar bei Annahme eines fast völligen Mangels von Einfühlung in das Empfinden anderer Wesen. In weiterer Folge können solche Kinder dazu gelangen, sich für Dinge zu interessieren, die für ihre Entwicklung zum Mitmenschen bedeutungslos sind, Interessen anderer völlig zu übersehen und nur an sich zu denken. Alle diese Erscheinungen hängen mit dem geringen Grade der Einfühlung zusammen. Schließlich kann Mangel an Einfühlung dazu führen, die Aufnahme der Mitarbeit völlig zu verweigern.

6. Einwirkung eines Menschen auf den andern (Hypnose und Suggestion). Die Frage, wieso Einwirkungen auf einen anderen Menschen überhaupt zustande kommen können, ist im Sinne der Individualpsychologie dahin zu beantworten, dass es sich auch hier um Zusammenhangserscheinungen handelt. Unser ganzes Leben rollt unter der Voraussetzung ab, dass gegenseitige Einwirkung möglich ist. Dieselbe ist in gewissen Fällen ganz besonders akzentuiert, wie im Verhältnis von Lehrer und Schüler, Eltern und Kindern, Mann und Frau. Unter dem Einfluss des Gemeinschaftsgefühls besteht bis zu einem bestimmten Grade ein Entgegenkommen gegenüber Einwirkungen eines andern. Der Grad dieser Beeinflussbarkeit ist aber auch davon abhängig, inwiefern die Rechte des zu Beeinflussenden durch den Beeinflusser sichergestellt erscheinen. Eine dauernde Einwirkung auf einen Menschen, dem man Unrecht tut, ist ausgeschlossen. Man wird auf ihn dann am besten einwirken können, wenn der andere in eine Stimmung versetzt ist, in der er sein eigenes Recht als gewährleistet empfindet. Das ist besonders für die Erziehung ein wichtiger Gesichtspunkt. Es ist möglich, eine andere Form von Erziehung vorzuschlagen oder gar durchzuführen. Eine Erziehung, die diesen Gesichtspunkt berücksichtigt, wird deshalb wirksam sein, weil sie an das Ursprünglichste anknüpft, an das Gefühl der Zusammengehörigkeit. Sie wird nur dann versagen, wenn es sich um einen Menschen handelt, der sich absichtlich dem Einfluss der Gesellschaft zu entziehen sucht. Auch dies tut er nicht ohne weiteres; es muss ein längerer Kampf vorausgegangen sein, in dessen Verlauf sich allmählich seine Zusammenhänge mit der Umwelt gelöst haben, so dass er also in voller Opposition gegen das Gemeinschaftsgefühl dasteht. Dann ist jede Art von Einwirkung erschwert oder unmöglich und man erlebt das Schauspiel, dass ein Mensch jeden Versuch einer Ein-wirkung mit einer Gegenaktion beantwortet (Oppositionsgeist).

Wir dürfen daher bei Kindern, die sich durch ihre Umgebung irgendwie bedrückt fühlen, erwarten, dass sie eine geringere Fähigkeit und Neigung haben werden, Einwirkungen ihrer Erzieher Folge zu leisten. Wohl gibt es zahlreiche Fälle, wo der Druck von außen so stark ist, dass er alle Widerstände hinwegfegt, wo scheinbar jede Einwirkung aufgenommen und befolgt wird. Man kann sich aber bald überzeugen, dass diesem *Gehorsam* keinerlei Wert zuerkannt werden darf, der fruchtbar wird. Manchmal tritt er in einer derartig grotesken Weise auf, dass er für das Leben unfähig macht (blinder Gehorsam), so dass man einen Menschen vor sich hat, der immer darauf wartet, dass man ihm die notwendigen Handlungen und Schritte befiehlt. Die große Gefahr, die diese weitgehende Unterwerfung in sich birgt, kann man an dem Umstand ermessen, dass aus diesen Kindern oft jene Menschen hervorgehen, die jedem gehorchen, der sie einmal in die Gewalt bekommt und auf Befehl sogar Verbrechen begehen. Sie spielen besonders in den *Banden* eine unheimliche Rolle, weil sie immer die ausführende Rolle spielen, während sich der Kopf der Bande meist abseits hält. Fast bei jeder auffälligen Strafhandlung, die von einer Bande begangen wurde, war ein derartiger Mensch das ausführende Organ. Solche Menschen legen einen unglaublich weitgehenden Gehorsam an den Tag und können darin sogar eine Befriedigung ihres Ehrgeizes empfinden.

Wenn wir uns aber bloß an die normalen Fälle der Einwirkung halten, so können wir feststellen, dass am geneigtesten, auf sich einwirken zu lassen, sich zu verständigen und mit sich rechnen zu lassen jene sein werden, deren Gemeinschaftsgefühl am wenigsten gedrosselt ist, während es am schlechtesten mit jenen bestellt sein wird, bei denen der Hang nach oben, die Sehnsucht nach Überlegenheit einen besonders hohen Grad erreicht hat. Die Beobachtung lehrt das alle Tage. Wenn Eltern über ein Kind klagen, dann geschieht dies äußerst selten wegen blinden Gehorsams, sondern wegen Ungehorsams, und die Untersuchung solcher Kinder zeigt, dass sie in dem Streben begriffen sind, über ihre Umgebung hinauszuwachsen, dass sie bei dieser Gelegenheit die Normen ihres kleinen Lebens durchbrechen, weil sie durch eine fehlerhafte Behandlung für erzieherische Eingriffe unzugänglich gemacht worden sind. Das intensive Streben nach Macht steht somit zur Erziehbarkeit im umgekehrten Verhältnis. Trotzdem ist unsere Familienerziehung meist darauf bedacht, den Ehrgeiz des Kindes besonders aufzustacheln und in ihm Größenideen zu erwecken. Nicht etwa aus Unbesonnenheit, sondern weil unsere ganze Kultur, die selbst von einer solchen zu Größenideen hinneigenden Tendenz durchzogen ist, ihnen solche Impulse gibt, so dass es auch in der Familie, wie in unserer Kultur, in erster Linie darauf ankommt, dass der Einzelne mit besonderem Glanze im Leben dasteht und möglichst alle andern in irgendeiner Weise übertrifft. In dem Kapitel über die Eitelkeit wird weiter ausgeführt werden, wie ungeeignet diese Methode der Erziehung zum Ehrgeiz ist und an welchen Schwierigkeiten in diesem Fall die Entwicklung eines Seelenlebens scheitern kann.

In einer ähnlichen Lage wie jene, die zufolge ihrer Neigung zum unbedingten Gehorsam in weitgehender Weise auf die Forderungen der Umgebung eingehen, befindet sich auch jedes *Medium*. Man braucht nur den Vorsatz durchzuführen, einmal eine Zeitlang alles zu tun, was von einem verlangt wird. Ein derartiger Vorgang liegt den Vorbereitungen zur *Hypnose* zugrunde. Im Allgemeinen ist hierzu Folgendes zu bemerken: Es kann einer sagen oder glauben, er habe den Willen zur Hypnose. Trotzdem wird ihm die seelische Bereitschaft zur Unterwerfung fehlen. Und es kann einer ganz entschieden Widerspruch leisten und doch innerlich zur Unterwerfung bereit sein. In der Hypnose kommt es eben ausschließlich auf die *seelische* Haltung des Mediums an, nicht auf dessen Worte oder Glauben. Aus der Verkennung dieser Tatsache ist große Verwirrung entstanden, weil man in der Hypnose meist mit Menschen zu tun hat, die sich zu sträuben *scheinen* und schließlich doch geneigt sind, den Forderungen des Hypnotiseurs nachzugeben. Diese Bereitwilligkeit kann verschiedene Grenzen haben, so dass die Resultate der Hypnose bei jedem Menschen andere sind. In keinem Fall hängt aber die Grenze der Bereitwilligkeit zur Hypnose vom Willen des *Hypnotiseurs* ab, sondern von der seelischen Einstellung des *Mediums*.

Was das Wesen der Hypnose betrifft, so stellt sie eine Art Schlafzustand vor. Rätselhaft ist sie nur deshalb, weil dieser Schlaf erst erzeugt werden muss, sich erst im Auftrag eines andern einstellt. Der Auftrag ist nur wirksam, wenn er auf jemand trifft, der bereit ist ihn anzunehmen. Entscheidend hierfür sind, wie erwähnt, Wesen und Entwicklung der Persönlichkeit des Mediums. Nur wenn jemand so geartet ist, dass er den Einflüssen eines andern kritiklos Raum gibt, ist es möglich, diesen eigenartigen Schlafzustand bei ihm hervorzurufen, der mehr als der natürliche Schlaf, auf eine Ausschaltung der Bewegungsfähigkeit hinausläuft, so weit, bis endlich auch die Bewegungszentren vom Auftraggeber mobilisiert werden können. Vom normalen Schlaf bleibt nur eine Art Dämmerzustand übrig, der es auch ausmacht, dass das Medium nur nach dem Willen des Auftraggebers von den Vorgängen in der Hypnose Erinnerungen aufbewahren kann. Was am stärksten ausgeschaltet ist, ist die für unsere Kultur bedeutendste Errungenschaft des seelischen Organs, die Kritik. Das Medium ist nun sozusagen die verlängerte Hand, das Organ des Hypnotiseurs, und funktioniert in seinem Auftrag.

Die meisten Menschen, die einen Hang haben auf andere einzuwirken, schreiben diese Fähigkeit, wie überhaupt jede Möglichkeit des Einwirkens, einem geheimnisvollen Fluidum, einer besonderen Kraft zu, die ihnen eigen sein soll. Das führt zu einem ungeheuren Unfug, zu Ausartungen, insbesondere zu den abstoßenden Exzessen von Telepathen und Hypnotiseuren. Von ihnen müsste man eigentlich behaupten, dass sie die Menschenwürde in einem solchen Grade verletzen, dass jedes Mittel gerecht wäre, um ihnen das Handwerk zu legen. Damit soll nicht gesagt sein, dass die Erscheinungen, die sie vorführen, auf Schwindel beruhen. Nein, die menschliche Kreatur ist eben derart zur Unterwerfung geneigt, dass sie einem Menschen, der mit der Pose der *Plusmacherei* auftritt, zum Opfer fallen kann, nur weil die Menschen in ihrer Mehrzahl so oft in einer Stimmung dahingelebt haben, sich ohne Prüfung zu unterwerfen, Autorität anzuerkennen, sich bluffen und hinreißen zu lassen, sich kritiklos unterzuordnen, was alles natürlich nie eine Ordnung in das menschliche Zusammenleben bringen konnte, sondern immer wieder zu nachträglichen Revolten der Unterworfenen geführt hat. Noch kein Telepath oder Hypnotiseur hat mit seinen Experimenten auf längere Zeit Glück gehabt. Sehr oft war es so, dass er auf einen Menschen stieß, auf ein sogenanntes Medium, das ihn einfach »hineingelegt« hat. Dies ist schon bedeutenden Männern der Wissenschaft widerfahren, die ihre Kraft auf Medien einwirken lassen wollten. Manchmal gibt es auch Mischfälle, wo das Medium sozusagen ein betrogener Betrüger ist, zum Teil betrügt, zum Teil sich unterwirft. Aber die Kraft, die wir hier scheinbar am Werke sehen, ist nie die des Hypnotiseurs, sondern immer die Geneigtheit des Mediums, sich zu unterwerfen, keine Zauberkraft, die auf das Medium einwirkt, sondern höchstens die Kunst des Hypnotiseurs, zu bluffen. Ist aber jemand gewohnt, ein Leben zu führen, in dem er sich selbst alles überlegt und seine Entschlüsse nicht ohne weiteres von einem andern entgegennimmt, dann ist er natürlich nicht zu hypnotisieren und wird auch nie die sonderbaren Erscheinungen der Telepathie aufweisen. Denn all diese Erscheinungen sind nur Erscheinungen des blinden Gehorsams.

In diesem Zusammenhang ist auch die *Suggestion* zu erwähnen. Ihr Wesen kann man erst verstehen, wenn man sie im weitesten Sinn unter die Eindrücke einreiht. Es ist selbstverständlich, dass der Mensch nicht nur jeweils Eindrücke aufnimmt, sondern stets auch unter ihrer Wirkung steht. Das Aufnehmen der Eindrücke ist nicht ganz belanglos, sie wirken weiter. Und wenn sie Anforderungen eines anderen Menschen sind, Versuche, zu überzeugen, zu überreden, dann können wir von Suggestionen sprechen. Dann betrifft es die Umänderung oder Festigung einer wirkenden Anschauung, die bei ihrem Träger deutlich hervortritt. Das schwierigere Problem beginnt eigentlich bei dem Umstand, dass Menschen auf von außen kommende Eindrücke verschieden reagieren. Auch diese Einwirkung hängt mit dem Grad der Selbständigkeit des betreffenden Menschen zusammen. Zwei Typen sind da besonders ins Auge zu fassen. Die einen sind die, welche die Meinung des andern gern überschätzen, also von der Richtigkeit ihrer eigenen Anschauungen wenig halten, ob sie nun richtig oder falsch sind. Sie überwerten die Bedeutung anderer Personen, so dass sie sich leicht der Meinung derselben anpassen. Sie sind für Wachsuggestionen und Hypnose außerordentlich geeignet. – Der andere Typus wird alles, was von außen kommt, wie eine Beleidigung aufnehmen, nur seine eigene Meinung für richtig halten und, unbekümmert um Richtigkeit oder Unrichtigkeit, alles verwerfen, was ein anderer bringt. Beide Typen haben ein Schwächegefühl in sich, der zweite Typus ein solches, das nicht duldet, vom andern etwas anzunehmen. Meist treffen wir da Menschen an, die leicht in Konflikt kommen und sehr oft die Auffassung in sich nähren, als ob sie der Suggestion eines andern besonders leicht zugänglich wären. Sie verstärken aber diese Auffassung nur, um *nicht* zugänglich zu werden, so dass mit ihnen auch sonst schwer etwas anzufangen ist.

V. Kapitel: Minderwertigkeitsgefühl und Geltungsstreben

1. Die frühkindliche Situation. Wir sind bereits so weit um zu wissen, dass Kinder, die von der Natur stiefmütterlich bedacht sind, zum Leben und zu den Menschen eine andere Haltung einzunehmen geneigt sind als solche, denen die Freuden des Daseins schon frühzeitig nähergebracht worden sind. Man kann als einen Grundsatz aufstellen, dass alle Kinder *mit minderwertigen Organen* leicht in einen Kampf mit dem Leben verwickelt werden, der sie zu einer Drosselung ihres Gemeinschaftsgefühls verleitet, so dass diese Menschen leicht die Schablone annehmen, sich immer mehr mit sich selbst und mit dem Eindruck, den sie auf die Umwelt machen, zu beschäftigen, als mit den Interessen der andern. Was von den minderwertigen Organen gilt, gilt auch von äußeren Einwirkungen auf das Kind, die sich als ein mehr oder weniger schwer auf ihm lastender Druck fühlbar machen und eine feindselige Einstellung zur Umwelt hervorrufen können. Die entscheidende Wendung tritt schon sehr früh ein. Bereits im zweiten Lebensjahr kann man feststellen, dass solche Kinder wenig geneigt sind, sich als gleichermaßen ausgestattet wie die andern und ihnen ebenbürtig und gleichberechtigt zu fühlen, sich ihnen anzuschließen und mit ihnen gemeinsame Sache zu machen, sondern dass sie in einem durch mannigfache Entbehrungen entstandenen Gefühl der *Verkürztheit* dazu neigen, stärker als andere Kinder ein Gefühl der Erwartung, ein Recht auf Forderungen zu äußern. Bedenkt man, dass eigentlich jedes Kind dem Leben gegenüber minderwertig ist und ohne ein erhebliches Maß von Gemeinschaftsgefühl der ihm nahestehenden Menschen gar nicht bestehen könnte, fasst man die Kleinheit und Unbeholfenheit des Kindes ins Auge, die so lange anhält und ihm den Eindruck vermittelt, dem Leben nur schwer gewachsen zu sein, dann muss man annehmen, dass am Beginn jedes seelischen Lebens ein mehr oder weniger tiefes *Minderwertigkeitsgefühl* steht. Dies ist die treibende Kraft, der Punkt, von dem alle Bestrebungen des Kindes ausgehen und sich entwickeln, sich ein Ziel zu setzen, von dem es alle Beruhigung und Sicherstellung seines Lebens für die Zukunft erwartet und einen Weg einzuschlagen, der ihm zur Erreichung dieses Zieles geeignet erscheint.

In dieser eigenartigen Stellungsnahme des Kindes, die auch enge mit seinen organischen Fähigkeiten verknüpft und von ihnen mitbeeinflusst ist, liegt die Basis für seine *Erziehbarkeit.* Diese wird, so allgemein auch das Minderwertigkeitsgefühl bei jedem Kind ist, besonders durch zwei Momente erschüttert. Das eine ist ein verstärktes, intensiveres und länger anhaltendes Minderwertigkeitsgefühl, das andere ein Ziel, das nicht mehr bloß Beruhigung, Sicherheit, Gleichwertigkeit gewährleisten soll, sondern ein *Streben nach Macht* entwickelt, das bestimmt ist, zur Überlegenheit über die Umwelt zu führen. Auf diesem Weg sind sie weiterhin jederzeit zu erkennen. Ihre Erziehbarkeit ist erschwert, weil sie sich unter allen Umständen immer zurückgesetzt fühlen, sich von der Natur benachteiligt glauben und sich oft auch von den Menschen, mit Recht oder Unrecht, zurückgesetzt sehen. Wenn man all diese Beziehungen genauer durchschaut, dann kann man ermessen, mit welcher Zwangsläufigkeit sich eine schiefe, von allerhand Fehlschlägen begleitete Entwicklung vollziehen kann.

Dieser Gefahr ist eigentlich jedes Kind ausgesetzt, weil sich alle Kinder in derartigen Situationen befinden. Jedes Kind ist dadurch, dass es in die Umgebung von Erwachsenen gesetzt ist, verleitet, sich als klein und schwach zu betrachten, sich als unzulänglich, minderwertig einzuschätzen. In dieser Stimmung ist es nicht imstande, sich zuzutrauen, den Aufgaben, die ihm gestellt werden, so glatt und fehlerlos zu genügen, wie man es ihm zumutet. Schon an dieser Stelle setzen meist Erziehungsfehler ein. Dadurch, dass man vom Kind zu viel verlangt, rückt man ihm das Gefühl seiner Nichtigkeit schärfer vor die Seele. Andere Kinder werden sogar ständig auf ihre geringe Bedeutung, auf ihre Kleinheit und Minderwertigkeit aufmerksam gemacht. Wieder andere Kinder werden als Spielbälle benutzt, als Lustbarkeit, oder sie werden als ein Gut angesehen, das man ganz besonders behüten muss, oder man betrachtet sie als lästigen Ballast. Oft auch finden sich alle diese Bestrebungen vereint, das Kind wird bald von der einen, bald von der andern Seite darauf aufmerksam gemacht, dass es entweder zum Vergnügen oder zum Missvergnügen der

Erwachsenen da sei. Das tiefe Minderwertigkeitsgefühl, das auf diese Weise in den Kindern gezüchtet wird, kann durch gewisse Eigenarten unseres Lebens noch eine weitere Steigerung erfahren. Hierher gehört die Gewohnheit, Kinder nicht ernst zu nehmen, dem Kind zu bedeuten, dass es eigentlich ein Niemand sei, dass es keine Rechte habe, dass es vor Erwachsenen immer zurückzustehen habe, dass es still sein müsse u. dgl. mehr. Was daran etwa wahr ist, kann man den Kindern in einer so undelikaten Weise bieten, dass es begreiflich ist, wenn sie darüber in Erregung geraten. Eine Unzahl Kinder wächst ferner in dem ständigen Gefühl der Furcht auf, bei allem, was sie unternehmen, *ausgelacht* zu werden. Die Unsitte, Kinder auszulachen, ist der Entwicklung des Kindes überaus abträglich. Man kann die Furcht solcher Menschen vor dem Ausgelachtwerden bis in die späteste Zeit ihres Lebens verfolgen, sie können oft auch als Erwachsene von dieser Furcht nie loskommen. Sehr schädlich ist auch die Neigung, Kinder in der Weise nicht ernst zu nehmen, dass man ihnen Unwahrheiten sagt, so dass sie leicht dazu gelangen, am Ernst ihrer Umgebung und auch des Lebens zu zweifeln. Es gibt Fälle, dass Kinder in der ersten Zeit, da sie die Schule besuchten, lächelnd auf der Bank saßen und gelegentlich endlich mitteilten, sie hielten die ganze Angelegenheit mit der Schule für einen Scherz der Eltern, den sie gar nicht ernst nähmen.

2. Ausgleich des Minderwertigkeitsgefühls, Streben nach Geltung und Überlegenheit. Das Gefühl der Minderwertigkeit, der Unsicherheit, der Unzulänglichkeit ist es, das die Zielsetzung im Leben erzwingt und ausgestalten hilft. Bereits in den ersten Tagen der Kindheit macht sich der Zug bemerkbar, sich in den Vordergrund zu drängen, die Aufmerksamkeit der Eltern auf sich zu lenken, zu erzwingen. Das sind die ersten Anzeichen für das erwachte Geltungsstreben des Menschen, das sich unter der Einwirkung des Minderwertigkeitsgefühls entwickelt und das Kind dazu führt, sich ein Ziel zu setzen, bei dem es der Umwelt überlegen erscheint.

Mitbestimmt wird die Setzung des Zieles der Überlegenheit durch die Größe des Gemeinschaftsgefühls. Wir können kein Kind, keinen Erwachsenen beurteilen, wenn wir nicht einen Vergleich ziehen zwischen dem in ihm vorhandenen Gemeinschaftsgefühl und dem Beitrag seines Strebens nach Macht und Überlegenheit über die andern. Das Ziel wird so aufgestellt, dass seine Erreichung die Möglichkeit bietet, Überlegenheit zu fühlen oder die eigene Persönlichkeit so weit zu heben, dass das Leben lebenswert erscheint. Dieses Ziel ist es auch, das den Empfindungen ihren Wert verleiht, die Wahrnehmungen lenkt und beeinflusst, die Vorstellungen gestaltet und die schöpferische Kraft leitet, mit der wir die Vorstellungen schaffen, Erinnerungen ausgestalten oder beiseiteschieben. Und wenn man bedenkt, dass nicht einmal die Empfindungen absolute Größen sind, sondern ebenfalls schon von der Zielstrebigkeit beeinflusst sind, die das Seelenleben erfüllt, wenn man sich ferner vor Augen hält, dass unsere Wahrnehmungen immer mit Auswahl, in einer bestimmten geheimen Absicht erfolgen, dass die Vorstellungen ebenfalls nicht absolute Werte enthalten, sondern von diesem Ziel beeinflusst sind, dass wir ferner jedem Erlebnis immer die Seite abzugewinnen suchen, die uns geeignet erscheint, unser Ziel weiter im Auge zu behalten, dann ist es verständlich, dass auch hier weiter alles relativ bleibt und nur der Schein von feststehenden, sicheren Werten erübrigt. Im Sinne einer *Fiktion*, in einer Art von wirklicher Schöpferkraft hängen wir uns an einen feststehenden Punkt, den es in der Wirklichkeit nicht gibt. Diese Annahme, eigentlich bedingt durch eine Mangelhaftigkeit des menschlichen Seelenlebens, gleicht vielen Versuchen in Wissenschaft und Leben, wie etwa dem, die Erdkugel in Meridiane einzuteilen, die es nicht gibt, aber als Annahmen großen Wert haben. In allen Fällen seelischer Fiktionen haben wir es mit Erscheinungen folgender Art zu tun: Wir nehmen einen fixen Punkt an, obwohl wir uns bei näherer Betrachtung überzeugen müssen, dass er nicht besteht. Wir tun das aber nur, um eine *Orientierung* im Chaos des Lebens zu gewinnen, um eine Rechnung ansetzen zu können. Alles, von der Empfindung angefangen, wird von uns in ein berechenbares Gebiet hineinversetzt, in dem wir handeln können. Dies ist der Vorteil, den uns die Annahme eines feststehenden Zieles bei Betrachtung eines menschlichen Seelenlebens bietet.

So entwickelt sich aus diesem Vorstellungskreis der Individualpsychologie eine *heuristische Methode:* das menschliche Seelenleben zunächst so zu betrachten und zu verstehen, als ob es aus angeborenen Potenzen unter dem Einfluss einer Zielsetzung zu seiner späteren Beschaffenheit herangewachsen wäre. Unsere Erfahrung und unsere Eindrücke festigen aber in uns die Überzeugung, dass diese heuristische Methode mehr als ein Hilfsmittel der Forschung vorstellt, dass sie sich in ihren Grundlagen im weitesten Ausmaß mit wirklichen Vorgängen der seelischen Entwicklung deckt, die teils bewusst erlebt werden, teils aus dem Unbewussten zu erschließen sind. Die Zielstrebigkeit der Psyche ist demnach nicht bloß unsere Anschauungsform, sondern auch eine Grundtatsache.

Hinsichtlich der Frage, wie dem *Streben nach Macht*, diesem hervorstechendsten Übel in der Kultur der Menschheit, am vorteilhaftesten begegnet und entgegengewirkt werden kann, liegt die Schwierigkeit darin, dass man sich in der Zeit, in der dieses Streben entsteht, mit dem Kind schwer verständigen kann. Man kann erst viel später beginnen, Klarheit zu schaffen und in eine fehlerhafte Entwicklung bessernd einzugreifen. Doch bietet das Zusammenleben mit dem Kinde in dieser Zeit hierzu die Möglichkeit, indem man das bei jedem Kind vorhandene Gemeinschaftsgefühl derart entfaltet, dass das Machtstreben nicht übermächtig werden kann.

Eine weitere Schwierigkeit ist die, dass auch schon die Kinder von ihrem Machtstreben nicht ganz offen sprechen, sondern es verbergen und, unter Vorgabe von Wohlwollen und zärtlichen Gefühlen, in heimlicher Art ins Werk zu setzen versuchen. Schamhaft vermeiden sie, dabei ertappt zu werden. Das ungehemmte Streben nach Macht, das sich zu verstärken sucht, erzeugt Ausartungen in der Entwicklung des kindlichen Seelenlebens, so dass im überspitzten Drang, zu Sicherheit und Macht zu gelangen, aus Mut Frechheit, aus Gehorsam Feigheit werden kann und aus Zärtlichkeit eine List, den andern zum Nachgeben, zum Gehorsam, zur Unterwerfung zu bringen und alle Charakterzüge neben ihrer offen zutage liegenden Natur noch einen Zuschuss von listigem Begehren nach Überlegenheit bekommen können.

Die bewusste Erziehung, die auf das Kind einwirkt, handelt unter dem bewussten oder unbewussten Impuls, dem

Kind aus seiner Unsicherheit herauszuhelfen, es für das Leben mit Geschicklichkeit, Wissen, geschultem Verständnis und mit Gefühl für andere auszustatten. Alle diese Maßnahmen, von welcher Seite immer sie kommen, sind zunächst als Versuche zu verstehen, für das heranwachsende Kind neue Wege zu schaffen, auf denen es von seinem Unsicherheits- und Minderwertigkeitsgefühl loskommen kann. Was sich nun beim Kind abspielt, geht auf dem Weg von Charakterzügen vor sich, die der Ausdruck dafür sind, was sich in der Seele des Kindes abspielt.

Der *Wirkungsgrad* des Unsicherheits- und Minderwertigkeitsgefühls hängt hauptsächlich von der *Auffassung* des Kindes ab. Gewiss ist der objektive Grad der Minderwertigkeit bedeutsam und wird sich dem Kind fühlbar machen. Man darf aber nicht erwarten, dass das Kind in dieser Hinsicht auch richtige Abschätzungen vornimmt, so wenig, wie dies bei Erwachsenen der Fall ist. Aus diesem Grund wachsen nun die Schwierigkeiten ganz gewaltig. Das eine Kind wächst in so komplizierten Verhältnissen auf, dass ein Irrtum über den Grad seiner Minderwertigkeit und Unsicherheit fast selbstverständlich ist. Ein anderes Kind wird seine Situation besser abschätzen können. Im Großen und Ganzen aber ist immer das *Gefühl* des Kindes in Betracht zu ziehen, das täglich schwankt, bis es schließlich in irgendeiner Art eine Konsolidierung erfährt und sich als *Selbsteinschätzung* äußert. Danach, wie diese ausfällt, wird der Ausgleich, die *Kompensation* beschaffen sein, die das Kind für sein Minderwertigkeitsgefühl sucht, dementsprechend also wird auch die Zielsetzung vor sich gehen.

Der seelische Mechanismus des Kompensationsstrebens, dem zufolge das seelische Organ auf ein Gefühl der

Minderwertigkeit immer mit dem Bestreben antwortet, dieses quälende Gefühl auszugleichen, hat eine Analogie im organischen Leben. Es ist eine erwiesene Tatsache, dass lebenswichtige Organe, wenn sie eine Schwäche aufweisen, sofern sie nur lebensfähig sind, mit einer außerordentlichen Vermehrung ihrer Kraftleistungen zu antworten beginnen. So wird bei Schwierigkeiten, die den Blutkreislauf bedrohen, das Herz mit verstärkten Kräften arbeiten, es wird diese Kraft aus dem ganzen Organismus heranziehen, sich dabei vergrößern und zu einem Umfang heranwachsen, der größer ist als der eines normal arbeitenden Herzens. Ähnlich wird unter dem Druck der Kleinheit, der Schwäche, des Minderwertigkeitsgefühls das seelische Organ mit heftigen Anstrengungen versuchen, über dieses Gefühl Herr zu werden und es zu beseitigen.

Ist nun das Minderwertigkeitsgefühl besonders drückend, dann besteht die Gefahr, dass das Kind in seiner Angst, für sein zukünftiges Leben zu kurz zu kommen, sich mit dem bloßen Ausgleich nicht zufriedengibt und zu weit greift (*Überkompensation*). Das Streben nach Macht und Überlegenheit wird überspitzt und ins Krankhafte gesteigert. Solchen Kindern werden die gewöhnlichen Beziehungen ihres Lebens nicht genügen. Sie werden, ihrem hochgesteckten Ziel entsprechend, zu großen, auffallenden Bewegungen ausholen. Mit einer besonderen Hast, mit starken Impulsen, die weit über das gewöhnliche Maß hinausgehen, ohne Rücksicht auf ihre Umgebung, suchen sie ihre eigene Position sicherzustellen. Auf diese Weise werden sie auffallend, greifen störend in das Leben anderer ein und nötigen sie naturgemäß, sich zur Wehr zu setzen. Sie sind gegen alle und alle gegen sie. Es muss nicht alles gleich im bösesten Sinn ablaufen. Ein solches Kind kann sich lange Zeit in Bahnen bewegen, die äußerlich normal erscheinen mögen, es kann den Charakterzug, der ihm auf diesem Wege zuerst zuwächst, den Ehrgeiz, auf eine Weise betätigen, dass es noch nicht in einen offenen Konflikt mit anderen gerät. Man wird aber regelmäßig finden, dass die Anstalten, die es trifft, niemand rechte Freude machen, dass sie auch keine wahrhaft nützlichen Wirkungen zeitigen, weil das ein Weg ist, der unserer Kultur unannehmbar erscheint. Denn mit ihrem Ehrgeiz, den sie in der Kindheit durchaus nicht so lenken und betätigen können, dass er fruchtbar wird, sondern den sie gewöhnlich überspitzen, werden sie immer anderen Menschen störend in den Weg treten. Später gesellen sich gewöhnlich noch andere Erscheinungen hinzu, die im Sinne eines sozialen Organismus, wie es die menschliche Gesellschaft sein soll, schon Feindseligkeit bedeuten. Hierher gehören vor allem Eitelkeit, Hochmut und ein Streben nach Überwältigung des andern um jeden Preis, was sich auch so darstellen kann, dass sie selbst gar nicht mehr höher hinaufstreben, sondern sich damit begnügen, dass der andere sinkt. Dann kommt es ihnen nur mehr auf die Distanz an, auf den größeren Unterschied zwischen ihnen und den andern. Eine solche Stellungnahme zum Leben ist aber nicht nur für die Umgebung störend, sie wird sich auch dem Träger dieser Erscheinungen selbst unangenehm fühlbar machen, indem sie ihn mit den Schattenseiten des Lebens so sehr erfüllt, dass ihm daraus keine rechte Lebensfreude ersprießt.

Durch besondere Kraftanstrengungen, vermittels welcher diese Kinder über alle andern hinauswachsen wollen, setzen sie sich in Widerspruch zu den gemeinsamen Aufgaben, die den Menschen obliegen. Wenn man diesen Typus der Machtlüsternen mit dem Ideal eines Gemeinschaftsmenschen vergleicht, wird man bei einiger Erfahrung jene Übung im Abschätzen gewinnen, die gestattet, ungefähr festzustellen, wie weit sich ein Mensch vom Gemeinschaftsgefühl entfernt hat.

Und so darf wohl, wenn auch mit größter Vorsicht, der Blick des Menschenkenners auf körperliche und seelische Mängel fallen, die ihm nahelegen, dass hier eine erschwerte Entwicklung im Seelenleben vor sich gegangen sein muss. Wenn wir uns dies vor Augen halten, dann werden wir, wofern wir nur selbst unser Gemeinschaftsgefühl genügend entwickelt haben, uns dessen bewusst sein, keinerlei Schaden zu stiften, sondern nur nützen zu können. Dies zuerst in dem Sinn, dass wir den Träger einer Verunstaltung oder eines unsympathischen Charakterzuges für sein Wesen nicht verantwortlich machen, sondern ihm sein Recht, ungehalten zu sein, bis zur äußersten Grenze wahren, dass wir uns der gemeinsamen Schuld bewusst sind, die auch uns alle trifft, die wir in dieser Hinsicht nicht genügend Vorsorge getroffen und uns so an dem sozialen Elend mitschuldig gemacht haben. Von diesem unserem Standpunkt aus werden wir Erleichterungen schaffen können und solchen Menschen nicht mehr gegenübertreten, wie einem Abfall, einem Degenerationsprodukt der Menschheit. In dieser Erkenntnis werden wir ihm jene Atmosphäre erst schaffen müssen, die ihm eine freiere Entwicklung ermöglicht und es ihm leichter machen, sich in seinem Verhältnis zur Umwelt als gleich und gleichwertig einzuschätzen. Wenn wir uns erinnern, wie unangenehm uns oft der Anblick eines Menschen berührt, dessen angeborene Minderwertigkeit schon äußerlich sichtbar ist, dann werden wir ermessen können, welches Erziehungswerk wir erst an uns selbst vorzunehmen haben, um mit der absoluten Wahrheit des Gemeinschaftsgefühls in Einklang zu kommen, und wie viel die Kultur diesen Menschen schuldig geblieben ist. Es ist selbstverständlich, dass gerade Menschen, die mit minderwertigen Organen zur Welt gekommen, nun sofort eine Wucht des Lebens zu spüren bekommen, die andern erspart bleibt, leicht eine pessimistische Weltanschauung entwickeln. Und in der gleichen Lage sind auch alle andern Kinder, bei denen die Minderwertigkeit eines Organs zwar nicht so auffällt, die aber ebenfalls, mit Recht oder Unrecht, ein Gefühl der Minderwertigkeit in sich tragen. Dasselbe kann durch besondere Situationen, z. B. durch strenge Erziehungsmethoden, so gesteigert werden, dass es im Effekt auf dasselbe hinauskommt. Den Stachel, der ihnen in frühen Kindheitstagen eingetrieben wurde, bringen sie nicht mehr los, die Kälte, der sie begegnet sind, schreckt sie von weiteren Annäherungsversuchen an die Umgebung ab, was damit endet, dass sie sich einer lieblosen Welt gegenüber glauben, an die eine Anknüpfung nicht möglich ist.

Beispiel: Ein Patient macht sich dadurch auffällig, dass er immer wie durch eine Last gedrückt einherschreitet und immer betont, wie sehr er von Pflichtbewusstsein und von der Wichtigkeit seiner Handlungen durchdrungen ist. Mit seiner Frau lebt er im denkbar schlechtesten Verhältnis. Beide Teile sind Menschen, die immer haarscharf auf einer Linie operieren, deren Endpunkt die Überlegenheit über den andern bildet. Die Folge davon sind Entzweiungen, Kämpfe, in deren Verlauf die gegenseitigen Vorwürfe immer schärfer und schwerer werden, bis das Band zerrissen ist und sie den Zusammenhang miteinander nicht mehr herstellen können. Sicherlich hatte dieser Mensch einen Teil seines Gemeinschaftsgefühls bewahrt. Was er aber seiner Frau, seinen Freunden und seiner sonstigen Umgebung bieten konnte, war durch seinen Hang, den Überlegenen zu spielen, gedrosselt.

Aus seiner Lebensgeschichte erzählt er Folgendes: Bis zu seinem 17. Lebensjahr war er körperlich gar nicht entwickelt, er war nicht gewachsen, seine Stimme war noch die eines Knaben, es fehlte der Bartwuchs und hinsichtlich seiner Körpergröße gehörte er zu den Kleinsten. Heute ist er 36 Jahre alt. Nichts fällt an ihm auf, seine äußere männliche Erscheinung ist durchaus untadelig. Die Natur hat an ihm alles eingebracht, was sie ihm bis zum 17. Jahre vorenthalten hatte. Er hatte aber acht Jahre lang unter diesem Entwicklungsabbruch gelitten und konnte damals nicht wissen, dass dies von selbst wieder verschwinden werde. So war er die ganze Zeit über von dem Gedanken gequält, er werde körperlich zurückbleiben und immer als das »Kind« durchs Leben gehen. Schon damals zeigten sich an ihm die Ansätze zu dem, was später an ihm sichtbar wurde. Sobald er mit jemand zusammenkam, versuchte er ununterbrochen ihm klarzumachen, dass er nicht etwa das Kind sei, als das er erscheine. Das tat er so, dass er sich immer wichtig nahm und wichtigmachte und alle Bewegungen und Ausdrucksmittel in den Dienst des Bestrebens stellte, sich vorzudrängen. So kamen im Lauf der Zeit die Eigenschaften an ihm zustande, die man heute an ihm sieht. Auch seiner Frau suchte er fortwährend begreiflich zu machen, dass er eigentlich größer sei als sie glaube, und dass ihm daher viel mehr Bedeutung zukomme, als ihm zuteilwerde, während diese, ähnlich geartet, ihn wieder darauf verwies, dass er eigentlich kleiner sei als er annehme. Auf diese Weise konnte kein freundschaftliches Verhältnis zustande kommen und die Ehe, die schon in der Verlobungszeit deutliche Anzeichen von Zerwürfnis gezeigt hatte, ging vollends in Brüche. Damit zugleich aber auch das ohnehin schon stark angegriffene Selbstbewusstsein dieses Menschen, der nun, durch diesen Misserfolg schwer erschüttert, zum Arzt kam. Mit diesem gemeinsam musste er nun erst Menschenkenntnis betreiben, um zu verstehen, welche Fehler er im Leben gemacht hatte. Der Irrtum seiner vermeintlichen Minderwertigkeit zog sich durch sein ganzes Leben.

3. Leitlinie und Weltbild. Wenn man solche Untersuchungen anstellt, empfiehlt es sich, den Zusammenhang etwa so herzustellen, als ob, von einem Kindheitseindruck angefangen, bis zum vorliegenden Tatbestand eine Linie führen würde. Auf diese Weise wird es in vielen Fällen gelingen, die geistige Linie zu ziehen, auf der sich ein Mensch bisher bewegt hat. Es ist die *Bewegungslinie*, auf der sich das Leben des Menschen seit seiner Kindheit schablonenartig abspielt. Manche werden vielleicht den Eindruck haben, als ob dies ein Versuch wäre, menschliche Schicksale zu bagatellisieren und als ob wir die Neigung hätten, das *freie Ermessen*, die Schmiede des eigenen Schicksals zu leugnen. Das Letztere trifft in der Tat zu. Denn was wirklich wirkt, ist immer die Bewegungslinie eines Menschen, deren Ausgestaltung wohl gewissen Modifikationen unterliegt, deren hauptsächlichster Inhalt und deren Energie, deren Sinn jedoch fest und unverändert von Kindheit an besteht, nicht ohne Zusammenhang mit der Umgebung des Kindes, die später von der größeren Umgebung der menschlichen Gesellschaft abgelöst wird. Hierbei muss man stets versuchen, die Geschichte eines Menschen bis in seine früheste Kindheit zurückzuverfolgen, denn bereits die Eindrücke in der Säuglingszeit weisen das Kind in eine bestimmte Richtung und veranlassen es, auf die Fragen des Lebens in bestimmter Weise zu antworten. Für diese Antwort wird alles verwendet, was das Kind an Entfaltungsmöglichkeiten ins Leben mitbringt, und der Druck, dem es bereits in der Säuglingszeit ausgesetzt ist, wird bereits seine Art der Lebensbetrachtung, sein *Weltbild*, in primitiver Weise beeinflussen.

Es überrascht daher nicht, dass sich die Menschen seit ihrer Säuglingszeit eigentlich nicht sehr in ihrer Haltung zum Leben verändern, wenn auch ihre Äußerungen von denen ihrer ersten Lebenszeit sehr verschieden sind. Deshalb ist es wichtig, bereits den Säugling unter solche Verhältnisse zu bringen, unter denen es ihm nicht leicht ist, eine falsche Lebensauffassung zu gewinnen. Maßgebend ist hier vor allem die Kraft und Ausdauer seines organischen Bestandes, die soziale Lage des Kindes und die Eigenart der Erzieher. Wenn auch im Anfang die Antworten nur automatisch, reflektorisch erfolgen, so wird im Sinn einer Zweckmäßigkeit seine Haltung bald in der Weise abgeändert, dass nicht mehr nur die äußeren Faktoren der Bedürftigkeit sein Leiden und sein Glück ausmachen, sondern, dass es später imstande ist, sich aus eigener Kraft dem Druck dieser Faktoren zu entziehen. In ihrem Geltungsstreben trachten solche Kinder, sich dem Druck ihrer Erzieher zu entwinden und werden so zu Gegenspielern. Dieser Vorgang fällt in die Zeit der sog. *Ichfindung*, ungefähr die

Zeit, da das Kind von sich oder in der Ich-Form zu sprechen beginnt. In diesem Zeitpunkt ist auch das Kind bereits dessen bewusst, dass es in einem festen Verhältnis zur Umgebung steht, die, durchaus nicht neutral, das Kind zwingt, Stellung zu nehmen und seine Beziehungen zu ihr so einzurichten, wie es sein, im Sinne seines Weltbildes aufgefasstes Wohlbefinden erfordert.

Wenn wir nun das über die Zielstrebigkeit im menschlichen Seelenleben Gesagte festhalten, so wird uns von selbst klar, dass dieser Bewegungslinie als besonderes Merkmal eine unzerstörbare Einheitlichkeit anhaften muss. Diese ist es auch, die uns in die Lage versetzt, einen Menschen als einheitliche Persönlichkeit zu begreifen, was besonders für den Fall wichtig ist, wenn ein Mensch Ausdrucksbewegungen aufweist, die einander zu widersprechen scheinen. Es gibt Kinder, deren Verhaltungsweise in der Schule der in der Familie völlig entgegengesetzt ist und auch sonst im Leben begegnen wir Menschen, deren Charakterzüge sich in einander scheinbar so widersprechenden Formen darbieten, dass wir über das wahre Wesen dieser Menschen getäuscht werden. Ebenso kann es sein, dass Ausdrucksbewegungen zweier Menschen äußerlich einander völlig gleichen, sich aber bei näherer Untersuchung des Falles der ihnen zugrunde liegenden Bewegungslinie nach als so geartet erweisen, dass die eine das völlige Gegenteil der andern ist. Wenn zwei dasselbe tun, ist es nicht dasselbe; wenn aber zwei nicht dasselbe tun, so kann es doch dasselbe sein.

Es handelt sich eben darum, die Erscheinungen des Seelenlebens, ihrer *Vieldeutigkeit* zufolge, nicht einzeln, voneinander isoliert, sondern gerade umgekehrt, in ihrem Zusammenhang und zwar alle als einheitlich auf ein gemeinsames Ziel gerichtet zu betrachten. Es kommt auf die Bedeutung an, die eine Erscheinung im ganzen Zusammenhang des Lebens eines Menschen für ihn hat. Erst die Erwägung, dass alles, was an ihm in Erscheinung tritt, einer einheitlichen Richtung angehört, ebnet uns den Weg zum Verständnis seines Seelenlebens.

Haben wir begriffen, dass das menschliche Denken und Handeln der Zielstrebigkeit unterliegt, *final* bedingt und gerichtet ist, dann verstehen wir auch die Möglichkeit der größten Fehlerquelle, die für das Individuum dadurch gegeben ist, dass der Mensch alle Triumphe und sonstigen Vorteile seines Lebens gerade wieder auf seine Eigenart bezieht und im Sinne einer Festigung seiner individuellen Schablone, seiner Leitlinie verwertet. Das ist nur deshalb möglich, weil er alles ungeprüft lässt, im Dunkel des Bewusstseins und Unbewusstseins empfängt und verwaltet. Erst die Wissenschaft ist es, die hier Licht hineinfallen lässt und uns instand setzt, den ganzen Vorgang zu erfassen, zu begreifen und schließlich auch zu ändern.

Wir beschließen unsere Auseinandersetzungen über diesen Punkt mit einem Beispiel, wobei wir versuchen wollen, jede einzelne Erscheinung mit Hilfe der bisher gewonnenen individualpsychologischen Erkenntnisse zu analysieren und zu erklären.

Eine junge Frau meldet sich als Patientin und klagt über eine unüberwindliche Unzufriedenheit, deren Ursache sie dem Umstand zuzuschreiben sucht, dass sie durch eine Menge von Arbeiten aller Art den ganzen Tag in Anspruch genommen sei. Was wir äußerlich an ihr beobachten können, ist ein hastiges Wesen, unruhige Augen, sie klagt über große Unruhe, die sie befällt, wenn sie sich anschickt, einen Weg zu machen oder sonst an irgendeine Aufgabe heranzutreten. Aus ihrer Umgebung hören wir, dass sie alles schwernimmt und unter der Last ihrer Arbeiten zusammenzubrechen scheine. Der allgemeine Eindruck, den wir von ihr erhalten, ist zunächst der eines Menschen, der alles sehr wichtig nimmt, eine Erscheinungsform, die sehr vielen Menschen eigen ist. Bezeichnend erzählt jemand aus ihrer Umgebung, dass sie »immer Geschichten gemacht habe«.

Prüfen wir die Neigung, Leistungen, die einem obliegen, als besonders schwer und bedeutungsvoll hinzunehmen, auf ihr Gewicht, indem wir versuchen, uns vorzustellen, was ein solches Benehmen in einer Gruppe von Menschen oder in einer Ehe bedeutet, so können wir uns des Eindruckes nicht erwehren, dass diese Neigung einem Appell an die Umgebung ähnelt, keine weiteren Belastungen mehr vorzunehmen, da bereits die allernotwendigsten Arbeiten nicht mehr recht bewältigt werden können.

Was wir bisher über die Frau wissen, kann uns noch nicht genügen. Wir müssen versuchen, sie zu weiteren Mitteilungen zu bewegen. Bei solchen Untersuchungen muss mit entsprechender Delikatesse vorgegangen werden, ohne Selbstüberhebung, die sofort eine Kampfstellung des Patienten hervorrufen würde, eher vermutungsweise und auch nicht ungefragt. Hat man die Möglichkeit, ins Gespräch zu kommen, dann kann man – wie in unserem Fall – langsam andeuten, eigentlich zeige ihr ganzes Wesen, ihr ganzes Benehmen, dass sie einem anderen, der wahrscheinlich ihr Gatte sein dürfte, zu verstehen geben wolle, dass sie eine weitere Belastung nicht vertrage, dass sie auf eine vorsichtige Behandlung, auf Zartheit Anspruch erhebe. Man kann weiterfühlen und andeuten, das alles müsse einmal irgendwo seinen Anfang genommen und eine Förderung erfahren haben. Es gelingt, sie zu der Bestätigung zu bewegen, dass sie vor Jahren eine Zeit habe überstehen müssen, wo ihr nichts weniger als Zartheit widerfahren sei. Nun erkennen wir schon besser ihr Verhalten als eine Unterstützung ihrer Forderung nach Rücksichtnahme und als ein Bestreben, die Rückkehr einer Situation, in der ihr Verlangen nach Wärme etwa verletzt werden könnte, zu vermeiden.

Unser Befund wird durch eine weitere Mitteilung erhärtet. Sie erzählt von einer Freundin, die in vieler Hinsicht ihr Gegenteil sei, die in einer unglücklichen Ehe lebe, der sie gerade entfliehen möchte. Einmal traf sie diese an, wie sie gerade, ein Buch in der Hand, mit gelangweilter Stimme ihrem Manne bedeutete, sie wisse eigentlich nicht, ob sie heute das Mittagsmahl rechtzeitig werde zustande bringen können, wodurch sie ihn in eine derartige Erregung versetzte, dass er sich zu einer heftigen Kritik ihres Wesens hinreißen ließ. Zu diesem Vorfall fügte unsere Patientin hinzu: »Wenn ich das so recht betrachte, so ist meine Methode doch eine viel bessere. Mir kann man einen solchen Vorwurf nie machen, denn ich bin doch von Früh bis Abend mit Arbeit überbürdet. Wenn bei mir einmal ein Mittagessen nicht rechtzeitig fertig wird, kann mir, deren Zeit mit Hast und fortwährender Aufregung ausgefüllt ist, niemand etwas sagen. Und diese Methode soll ich nun aufgeben?«

Man sieht, was sich in diesem Seelenleben abspielt. In verhältnismäßig harmloser Art wird der Versuch gemacht, ein gewisses Übergewicht zu bekommen, jedes Vorwurfes überhoben zu sein und immer für zarte Behandlung und zartes Wesen zu plädieren. Da dies gelingt, erscheint die Forderung, davon Abstand zu nehmen, nicht recht verständlich. Hinter diesem Verhalten steckt aber noch anderes. Der Appell an die Zartheit, der schließlich ebenfalls das Übergewicht über den anderen sucht, kann nie dringend genug gemacht werden. Und so stellen sich in diesem Zusammenhang Widerwärtigkeiten verschiedenster Art ein. Es gerät etwas in Verlust, man findet etwas nicht, es entsteht ein Durcheinander, eine Spannung, die der Frau immer Kopfschmerzen bereitet, sie nicht ruhig schlafen lässt, weil sie immer wieder mit der Sorge befasst ist, die sie riesengroß sieht und aufbauscht, nur um ihre Anstrengungen ins rechte Licht zu setzen. Eine Einladung, die an sie ergeht, ist schon eine schwierige Angelegenheit. Ihr nachzukommen, dazu bedarf es größerer Vorbereitungen. Die kleinste Leistung erscheint ihr übermäßig groß und so ist ein gastlicher Besuch eine schwere Arbeit, die Stunden, ja Tage beansprucht. In einem solchen Fall darf mit ziemlicher Sicherheit damit gerechnet werden, dass eine Absage erfolgen wird, zumindest ein Zuspätkommen. Die Gesellschaftlichkeit wird im Leben eines solchen Menschen gewisse Grenzen nicht überschreiten.

Nun gibt es in einem Verhältnis zweier Menschen, wie es die Ehe ist, eine Menge Beziehungen, die durch den Appell an die Zartheit in ein besonderes Licht gerückt werden. Es kann sein, dass der Mann beruflich abwesend sein muss, dass er einen Freundeskreis hat, auch allein Besuche machen oder bei Sitzungen von Vereinen erscheinen muss, denen er angehört. Würde es nicht die Forderung auf Zartheit, auf Rücksichtnahme verletzen, wenn er in solchen Fällen die Frau allein zu Hause ließe? Im ersten Moment wären wir vielleicht geneigt – und das ist in der Tat sehr häufig – anzunehmen, dass die Ehe dazu berechtigt, den anderen Teil so stark wie möglich ans Haus zu fesseln. So sympathisch diese Forderung zum Teil erscheinen mag, in Wirklichkeit zeigt sich, dass so etwas für einen im Beruf stehenden Menschen eine unüberwindliche Schwierigkeit bedeutet. Störungen sind dann unvermeidlich, und so kann es, wie in unserem Fall kommen, dass der Mann, der nach Torsperre vorsichtig und bescheiden sein Bett aufsuchen will, dadurch überrascht wird, dass er seine Frau noch wach findet, die ihn nun mit einer vorwurfsvollen Miene empfängt. Die genügsam bekannten Situationen dieser Art sollen hier nicht weiter ausgemalt werden. Auch darf man nicht übersehen, dass es sich da nicht etwa nur um kleinere Fehler der Frau handelt, sondern dass es ebenso viele Männer gibt, die ebenso eingestellt sind. An dieser Stelle handelt es sich aber darum, zu zeigen, dass das Verlangen nach besonderer Zartheit gelegentlich auch einen anderen Weg einschlagen kann. In unserem Fall spielt sich ein solches Ereignis gewöhnlich so ab: Muss der Mann einen Abend außer Haus verbringen, so erklärt ihm die Frau, er gehe so selten in die Gesellschaft, dass er diesmal nicht zu frühe nach Hause kommen dürfe. Obwohl sie dies in scherzhaftem Ton sagt, enthalten ihre Worte dennoch einen sehr ernsthaften Kern. Es widerspricht scheinbar dem bisher entworfenen Bild. Sieht man aber näher zu, so erkennt man die Übereinstimmung. Die Frau ist so klug, dass sie, auch ohne daran zu denken, nicht zu streng vorgeht. Sie bietet auch äußerlich das Bild äußerster Liebenswürdigkeit in jeder Beziehung. Unser Fall ist an sich völlig untadelig und beschäftigt uns nur wegen des psychologischen Interesses.

Die wahre Bedeutung ihrer Worte an den Mann liegt nun darin, dass es nunmehr die *Frau* ist, die das Diktat gegeben hat. Jetzt, nachdem *sie* es gestattet, ist es erlaubt, während sie äußerst beleidigt gewesen wäre, wenn es der Mann aus eigenem Antrieb getan hätte. Ihre Äußerung wirkt somit wie eine Verschleierung des ganzen Zusammenhanges. Jetzt ist *sie* der dirigierende Teil und der Mann ist, obwohl er nur einer gesellschaftlichen Verpflichtung nachgeht, von Wunsch und Willen der Frau abhängig geworden.

Verbinden wir die Forderung nach besonderer Zartheit nun mit unserer neuen Erkenntnis, dass diese Frau nur verträgt, was sie selbst kommandiert, dann fällt uns plötzlich ein, dass das ganze Leben dieser Frau von einem unerhörten Impuls durchzogen sein muss, keine zweite Rolle zu spielen, immer die Überlegenheit zu behalten, durch keinerlei Vorwurf aus ihrer Stellung geworfen zu werden, immer das Zentrum ihrer kleinen Umgebung zu sein. Diese Linie werden wir bei ihr in jeder Situation finden. So, wenn es sich darum handelt, eine Hausgehilfin zu wechseln. Da gerät sie in größte Aufregung, deutlich in der Besorgnis, ob sie die bisher gewohnte Herrschaft auch bei der neuen Hausgehilfin werde aufrechterhalten können. Ähnlich, wenn sie sich zu einem Ausgang rüstet. Es ist etwas anderes für sie, in einer Sphäre zu leben, in der ihre Herrschaft unbedingt gesichert erscheint, als das Haus zu verlassen, sich »in die Fremde« zu begeben, auf die Straße, wo auf einmal nichts mehr ihrem Willen unterworfen ist, wo man jedem Wagen ausweichen muss, wo man also eine ganz kleine Rolle spielt. Ursache und Bedeutung dieser Spannung wird also erst klar, wenn man bedenkt, welche Machtfülle diese Frau zu Hause beansprucht.

Solche Erscheinungen treten oft in einer so sympathischen Schablone hervor, dass man im ersten Augenblick gar nicht auf den Gedanken verfällt, dass so ein Mensch leidet. Dieses Leiden kann hohe Grade erreichen. Man braucht sich nur derartige Spannungen, wie in unserem Fall, vergrößert denken. So gibt es Menschen, die eine Scheu davor haben, die Straßenbahn zu benutzen, weil sie dort keinen eigenen Willen haben. Das kann so weit gehen, dass solche Menschen schließlich überhaupt nicht mehr das Haus verlassen wollen.

In seiner weiteren Entwicklung ist unser Fall ein lehrreiches Beispiel dafür, wie Kindheitseindrücke im Leben eines Menschen immer wieder nachwirken. Man kann nicht leugnen, dass diese Frau, von *ihrem* Standpunkt gesehen, recht hat. Denn wenn einer sich darauf einstellt und sein ganzes Leben danach einrichtet, mit unerhörter Intensität auf Wärme, Verehrung und Zartheit zu dringen, dann ist das Mittel, sich immer überlastet und aufgeregt zu gebärden, nicht so schlecht, weil es ihm dadurch nicht nur gelingen kann, jede Kritik von sich fernzuhalten, sondern dadurch auch die Umgebung zu veranlassen, immer sanft abzumahnen, zu helfen und alles zu vermeiden, was das seelische Gleichgewicht dieses Menschen stören könnte.

Gehen wir um eine größere Spanne im Leben unserer Patientin zurück, dann hören wir, dass sie bereits in der Schule, wenn sie ihre Aufgabe nicht konnte, in außerordentliche Aufregung geriet und dadurch die Lehrer zwang, mit ihr recht zart zu verfahren. Dazu gibt sie noch Folgendes an: Sie war die älteste von drei Geschwistern, ihr folgte ein Bruder, nach diesem wieder ein Mädchen. Mit dem Bruder gab es immer Kämpfe. Er erschien ihr immer als der

Bevorzugte und ganz besonders ärgerte es sie, dass man seine Schulleistungen stets mit großer Aufmerksamkeit verfolgte, während sie, die anfangs eine gute Schülerin war, mit ihren guten Leistungen einer derartigen Gleichgültigkeit begegnete, dass sie es kaum mehr vertrug und fortwährend nachgrübelte, warum hier mit ungleichem Maß gemessen werde.

Wir verstehen bereits, dass dieses Mädchen nach der *Parität* suchte, dass sie von Kindheit an ein starkes Minderwertigkeitsgefühl gehabt haben musste, das sie auszugleichen trachtete. In der Schule tat sie das auf die Weise, dass sie eine schlechte Schülerin wurde. Sie versuchte durch schlechte Schulerfolge den Bruder zu übertreffen, nicht etwa im Sinne einer höheren Moral, sondern in ihrem kindlichen Sinn, um die Aufmerksamkeit der Eltern besonders stark auf sich zu lenken. Ein wenig bewusst sind diese Vorgänge doch gewesen, denn heute stellt sie ganz deutlich fest, sie *wollte* eine schlechte Schülerin werden. Aber auch um ihre schlechten Schulerfolge kümmerten sich die Eltern nicht im Geringsten. Und da geschah wieder etwas Interessantes: Sie zeigte plötzlich wieder gute Schulerfolge. Aber nun trat ihr jüngstes Geschwister, ihre Schwester, in auffälliger Weise in Szene. Auch diese hatte nämlich schlechte Schulerfolge, aber um sie kümmerte sich die Mutter fast ebenso sehr wie um den Bruder, und zwar aus einem merkwürdigen Grund: Während unsere Patientin nur in den Lehrfächern schlechte Noten hatte, war die Schwester in Sitten schlecht qualifiziert. Auf diese Weise gelang es dieser viel besser, die Aufmerksamkeit auf sich zu lenken, weil ja schlechte Noten in Sitten einen ganz anderen sozialen Effekt haben. Sie sind mit besonderen Maßnahmen verbunden, die die Eltern zwingen, sich stärker um das Kind zu bekümmern.

Der Kampf um die Parität war also vorläufig gescheitert. Wir müssen nun daran festhalten, dass das Scheitern eines Kampfes um die Gleichwertigkeit nie dazu führt, dasss nun ein Ruhepunkt in diesem Prozess eintritt. Kein Mensch verträgt eine solche Situation. Von hier aus werden immer wieder neue Regungen ablaufen und neue Bemühungen einsetzen, die dazu beitragen, das Charakterbild dieses Menschen zu formen. Wir verstehen jetzt wiederum etwas besser dieses Geschichtenmachen, das Hasten, das Bestreben, sich den andern immer als bedrückt und überlastet hinzustellen. Ursprünglich hat das alles der Mutter gegolten, es sollte ein Zwang sein für die Eltern, deren Aufmerksamkeit ebenso stark auf sich zu lenken wie auf die andere Schwester, gleichzeitig ein Vorwurf dafür, dass man sie schlechter behandelte als diese. Die Grundstimmung der Frau, die damals geschaffen wurde, hat sich bis heute erhalten.

Man kann in ihrem Leben auch noch weiter zurückgehen. Als ein besonders eindrucksvolles Kindheitserlebnis führt sie an, dass sie in ihrem dritten Lebensjahre einmal ihren Bruder, der vor kurzem zur Welt gekommen war, mit einem Stück Holz habe schlagen wollen und nur die Vorsicht der Mutter größeren Schaden verhütet hatte. Mit außerordentlich feiner Witterung hatte dieses Mädchen schon damals herausgefunden, dass die Ursache für ihre Zurücksetzung und geringere Einschätzung der Umstand war, dass sie bloß ein Mädchen war. Sie erinnert sich ganz genau, dass in jener Zeit unzählige Mal der Wunsch über ihre Lippen kam, ein Knabe zu werden. Sie sah sich also durch die Ankunft des Bruders nicht nur aus der bisherigen Wärme ihres Nestes herausgehoben, sondern ihre Stimmung wurde noch dadurch besonders getrübt, dass ihm als Knaben eine viel ausgezeichnetere Behandlung zuteilwurde als ihr selbst. In ihrem Bestreben, diesen Mangel auszugleichen, verfiel sie mit der Zeit auf die Methode, immer als überlastet dazustehen.

Noch ein Traum soll zeigen, wie tief die Bewegungslinie eines Menschen in seinem Seelenleben verankert ist. Diese Frau träumt, dasss sie zu Hause mit ihrem Mann ein Gespräch führe. Dieser sieht aber gar nicht so aus wie ein Mann, sondern ist eine Frau. Dieses Detail zeigt wie in einem Symbol die Schablone, mit der sie an ihre Erlebnisse und Beziehungen herantritt. Der Traum bedeutet, dass sie die Parität mit dem Manne gefunden habe. Er ist nicht mehr der überlegene Mann wie seinerzeit ihr Bruder, er ist schon fast wie eine Frau. Zwischen ihnen besteht kein Höhenunterschied mehr. Sie hat im Traum das erreicht, was sie eigentlich schon in der Kindheit immer gewünscht hatte.

So haben wir durch Verbindung zweier Punkte im Seelenleben eines Menschen seine Lebenslinie, seine Leitlinie aufgedeckt und konnten von ihm ein einheitliches Bild gewinnen, das wir zusammenfassend folgendermaßen bezeichnen können: Wir haben einen Menschen vor uns, der das Streben hat, mit liebenswürdigen Mitteln die überlegene Rolle zu spielen.

VI. Kapitel: Die Vorbereitung auf das Leben

Ein *Grundsatz* der Individualpsychologie lautet: *Alle Erscheinungen des Seelenlebens sind als Vorbereitungen für ein vorschwebendes Ziel aufzufassen.* Die bisher beschriebene Gestaltung des Seelenlebens hat für uns den Sinn einer Vorbereitung für eine Zukunft, in der die Wünsche des Individuums erfüllt erscheinen. Das ist eine allgemein menschliche Erscheinung, und alle Menschen müssen diesen Prozess durchmachen. Dies erzählen uns auch alte Mythen, Sagen und Legenden, die von einem Idealzustand schwärmen, der einmal kommen werde oder schon einmal da war. Hierher gehört die Überzeugtheit aller Völker von der Vergangenheit eines Paradieses, und ein weiterer Abklang dieser Sehnsucht der Menschheit findet sich in allen Religionen, wo mit einer Zukunft gerechnet wird, wo alle Schwierigkeiten überwunden sind. Nicht anders zu deuten ist der Hinweis auf die Seligkeit oder auf die ewige Wiederkehr, der Glaube, dass sich die Seele immer wieder neu zur Gestaltung bringen könne. Alle Märchen geben uns Zeugnis davon, dass die Hoffnung auf eine beglückende Zukunft nie in der Menschheit geruht hat.

1. Spiel. Es gibt im kindlichen Leben eine Erscheinung, die sehr deutlich die Vorbereitung auf die Zukunft zeigt, die Spiele. Sie sind durchaus nicht als eine Art launischer Einfall von Eltern oder sonstigen Erziehern zu betrachten, sondern als Behelfe der Erziehung, als Anregungen für den Geist, für die Phantasie und Geschicklichkeit. Im Spiel zeigt sich regelmäßig die Vorbereitung für die Zukunft. So in der Art, wie sich das Kind zum Spiel stellt, in der Auswahl desselben, in der Bedeutung, die es ihm beimisst. Ebenso wird sich im Spiel immer zeigen, wie das Verhältnis des Kindes zu seiner Umgebung beschaffen ist, wie es den Mitmenschen gegenübersteht, ob freundlich oder feindlich und ob insbesondere die Neigung zu herrschen besonders unterstrichen ist. Auch kann man beim Spiel beobachten, wie das Kind zum Leben eingestellt ist. Das Spiel ist also für das Kind von außerordentlicher Wichtigkeit. Die Aufdeckung dieser Tatsachen, die uns lehren, die Spiele der Kinder als Vorbereitungen für die Zukunft aufzufassen, stammt von *Groß*, Professor der Pädagogik, welcher zeigte, dass diese Tendenz auch den Spielen der Tiere zugrunde liegt.

Damit ist nun noch nicht jeder Gesichtspunkt erschöpft. Vor allem sind Spiele auch eine Betätigung des Gemeinschaftsgefühls, das beim Kind so groß ist, dass es unter allen Umständen darin seine Befriedigung sucht und mächtig davon angezogen wird. Kinder, die dem Spiel ausweichen, sind immer eines Fehlschlages verdächtig. Es sind das solche, die sich gern zurückziehen und, wenn sie mit andern zusammengebracht werden, gewöhnlich nur Spielverderber sind. Hochmut, mangelhafte Selbsteinschätzung und demzufolge Furcht, seine Rolle schlecht zu spielen, sind die Hauptgründe hierfür. Im Allgemeinen wird man das Maß des Gemeinschaftsgefühls bei Kindern mit großer Sicherheit bei ihren Spielen bestimmen können.

Ein anderer Faktor, der im Spiel sehr deutlich in Erscheinung tritt, ist das Ziel der Überlegenheit, das sich in der Neigung zum Befehlen, zum Herrschen verraten wird. Man wird dies daran erkennen, ob und wie sich das Kind vordrängt und inwiefern es Spiele bevorzugt, die ihm Gelegenheit geben, solche Neigungen zu befriedigen und eine herrschende Rolle zu spielen. Man wird wenig Spiele finden, die nicht wenigstens einem dieser drei Faktoren, Vorbereitung für das Leben, Gemeinschaftsgefühl und Herrschsucht, Rechnung tragen.

Es gibt aber noch einen weiteren Faktor, der dem Spiel anhaftet. Das ist die Möglichkeit für das Kind, sich spielerisch zu betätigen. Im Spiel ist das Kind mehr oder weniger auf sich selbst gestellt und seine Leistungen sind im Zusammenhang mit den andern durch das Spiel erzwungen. Es gibt eine große Anzahl Spiele, die gerade das schöpferische Moment in den Vordergrund rücken. Besonders die Spiele, die dem Kind ein großes Feld zur Betätigung seines schöpferischen Hanges bieten, bergen ein für den zukünftigen Beruf bedeutsames Element in sich. Und es ist sicher in der Lebensgeschichte vieler Menschen vorgekommen, dass sie z. B. zuerst Kleider für Puppen machten und später für Erwachsene.

Das Spiel ist untrennbar mit der seelischen Entwicklung des Kindes verbunden. Es ist sozusagen seine Berufstätigkeit und auch so aufzufassen. Daher ist es auch keine so harmlose Sache, ein Kind in seinem Spiel zu stören. Das Spiel darf nicht als ein Vertrödeln der Zeit aufgefasst werden. Mit Rücksicht auf das Ziel einer Vorbereitung für die Zukunft steckt in jedem Kind schon etwas von einem Erwachsenen, den es einmal vorstellen wird. Daher ist es für uns eine wichtige Erleichterung bei der Beurteilung eines Menschen, auch seine Kindheit kennenzulernen.

2. Aufmerksamkeit und Zerstreutheit. Eine Fähigkeit des seelischen Organs, die im Vordergrund der Leistungsfähigkeit eines Menschen steht, ist die Aufmerksamkeit. Wenn wir unsere Sinnesorgane aufmerksam mit einem Vorgang außer- oder innerhalb unserer Person in Beziehung bringen, dann haben wir das Gefühl einer besonderen Anspannung, und zwar einer solchen, die nicht über den ganzen Körper verbreitet, sondern auf ein bestimmtes Sinnesgebiet, z. B. auf das Auge, beschränkt ist. Wir haben das Gefühl, als ob hier etwas in Vorbereitung wäre. In der Tat kann man feststellen, dass es sich hierbei um Bewegungsvorgänge (in unserem Fall Richtung der Augenachsen) handelt, die uns die Empfindung dieser besonderen Anspannung verleihen.

Wenn nun die Leistung der Aufmerksamkeit eine Spannung auf einem bestimmten Gebiet des seelischen Organs und unseres Bewegungsorganismus hervorruft, so ist damit gleichzeitig gesagt, dass andere Spannungen abgehalten werden sollen. So erklärt es sich, dass wir, sobald wir uns aufmerksam einer Sache widmen, jede Störung beiseiteschieben wollen. Die Aufmerksamkeit bedeutet also für das seelische Organ eine Bereitschaftsstellung, eine ganz spezielle Verknüpfung mit Tatsachen, die Vorbereitung zu einem Angriff oder zu einer Abwehrbewegung, die uns aus einer Not erwächst, aus einer ungewöhnlichen Situation, bei der unsere ganze Kraft in den Dienst eines besonderen Zweckes gestellt werden soll.

Die Fähigkeit zur Aufmerksamkeit besitzt jeder Mensch, es sei denn, dass er krank oder geistig minderwertig sei. Dennoch geschieht es oft, dass man bei einem Menschen die Aufmerksamkeit vermisst. Hierfür gibt es eine Anzahl Gründe. Zunächst sind Müdigkeit oder Krankheit Faktoren, die die Fähigkeit, Aufmerksamkeit zu entfalten, beeinträchtigen. Ferner gibt es Menschen, deren mangelhafte Aufmerksamkeit darin ihren Grund hat, dass sie gar nicht aufmerken wollen, weil der Gegenstand, auf den sie aufmerken sollen, nicht zu ihrer Lebenseinstellung, zu ihrer Bewegungslinie passt. Dagegen wird ihre Aufmerksamkeit sofort wach, wenn es sich um eine Angelegenheit handelt, die irgendwie mit ihrer Lebenslinie zusammenhängt. Ein weiterer Grund mangelnder Aufmerksamkeit kann in einem Hang zur Opposition gelegen sein. Kinder sind zur Opposition überaus leicht geneigt und es kommt vor, dass solche Kinder jede Anregung, die man ihnen bietet, mit einem Nein beantworten. Hierbei müssen sie ihre Opposition nicht geradezu zur Schau tragen. In solchen Fällen ist es Sache der Unterrichtsmethode und des erzieherischen Taktes, die Verknüpfung des Lehrgegenstandes mit dem unbewussten Lebensplan, der Leitlinie des Kindes herzustellen, das Kind sozusagen damit auszusöhnen.

Es gibt auch Menschen, die alles sehen und hören, die jede Erscheinung, jede Veränderung wahrnehmen. Andere stehen der Welt gleichsam nur mit ihrem Sehapparat gegenüber, wieder andere nur mit ihrem Hörapparat; diese sehen gar nichts, nehmen von nichts Notiz und sind nicht zu haben, solange es sich um sehbare Dinge handelt. Auch das sind Gründe dafür, dass man so oft eine Aufmerksamkeit dort vermisst, wo man sie eigentlich erwarten müsste.

Der wichtigste Faktor zur Erweckung der Aufmerksamkeit ist ein wirklich tief begründetes *Interesse.* Dasselbe liegt in einer viel tieferen seelischen Schichtung als die Aufmerksamkeit. Ist Interesse vorhanden, dann ist Aufmerksamkeit eine Selbstverständlichkeit, auf die die Erziehung keinerlei Einfluss zu nehmen braucht. Sie ist das bloße Mittel, sich eines Gebietes, für das man Interesse hat, zu einem bestimmten Zweck zu bemächtigen. Da nun die Entwicklung eines Menschen nicht fehlerlos vor sich geht, geschieht es regelmäßig, dass sie auf irrtümlichen Wegen wandelt. Von dieser irrtümlichen Einstellung eines Menschen wird selbstverständlich auch sein Interesse mitergriffen werden, so dass sich dieses auf Dinge richten kann, die mit Rücksicht auf die Vorbereitung auf das Leben nicht bedeutsam sind. Ist so das Interesse eines Menschen z. B. zu sehr auf die eigene Person gerichtet, insbesondere auf die Macht, die er besitzt, so wird sich zeigen, dass er überall aufmerksam ist, wo sein Machtinteresse berührt ist, sei es, dass für ihn etwas zu gewinnen oder dass seine Macht bedroht ist. Andernfalls wird seine Aufmerksamkeit so lange nicht zu fesseln sein, als nicht an die Stelle seines Machtinteresses ein anderes Interesse getreten ist. Besonders bei Kindern kann man deutlich beobachten, wie sie sofort aufmerksam werden, wenn es sich für sie darum handelt, Geltung zu gewinnen, dass aber ihre Aufmerksamkeit rasch erlischt, wenn sie die Empfindung haben, dass für sie nichts zu holen ist. Hier können die mannigfachsten Zusammenhänge und Merkwürdigkeiten auftreten.

Mangel an Aufmerksamkeit sagt eigentlich nichts anderes, als dass sich ein Mensch einer Angelegenheit, für die seine Aufmerksamkeit erwartet wird, lieber entziehen will. Die Ablenkung der Aufmerksamkeit wird dadurch bewerkstelligt, dass man sie einfach auf etwas anderes lenkt. Es ist daher eine Unrichtigkeit, zu sagen, es könne sich jemand nicht »konzentrieren«. Es wird sich immer herausstellen, dass er das sehr gut kann, nur in Bezug auf etwas anderes. Ähnlich wie mit dem *Konzentrationsmangel* verhält es sich in Fällen der sog. *Willen-* oder *Energielosigkeit*. Auch hier findet man meist einen recht unbeugsamen Willen und eine ebensolche Energie, aber nach einer anderen Richtung.

Die Behandlung solcher Fälle ist nicht leicht. Sie kann nur dadurch vorgenommen werden, dass man den ganzen Lebensplan eines solchen Menschen aufdeckt. In jedem Fall kann man annehmen, dass ein Mangel nur deshalb vorliegt, weil etwas anderes angestrebt wird.

Unaufmerksamkeit wird bei vielen Menschen zu einem ständigen Charakterzug. Sehr oft trifft man Menschen, denen eine bestimmte Arbeit zugewiesen ist, die aber von ihnen in irgendeiner Weise abgelehnt oder mangelhaft geleistet wird, so dass diese Menschen dann anderen zur Last fallen. Ihr ständiger Charakterzug ist die Unaufmerksamkeit, die sich einstellt, sobald sie sich der Tätigkeit zuwenden sollen, die von ihnen verlangt wird.

3. Fahrlässigkeit und Vergesslichkeit. Von Fahrlässigkeit spricht man gewöhnlich dann, wenn Sicherheit oder Gesundheit eines Menschen durch Vernachlässigung, durch Unaufmerksamkeit in der Anwendung der notwendigen Obsorge, gefährdet wird. Fahrlässigkeit ist eine Erscheinung, die uns die volle Unaufmerksamkeit eines Menschen darstellt. Der Mangel an Aufmerksamkeit hat seinen Grund in dem mangelnden Interesse für den Mitmenschen. Aus Zügen von Fahrlässigkeit kann man z. B. bei Spielen der Kinder wahrnehmen, ob sie mehr an sich selbst oder genügend an andere denken. Erscheinungen dieser Art sind ein sicherer Gradmesser für den Gemeinsinn, für das Gemeinschaftsgefühl eines Menschen. Bei mangelhaft entwickeltem Gemeinschaftsgefühl wird ein Mensch, auch wenn er unter Strafdrohung steht, das Interesse für den anderen nur mit großer Mühe aufbringen können, während es bei einem Menschen mit entwickeltem Gemeinsinn mühelos herzustellen bzw. bereits vorhanden ist.

Fahrlässigkeit ist daher Mangel an Gemeinschaftsgefühl. Trotzdem wäre allzu große Intoleranz auch hier nicht am Platz. Denn es ist immer auch danach zu forschen, *warum* ein Mensch das von uns erwartete Interesse nicht besitzt.

Durch eine Einschränkung der Aufmerksamkeit kommt die *Vergesslichkeit* zustande, sowie das *Verlieren* wichtiger Gegenstände. Hier ist wohl die Möglichkeit zu einer größeren Aufmerksamkeit, das Interesse, vorhanden, aber dennoch nicht voll, sondern durch eine gewisse Unlust getrübt, die das Verlieren oder Vergessen einleitet, begünstigt oder erzeugt. Das ist z. B. der Fall, wenn Kinder ihre Bücher verlieren. Meist wird man leicht feststellen können, dass sie sich in die Schulverhältnisse noch nicht recht eingelebt haben. Ferner gibt es Hausfrauen, die fortwährend ihre Schlüssel verlegen oder verlieren. Auch hier wird sich meist herausstellen, dass sie Frauen sind, die sich mit dem Hausfrauenberuf nicht recht befreunden können.

Vergessliche Menschen sind solche, die nicht gerne offen revoltieren, durch ihre Vergesslichkeit aber einen gewissen Mangel an Interesse für ihre Aufgaben verraten.

4. Das Unbewusste. Bei unseren Schilderungen wird es bereits aufgefallen sein, dass es sich oft um Vorgänge und Erscheinungen handelt, über die deren Träger meist nicht viel aussagen kann. Ein aufmerksamer Mensch wird selten sagen können, warum er z. B. sofort alles sehe. Es gibt also Fähigkeiten des seelischen Organs, die nicht im Bereich des Bewusstseins zu suchen sind. Obwohl auch eine bewusste Aufmerksamkeit bis zu einem gewissen Grade zu erzwingen ist, sitzt doch die Anregung für die Aufmerksamkeit nicht im Bewusstsein, sondern im Interesse und dieses wieder liegt zum größten Teil in der Sphäre des Unbewussten. Dieses ist in seinem ganzen Umkreis eine Leistung des seelischen Organs und zugleich der stärkste Faktor im seelischen Leben. Dort sind die Kräfte zu suchen und zu finden, die die Bewegungslinie eines Menschen, seinen (unbewussten) Lebensplan ausgestalten. Im Bewusstsein ist nur ein Abglanz, manchmal sogar das Gegenteil davon vorhanden. So wird z. B. ein eitler Mensch in den meisten Fällen von seiner Eitelkeit keine Ahnung haben, sondern sich im Gegenteil so verhalten, dass seine Bescheidenheit jedem in die Augen springt. Um eitel zu sein, ist es eben gar nicht nötig, es auch zu wissen und sich klarzumachen. Ja, es ist für den Zweck dieses Menschen nicht einmal gut, denn sonst könnte er gar nicht so handeln. Er gewinnt seine schauspielerhaft anmutende Sicherheit vielfach nur, wenn er von seiner Eitelkeit nichts sieht und seine Aufmerksamkeit auf etwas anderes lenkt. So verläuft der ganze Prozess größtenteils im Dunkeln. Versucht man mit ihm darüber zu sprechen, so wird man bemerken, dass ein Gespräch darüber sehr schwer zustande kommt, weil er die Neigung hat, sich umzudrehen, auszukneifen, um gleichsam nicht gestört zu werden. Das kann aber unsere Auffassung nur erhärten. Dieser Mensch will sein Spiel weiterspielen und empfindet jeden, der den Schleier davon lüften will, als Störenfried, gegen den er sich nun zu Wehr setzt.

Nach dieser Verhaltungsweise kann man die Menschen auch einteilen in solche, die von den Vorgängen in ihrem Innern mehr wissen oder weniger als der Durchschnitt, deren Bewusstseinskreis also größer oder kleiner ist. In den meisten Fällen wird sich dies damit decken, dass einer auf einen kleineren Kreis des Lebens konzentriert oder dass er vielseitig angeschlossen ist und für einen größeren Kreis des menschlichen Lebens und des Weltgeschehens Interesse hat. Wir können auch schon verstehen, dass meist jene, die sich bedrängt fühlen, zu denen gehören werden, die sich auf einen kleinen Ausschnitt des Lebens beschränken, dass jene, die dem Leben etwas abgewandt sind, die Fragen des Lebens nicht mit solcher Klarheit sehen wie andere, die gute Mitspieler sind. Sie werden die Feinheiten nicht so erfassen können, weil sie nur ein begrenztes Interesse haben, sie werden von einer Lebensfrage nur einen kleinen Teil sehen und den Gesamtumfang derselben nicht recht durchleuchten können, weil sie vermeiden, damit nur Kraft zu vergeuden. In Bezug auf die Einzelerscheinungen des Lebens kann man oft wahrnehmen, dass einer von seinen Fähigkeiten für das Leben nichts weiß, dass er sie unterschätzt, aber auch über seine Fehler nicht hinreichend unterrichtet ist, sich etwa für einen guten Menschen hält, während er in Wirklichkeit alles aus Egoismus tut, oder dass er sich umgekehrt für einen Egoisten hält, während man bei näherer Beschäftigung mit ihm darauf kommt, dass es ein Mensch ist, mit dem sich ganz gut reden lässt. So wie es überhaupt nicht darauf ankommt, was einer von sich denkt (oder was sich andere von ihm denken), sondern auf seine Gesamtstellungsnahme innerhalb der menschlichen Gesellschaft, von der alles, was er in dieser Welt will und was ihn daran interessiert, bestimmt und geleitet wird.

Es handelt sich in der Tat um zwei Typen von Menschen. Die einen sind solche, die bewusster leben, den Lebensfragen objektiver gegenüberstehen, keine Scheuklappen tragen und solche, die mit einer vorgefassten Meinung nur ein kleines Stück des Lebens und der Welt erblicken, die sich immer unbewusst dirigieren und unbewusst argumentieren. So kann es geschehen, dass zwei Menschen, die miteinander leben, dadurch Schwierigkeiten finden, dass der eine fortwährend in der Opposition ist, ein nicht seltener Fall, der bezüglich seiner Häufigkeit vielleicht noch von jenem Fall übertroffen wird, dass beide Teile fortwährend in Opposition sind. Der Betreffende weiß nichts davon, er glaubt sogar und bringt auch Argumente dafür, dass er immer für den Frieden eintrete und dass er die Eintracht aufs höchste schätze. Aber die Tatsachen widerlegen ihn und in Wirklichkeit findet man, dass der eine kaum ein Wort sagen kann, ohne dass ihm der andere in die Flanke fällt und eine Gegenbemerkung macht und wäre diese äußerlich noch so unscheinbar und unauffällig. Genauer betrachtet ergibt sich, dass sie von einer feindseligen, kriegerischen Stimmung eingegeben ist.

So entwickeln viele Menschen in sich Kräfte, die wirksam sind, ohne dass sie etwas davon wissen. Diese im Unbewussten liegenden Kräfte beeinflussen das Leben der Menschen und können, wenn sie nicht aufgedeckt werden, zu schweren Folgen führen. *Dostojewski* hat einen solchen Fall in seinem Roman »Der Idiot« in einer Weise dargestellt, die immer die Bewunderung der Psychologen erregt hat. Es ist die Begebenheit, bei der eine Dame gelegentlich einer gesellschaftlichen Zusammenkunft zu einem Fürsten, der Hauptperson des Romans, in etwas stichelndem Ton sagte, er möge achtgeben, dass er nicht die kostbare chinesische Vase in seiner Nähe umwerfe, worauf er versicherte, er werde achtgeben. Aber einige Minuten später lag die Vase schon zerbrochen am Boden. Niemand von der Gesellschaft hat darin einen Zufall erblicken wollen, sondern eine ganz folgerichtige Handlung, die aus dem ganzen

Charakter dieses Menschen, der sich durch die Worte der Dame beleidigt gefühlt hatte, entsprungen war.

Bei der Beurteilung eines Menschen sind wir nicht nur darauf angewiesen, aus seinen bewussten Handlungen und Äußerungen Schlüsse zu ziehen. Sehr oft sind wir von kleinen Details in seinem Denken und Handeln, die ihm entgehen, viel richtiger und sicherer geleitet. So wissen z. B. Menschen, die auffällige Unarten, wie Nägelbeißen, Nasenbohren u. dgl. aufweisen, gar nicht, dass sie damit verraten, dass sie trotzige Menschen sind, weil sie die Zusammenhänge nicht kennen, die zu diesen Unarten führen. Denn es ist klar, dass ein Kind wegen derlei Unarten wiederholt ermahnt worden sein muss, und, wenn es trotzdem nicht davon ließ, ein trotziger Mensch sein muss. Wäre unser Blick geübter, dann müssten wir aus allen Bewegungen eines Menschen die weitgehendsten Schlüsse ziehen können, ohne dass jemand etwas davon weiß. Denn auch in allen diesen Kleinigkeiten steckt sein ganzes Wesen.

Zwei Fälle sollen zeigen, welche Bedeutung es hat, dass die im Folgenden darzustellenden Vorgänge unbewusst geblieben sind und es bleiben mussten, dass also die menschliche Seele die Fähigkeit hat, das Bewusstsein zu dirigieren, d. h. etwas bewusst zu machen, wenn es für den Standpunkt der seelischen Bewegung notwendig ist und umgekehrt, etwas im Unterbewusstsein zu belassen oder es unbewusst zu machen, wenn dies für den gleichen Zweck erforderlich erscheint.

Im ersten Fall handelt es sich um einen jungen Mann, der als Erstgeborener neben einer Schwester aufwuchs, dessen Mutter gestorben war, als er im 10. Lebensjahr stand. Von da an musste der Vater, ein sehr intelligenter, wohlwollender und ethisch sehr hochstehender Mann, die Erziehung leiten, wobei er immer bestrebt war, den Ehrgeiz des Sohnes zu entfalten und anzuspornen. Dieser trachtete auch immer, in der vordersten Reihe zu stehen, entwickelte sich ausgezeichnet und stand tatsächlich in Bezug auf seine ethischen und wissenschaftlichen Qualitäten in seinem Kreis immer an erster Stelle, sehr zur Freude seines Vaters, von dem er schon frühzeitig ausersehen worden war, im Leben eine wichtige Rolle zu spielen.

Im Verhalten dieses jungen Mannes zum Leben trat aber so manches in Erscheinung, das dem Vater Sorge machte und das er zu ändern suchte. Dem Burschen war in seiner Schwester eine hartnäckige Rivalin erwachsen. Sie entwickelte sich ebenfalls sehr gut und war immer bestrebt, mit den Waffen des Schwächeren zu siegen und ihre Geltung auf Kosten des Bruders zu vergrößern. Sie gewann auch ziemlich Raum in der kleinen Häuslichkeit und für den Bruder war dieser Kampf ein hartes Stück Arbeit. Bei ihr konnte er nicht erreichen, was ihm sonst so leichtfiel zu erreichen, Ansehen, Geltung und eine gewisse Unterordnung, wie sie ihm zufolge seiner Fortschritte vonseiten seiner Kollegen regelmäßig zuteilwurde. Der Vater bemerkte bald, dass der Junge, besonders als er in die Pubertät kam, im gesellschaftlichen Leben eine sonderbare Art annahm, die kurz darin bestand, dass er überhaupt nicht gesellschaftlich wurde, eine Abneigung bekundete, mit Bekannten oder gar fremden Leuten zusammenzukommen und geradezu Reißaus nahm, wenn es sich um Bekanntschaften mit Mädchen handelte. Anfangs schien dies dem Vater recht zu sein. Später nahmen aber diese Erscheinungen solche Dimensionen an, dass der Junge fast gar nicht mehr aus dem Haus ging, dass ihm sogar Spaziergänge, außer in späten Abendstunden, unangenehm wurden. Er schloss sich so sehr ab, dass er seine Bekannten nicht einmal grüßen wollte. Dabei war seine Stellung in der Schule und dem Vater gegenüber immer durchaus untadelig und man konnte jederzeit mit seinen Qualitäten rechnen.

Als es so weit gekommen war, dass man ihn überhaupt nirgends mehr hinbringen konnte, kam der Vater zum Arzt, und es konnte nach einigen Unterredungen Folgendes festgestellt werden: Der junge Mann stand auf dem Standpunkt, dass er zu kleine Ohren habe und man ihn deshalb für hässlich halte. In Wirklichkeit war dies durchaus nicht der Fall und auf den Einwand, dass seine Argumente nicht gebilligt werden könnten, da er, darauf gestützt, sich dem Verkehr mit der Gesellschaft entziehen wolle, behauptete er, auch seine Zähne und Haare seien hässlich, was ebenfalls nicht zutraf. Dagegen zeigte es sich, dass er von einem ungeheurem Ehrgeiz erfüllt war. Von diesem wusste er und er führte ihn zum Teil darauf zurück, dass der Vater immer in ihn gedrungen habe, bestrebt zu sein, eine hohe Stellung im Leben zu erreichen. Seine Zukunftspläne gipfelten darin, dass er sich der Wissenschaft ergeben wollte. Das wäre weiter nicht auffällig, wenn damit nicht der Hang verbunden gewesen wäre, der Gemeinschaft, der Mitmenschlichkeit, auszuweichen. Wie kam er zu solchen, geradezu kindischen Argumentationen? Die Argumente hätten ihn, wären sie richtig gewesen, wohl berechtigen können, mit einer gewissen Vorsicht und Ängstlichkeit ins Leben hinauszutreten; Hässlichkeit kann ihrem Träger unzweifelhaft zuweilen Schwierigkeiten bereiten.

Die weitere Untersuchung ergab Folgendes: Der junge

Mann hatte ein Ziel vor Augen, das er mit heftigem Ehrgeiz verfolgte. Er war bisher der Erste gewesen und wollte es auch weiterhin bleiben. Zur Erreichung dieses Zieles stehen nun verschiedene Mittel zu Gebote, wie Konzentration, Fleiß u. dgl. Offenbar war ihm das zu wenig. Er suchte außerdem krankhaft alles ihm überflüssig Scheinende aus seinem Leben auszuschalten. Wohl hätte er sich ausdrücklich bewusst sagen können: »Da ich berühmt werden und mich daher ganz meinen wissenschaftlichen Arbeiten widmen will, bin ich genötigt, mich auch jeder gesellschaftlichen Beziehung zu entschlagen.« Das hat er aber weder gesagt noch gedacht, sondern er richtete zu diesem Zweck sein Augenmerk auf die Kleinigkeit seiner angeblichen Hässlichkeit. So hat die Hervorhebung dieses geringfügigen Umstandes für ihn den Wert, dass sie ihm gestattete, was er in Wirklichkeit wollte. Er musste nur die nötige Verve aufbringen, um falsch zu argumentieren, übertrieben zu begründen, um sein geheimes Ziel verfolgen zu können. Jeder hätte dasselbe sofort durchschaut und verstanden, wenn er gesagt hätte, er wolle, um der Erste zu werden, wie ein Asket leben. Obwohl ihm der Gedanke, eine erste Rolle spielen zu wollen, innerlich vertraut war, war in seinem Bewusstsein nichts davon zu finden, denn den Gedanken, dass er für dieses Ziel alles andere in die Schanze schlagen wolle, hat er nicht *gedacht.* Hätte er sich bewusst vorgenommen, seinem Ziel alles zu opfern, so wäre er lange nicht so sicher gewesen als dadurch, dass er sagte, er sei ein hässlicher Mensch und *dürfe* nicht in die Gesellschaft gehen. Auch macht sich einer, der offen sagt, er wolle der Erste sein und wolle daher auf mitmenschliche Beziehungen verzichten, vor seiner Umgebung lächerlich und würde auch selbst vor diesem Gedanken erschrecken. Dieser Gedanke ist als solcher nicht denkfähig. Es gibt Gedanken, die man der andern und auch seiner selbst wegen nicht klar fassen will. Daher ist ihm dieser Gedanke mit Recht unbewusst geblieben.

Macht man einem solchen Menschen diese Haupttriebfeder klar, die er sich selbst nicht klarmachen durfte, um sein Verhalten beibehalten zu können, dann stört man natürlich seinen ganzen seelischen Mechanismus. Denn nun tritt das ein, was er ja verhindern musste, das Klarwerden eines Gedankenganges, der nicht gedacht werden kann, der denkunfähig ist und dessen Bewusstwerden sein Vorhaben stören würde. Überlegt man diese Erscheinung, die darin besteht, dass jemand Gedanken beiseiteschiebt, die ihn hindern, und jene aufgreift, die ihn in seiner Stellungsnahme fördern, so wird man finden, dass das eine allgemein menschliche Erscheinung ist. Denn alle Menschen erwägen meist nur Dinge, die für ihre Anschauung und Einstellung förderlich sind. Bewusst wird also, was uns fördert und unbewusst bleibt, was unsere Argumentation stören könnte.

Der zweite Teil betrifft einen sehr fähigen Jungen, dessen Vater Lehrer war und seinen Sohn mit großer Strenge dazu drängte, immer der Erste zu sein. Auch in diesem Fall war der Primat des jungen Menschen unangefochten. Wo er auftrat, war er derjenige, der am besten beschlagen war. In der Gesellschaft war er einer der liebenswürdigsten Menschen und hatte auch einige Freunde.

Ungefähr in seinem 18. Lebensjahr trat nun eine große Veränderung ein. Er zog sich von allem zurück, nichts freute ihn mehr, er war verdrossen und missmutig. Kaum hatte er eine Freundschaft geschlossen, ging sie schon wieder in die

Brüche. Jeder nahm an seinem Verhalten im Leben Anstoß bis auf seinen Vater, dem das zurückgezogene Leben seines Sohnes insofern gelegen kam, als er dabei hoffte, er werde sich dadurch umso besser dem Studium hingeben können.

Bei der Behandlung beklagte sich der Junge fortwährend, dass ihm sein Vater das Leben verleidet habe, dass er kein Selbstvertrauen und keinen Lebensmut aufbringen könne und dass ihm nur übrigbleibe in der Einsamkeit sein Leben zu vertrauern. Seine Fortschritte im Studium hatten schon nachgelassen und er war an der Hochschule durchgefallen. Wie er erzählt, hatte die Veränderung damit begonnen, dass er einmal in der Gesellschaft wegen seiner geringen Kenntnisse in der modernen Literatur verlacht worden war. Als sich Ähnliches öfters wiederholte, begann er sich immer mehr zu isolieren und von allen menschlichen Beziehungen Abstand zu nehmen. Dabei war er völlig von dem Gedanken beherrscht, dass es sein Vater sei, der die Schuld an seinem Misserfolg trage. Das Verhältnis zwischen beiden wurde täglich schlechter.

Die beiden Fälle sind einander in mancher Beziehung ähnlich. Im ersten Fall war der Patient am Widerstand seiner Schwester gescheitert, hier war es der Vater, mit dem ein kämpferisches Verhältnis bestand. Beide Patienten hatten als Leitlinie ein Ideal, das wir als *Heldenideal* zu bezeichnen pflegen. Beide waren in ihrem Heldenrausch so ernüchtert worden, dass sie am liebsten die Flinte ins Korn geworfen und sich gänzlich zurückgezogen hätten. Man würde aber fehlgehen, wenn man meinte, der Letztere hätte sich eines Tages gesagt: »Da ich dieses Heldendasein nicht weiterführen kann, da mir andere überlegen sind, ziehe ich mich zurück und werde mir das ganze Leben verbittern.« Gewiss hatte sein Vater unrecht, die Erziehung war schlecht. Es war auffällig, dass er für nichts anderes Augen hatte, als für diese seine schlechte Erziehung, die er immer wieder betonte. Dadurch aber, dass er sich auf diesen Standpunkt stellte, sich immerfort auf die Erkenntnis seiner schlechten Erziehung stützte, wollte er sich als berechtigt ansehen, sich zurückzuziehen. Damit erreichte er, dass er nun keine Niederlagen mehr erlitt und dass er die Schuld für sein Unglück immer dem Vater zuschieben konnte. So gelang es ihm, sich einen Teil seines Selbstbewusstseins und seiner Geltung zu retten. Er hatte ja immerhin eine glänzende Vergangenheit und sein weiterer Siegeslauf war nur durch die fatale Tatsache aufgehalten worden, dass ihn sein Vater durch eine schlechte Erziehung in seiner Entwicklung behindert hätte.

Somit war in ihm ungefähr folgender Gedankengang unbewusst geblieben: »Da ich jetzt näher an der Front des Lebens stehe und sehe, dass es mir nicht mehr so leicht sein wird, der Erste zu sein, will ich alles daransetzen, um mich vom Leben zurückzuziehen.« Dieser Gedanke ist aber denkunfähig, kein Mensch wird sich so etwas sagen. Aber dennoch kann ein Mensch so handeln, wie wenn er einen solchen Gedanken planmäßig ins Auge gefasst hätte. Das bewerkstelligt er so, dass er andere Argumente aufgreift. Durch fortwährende Beschäftigung mit den Erziehungsfehlern seines Vaters gelingt es ihm, der Gesellschaft und den Entscheidungen des Lebens auszuweichen. Das Bewusstwerden des obigen Gedankenganges hätte ihn bei seinem geheimen Vorhaben nur gestört, er musste daher unbewusst bleiben. Er konnte sich ja nicht sagen, er sei ein unfähiger Mensch, denn er hatte eine glänzende Vergangenheit. Wenn er jetzt keine Triumphe erreichte, so konnte nicht er daran schuld sein. Und da bot sich ihm die Gelegenheit, durch sein Verhalten gleichsam einen Beweis für die schlechte Erziehung des Vaters zu führen. Er war Richter, Kläger und Angeklagter in einer Person und diese Stellung sollte er auslassen? Er übersah, dass der Vater eben nur so lange schuld war, als es der Sohn wollte, als dieser den Hebel, den er in der Hand hatte, gebrauchte.

5. Träume. Von den Träumen wird schon lange behauptet, dass man aus ihnen Schlüsse auf das Seelenleben des Menschen ziehen könne. *Lichtenberg*, ein Zeitgenosse Goethes, hat einmal gesagt, dass man Wesen und Charakter eines Menschen aus seinen Träumen viel besser erschließen könne als aus seinen Worten und Handlungen. Das ist wohl etwas zu viel gesagt und wir, die wir auf dem Standpunkt stehen, *einzelne* Erscheinungen nur mit größter Vorsicht zu verwenden und sie erst in Verbindung mit anderen Erscheinungen zu deuten, werden aus den Träumen eines Menschen nur dann Schlüsse auf seinen Charakter ziehen, wenn wir auch von woandersher Unterstützung für unsere aus einem Traum gewonnene Auffassung erhalten können.

Die Betrachtung der Träume hat eine uralte Geschichte. Verschiedene Momente in der Entwicklung der Kultur und ihrer Niederschläge, besonders in Mythen und Sagen, legen uns die Annahme nahe, man habe sich in alter Zeit mit Träumen viel mehr befasst als heutzutage. Wir finden auch in jener Zeit ein viel besseres Verständnis dafür. Man erinnere sich an die ungeheure Rolle, die der Traum z.B. in Griechenland spielte, dass ferner Cicero ein Buch über Träume geschrieben hat, wie weiter in der Bibel Träume erzählt und überaus klug gedeutet werden oder es wird ein Traum nur erzählt, aber alle wissen sofort, worum es sich handelt (z. B. der Traum Josefs von den Garben, den er seinen Brüdern erzählte). Aus der Nibelungensage, also auf einem ganz anderen Kulturboden, können wir entnehmen, dass Träume damals Beweiskraft hatten.

Wenn wir uns damit beschäftigen, aus Träumen Anhaltspunkte für unsere Kenntnis der menschlichen Psyche zu gewinnen, so sind wir weit entfernt von jenen phantastischen Richtungen der Traumdeutung, die im Traum irgendein überirdisches Eingreifen vermuten. Wir gehen nur den bewährten Weg der Erfahrung und werden uns auf Aufstellungen, die wir uns an der Hand von Träumen machen, nur dann stützen, wenn wir auch aus anderweitigen Beobachtungen in unseren Annahmen bestärkt worden sind.

Immerhin ist es auffallend, dass sich bis auf den heutigen Tag die Neigung erhalten hat, den Träumen eine besondere Bedeutung in Bezug auf die Zukunft beizumessen. Hierbei sollen jene Phantasten nur gestreift werden, die sogar so weit gehen, sich von ihren Träumen leiten zu lassen. So gelangte einer unserer Patienten dazu, sich jedes ehrlichen Berufes zu entschlagen und lieber an der Börse zu spielen. Das tat er immer entsprechend den Träumen, die er hatte. Er konnte sogar den historischen Nachweis dafür erbringen, dass sich die Umstände immer zu seinen Ungunsten gewendet hätten, wenn er einmal einem Traum nicht gefolgt habe.

Es ist naheliegend, dass er von nichts anderem träumen wird als von dem, was auch im wachen Zustand stetig Gegenstand seiner Aufmerksamkeit ist, dass er sich, wenn er sich nur sonst einigermaßen auskennt, im Traum einen

Wink gibt. So konnte er durch längere Zeit behaupten, dass er unter dem Einfluss seiner Träume reichlich viel gewonnen habe.

Nach längerer Zeit erzählte er aber einmal, er gäbe auf seine Träume überhaupt nichts mehr. Er hatte nämlich alles wieder verloren. Das geht natürlich auch ohne Traum und es ist nichts daran, was uns an ein Wunder glauben machen könnte. Denn ein Mensch, der intensiv mit irgendeiner Aufgabe beschäftigt ist, gibt auch des Nachts keine Ruhe. Die einen machen das so, dass sie überhaupt nicht schlafen und dabei immer nachdenken, die anderen schlafen wohl, sind aber auch im Traum von ihren Plänen umfangen.

Was sich während des Schlafes in unserer Gedankenwelt in so sonderbaren Formen abspielt, ist nichts anderes als die Brücke vom Vortag zum nächsten Tag. Und wenn wir wissen, wie ein Mensch sonst Stellung zum Leben nimmt, wie er sonst diese Brücke zur Zukunft zu schlagen gewohnt ist, dann werden wir uns auch auf seinen merkwürdigen Brückenbau im Traume verstehen und Schlüsse ziehen können. Es ist somit eine *Stellungsnahme zum Leben*, die dem Traum zugrunde liegt.

Eine junge Frau erzählt folgenden Traum: Ihr träumte, ihr Mann habe den Hochzeitstag vergessen und sie habe ihm darob Vorwürfe gemacht. – Dieser Traum kann an sich schon einiges bedeuten. Wenn ein solches Problem überhaupt auftauchen kann, so besagt uns dies, dass in dieser Ehe gewisse Schwierigkeiten vorhanden sind nach der Richtung hin, dass sich diese Frau verkürzt fühlt. Wohl erklärt sie, dass auch sie den Hochzeitstag vergessen habe. *Sie* aber ist es, die sich schließlich doch daran erinnert, während der Mann erst von ihr erinnert werden muss. So ist sie der bessere Teil. Auf eine weitere Frage erklärt sie, Derartiges sei in Wirklichkeit noch nie vorgekommen, der Mann habe sich stets erinnert. Der Traum bewegt sich also um eine Befürchtung für die Zukunft: So ein Fall könnte einmal eintreten. Man kann daher weiter schließen, dass die Frau die Neigung habe, Vorwürfe zu finden, mit Argumenten zu kommen, die nicht greifbar sind, die Neigung, dem Mann etwas vorzuwerfen, was nur *vielleicht* einmal vorkommen könnte.

Nun wären wir noch immer unsicher, wenn wir nicht noch andere Belege in die Hand bekämen, die unsere Schlussfolgerungen bekräftigen. Nach ihren ersten Kindheitseindrücken befragt, erzählt sie von einer Begebenheit, die ihr immer im Gedächtnis geblieben ist. Sie wurde einmal als dreijähriges Kind von ihrer Tante mit einem geschnitzten Holzlöffel beschenkt, der ihr große Freude machte. Wie sie so damit spielte, fiel er ihr in den Bach und schwamm davon. Sie trauerte darüber viele Tage und in einer Weise, die die Aufmerksamkeit der Umgebung erregte.

Im Zusammenhang mit dem Traum sei nur bemerkt, dass sie jetzt wieder mit der Möglichkeit rechnete, es könnte ihr etwas »davonschwimmen«, die Ehe. Vielleicht wird der Mann den Hochzeitstag vergessen!

Ein anderes Mal träumte sie, der Mann führe sie ein hohes Gebäude hinauf. Der Stiegen werden immer mehr und bei dem Gedanken, sie könnte zu hoch gestiegen sein, wird sie von einem ungeheuren Schwindel erfasst, bekommt einen Angstanfall und stürzt zusammen. So etwas kann einem auch im wachen Zustand widerfahren, wenn man an Höhenschwindel leidet, in dem sich weniger die Furcht vor der Höhe als vielmehr die vor der Tiefe widerspiegelt. Verbindet man diesen Traum mit dem ersten und verschmilzt das in diesen Träumen enthaltene Gedanken- und Gefühlsmaterial, dann hat man den deutlichen Eindruck, dass es eine Frau ist, die Angst hat, einen tiefen Fall zu tun, also Unheil fürchtet. Wir können ahnen, welches: Lieblosigkeit des Mannes oder dgl. Was wird geschehen, wenn der Mann in irgendeiner Weise nicht recht tauglich zur Ehe ist und Störungen verursacht? Es könnten Verzweiflungsakte folgen, die vielleicht einmal damit enden, dass die Frau wie leblos zusammenstürzt. Tatsächlich ist dies einmal im Verlauf einer häuslichen Szene geschehen.

Damit sind wir dem Verständnis des Traumes schon nähergekommen. Es ist gleichgültig, in welchem Material sich die Gedanken- und Gefühlswelt des Menschen während des Traumes auslebt, in welchem Material er sein Problem zum Ausdruck bringt, wenn ihm dieses Material nur irgendwie behilflich ist, sich auszudrücken. Im Traum verrät sich das Lebensproblem eines Menschen *gleichnisweise* (steige nicht zu hoch, damit du nicht zu tief fallest!). Wir erinnern uns da an die dichterische Reproduktion eines Traumes, an das Hochzeitslied von Goethe. Ein Ritter kommt vom Land zurück und findet sein Schloss verwahrlost. Müde legt er sich zu Bett und sieht nun im Traume kleine Gestalten unter dem Bette hervorkommen, er bemerkt, wie sich vor seinen Augen eine Zwergenhochzeit abspielt. Er ist von seinem Traum angenehm berührt. Es ist, wie wenn er sich in seinem Gedanken, da müsse eine Frau her, bestärken wollte. Was er hier im Kleinen gesehen, das vollzog sich bald darauf im Großen und er feierte seine eigene Hochzeit.

In diesem Traum sind bereits bekannte Elemente vorhanden. Sicherlich verbirgt sich dahinter eine eigene Erinnerung des Dichters an Momente, da er selbst mit dem Eheproblem beschäftigt war. Man sieht, wie der Träumer in seiner äußeren Not zum gegenwärtigen Stand seines Daseins Stellung nimmt, eine Stellungsnahme, die nach einer Hochzeit schreit. Er beschäftigt sich im Traum mit der Ehefrage, um am folgenden Tage den Entschluss zu fassen, es wäre eigentlich am besten, wenn er auch heiraten würde.

Im Folgenden der Traum eines 28-jährigen Menschen. Die Linie, die darin abwechselnd nach unten und dann wieder nach oben führt, zeigt ähnlich wie eine Fieberkurve die Bewegung an, von der das Seelenleben dieses Menschen erfüllt ist. Das Minderwertigkeitsgefühl, von dem aus die Bestrebungen nach oben, nach der Überlegenheit ausgehen, ist darin deutlich zu erkennen. – Er erzählt:

Ich mache einen Ausflug mit einer großen Gesellschaft. Auf einer Zwischenstation müssen wir, da das Schiff, auf dem wir fahren, zu klein ist, aussteigen und in der Stadt übernachten. In der Nacht kommt die Nachricht, dass das Schiff sinkt, alle Teilnehmer werden gerufen, um durch Pumpen das Sinken zu verhindern. Ich erinnere mich, dass ich unter meinem Gepäck wertvolle Sachen habe und eile zum Schiff, wo ich schon alle bei den Pumpen finde. Ich trachte, mich von dieser Arbeit zu drücken und suche den Gepäckraum auf. Es gelingt mir, meinen Rucksack durch das Fenster hinauszuziehen. Dabei erblicke ich neben demselben liegend ein Federmesser, das mir sehr gut gefällt; ich stecke es ein. Mit einem anderen Bekannten, den ich treffe, springe ich, da das Schiff immer tiefer sinkt, an einer verborgenen Stelle ins Meer und komme gleich auf den Grund zu liegen. Da die Mole zu hoch ist, wandere ich weiter und komme zu einer tiefen, steil abfallenden Schlucht, in die ich hinabmuss. Ich rutsche herunter – meinen Begleiter habe ich seit dem Verlassen des Schiffes nicht mehr gesehen –, es geht immer schneller und ich fürchte, mich zu erschlagen. Endlich bin ich unten angelangt und falle gerade vor einem Bekannten nieder. Es war ein junger, mir im Übrigen unbekannter Mann, der sich während eines Streiks in der Streikleitung sehr rührig betätigt hatte und mir dadurch sowie durch sein freundliches Wesen angenehm aufgefallen war. Er empfängt mich mit dem vorwurfsvollen Zuruf, wie wenn er wüsste, dass ich die andern auf dem Schiffe im Stich gelassen hatte: »Was suchst denn *du* hier?« Ich suchte aus der Schlucht herauszukommen, die überall von steilen Wänden umgeben war, an denen Seile herabhingen. Ich getraute mich nicht, sie zu benutzen, weil sie sehr dünn waren. Bei meinen Versuchen, hinaufzuklettern, glitt ich immer wieder herunter. Endlich war ich oben – ich weiß nicht mehr, wie –; es scheint mir, ich habe diesen Abschnitt des Traumes absichtlich nicht träumen, gleichsam wie in Ungeduld überspringen wollen. Oben am Rande der Schlucht geht eine Straße, die gegen die Schlucht durch ein Geländer geschützt ist. Hier gehen Leute vorüber und begrüßen mich freundlich.

Gehen wir im Leben des Träumers zurück, so hören wir zunächst, dass er bis zu seinem fünften Lebensjahr ununterbrochen an schweren Krankheiten gelitten hatte und auch weiterhin mit Krankheiten öfters darniedergelegen war. Infolge seiner schwachen Gesundheit ängstlich von den Eltern behütet, kam er in dieser Zeit mit anderen Kindern fast überhaupt nicht zusammen. Wenn er sich an Erwachsene anschließen wollte, wurde er von den Eltern mit dem Hinweis, dass Kinder nicht vorlaut sein dürften und nicht unter Erwachsene gehören, abgeschoben. So versäumte er frühzeitig das, was zum Zusammenleben mit den Mitmenschen gehört und das nur im steten Kontakt mit ihnen erlernt werden kann. Eine andere Folge war, dass er hinter seinen gleichaltrigen Kameraden immer um eine große Spanne zurückblieb und nicht mit ihnen Schritt halten konnte. So war es nicht zu verwundern, wenn er unter ihnen immer als der Dumme galt und bald eine ständige Zielscheibe für ihren Spott wurde. Dieser Umstand hinderte ihn auch, Freunde zu suchen oder zu finden.

Durch solche Begebenheiten wurde sein außerordentlich starkes Minderwertigkeitsgefühl auf das höchste gesteigert. Seine Erziehung wurde von einem gutmütigen, aber jähzornigen Vater (Militär) und einer schwachen, unverständigen, aber überaus herrschsüchtigen Mutter geleitet. Obwohl die Eltern immer wieder ihren guten Willen betonten, muss diese Erziehung als eine ziemlich strenge bezeichnet werden. Eine besondere Rolle spielte darin die Demütigung. Bezeichnend und auch als früheste Kindheitserinnerung festgehalten ist eine Begebenheit, bei der ihn die Mutter, als er noch drei Jahre alt war, eine halbe Stunde lang auf Erbsen knien ließ. Der Grund hierfür war eine Unfolgsamkeit, deren Ursache – was die Mutter sehr wohl wusste, weil das Kind den Grund äußerte – die war, dass er aus Furcht vor einem Reiter eine Besorgung für die Mutter verweigert hatte. Geprügelt wurde er eigentlich selten. Kam es aber einmal vor, so geschah es immer mit einer mehrstriemigen Hundepeitsche und nie, ohne dass er nachträglich um Verzeihung bitten und dabei sagen musste, warum er geprügelt worden sei. »Das Kind soll wissen«, sagte der Vater immer, »was es angestellt hat.« Und da trug es sich auch einmal zu, dass er ungerechterweise Prügel bekam, und als er nachher nicht sagen konnte, warum er geprügelt worden war, nochmals, und zwar so lange geprügelt wurde, bis er irgendeine Untat eingestand.

So war schon frühzeitig eine kämpferische Stimmung zwischen Eltern und Kind vorhanden. Das Minderwertigkeitsgefühl des Kindes hatte derartige Dimensionen angenommen, dass es ein Gefühl des Obenseins überhaupt nicht kannte. Sein Leben, in der Schule wie zu Hause, war eine fast ununterbrochene Kette von größeren oder geringeren Beschämungen. Selbst der kleinste Sieg – in seinem Sinne – war ihm versagt. In der Schule, auch als er noch 18 Jahre alt war, war er immer derjenige, der nur ausgelacht wurde. Einmal geschah dies sogar vonseiten eines Lehrers, der eine schlechte Arbeit einmal vor allen anderen vorlas und mit scharfen Bemerkungen verspottete.

Solche Begebenheiten drängten ihn immer mehr in die Isolierung hinein und er begann allmählich sich auch selbst geflissentlich von allen anderen zurückzuziehen. Im Kampf mit den Eltern verfiel er auf ein zwar wirksames, aber doch für ihn folgenschweres Kampfmittel, er verzichtete auf die Sprache. Dadurch begab er sich des wichtigsten Anknüpfungsmittels für den Anschluss an die Umwelt. Er konnte bald mit niemand mehr ins Gespräch kommen. Er war völlig einsam geworden. Von niemand verstanden, sprach er mit niemand, vor allem nicht mit den Eltern und wurde auch von niemand mehr angesprochen. Alle Versuche, ihn mit andern zusammenzubringen, scheiterten. Es scheiterten aber späterhin – überaus schwer von ihm empfunden – alle Versuche, Liebesbeziehungen anzuknüpfen.

In dieser Weise ging sein Leben weiter bis zu seinem 28. Lebensjahr. Das tiefe Minderwertigkeitsgefühl, von dem sein Gemüt durchdrungen war, hatte zur Folge, dass ein Ehrgeiz ohnegleichen, ein unbändiges Streben nach Geltung und Überlegenheit ihn nicht zur Ruhe kommen ließ und sein Gemeinschaftsgefühl in unerhörter Weise drosselte. Je weniger er sprach, umso bewegter ging es in seinem Seelenleben zu, das Tag und Nacht mit Träumen und Siegen und Triumphen aller Art erfüllt war.

Und so träumte er eines Nachts den oben wiedergegebenen Traum, in dem sich deutlich die Bewegung widerspiegelt, die Linie, auf der sich sein Seelenleben abspielte.

Zum Schluss noch einen von Cicero erzählten Traum, einen der berühmtesten prophetischen Träume:

Der Dichter Simonides, der einst den Leichnam irgendeines Unbekannten unbeachtet am Straßenrande angetroffen und für seine anständige Bestattung gesorgt hatte, wurde, als er später im Begriffe war, eine Schiffsreise zu unternehmen, von dem dankbaren Toten im Traume gewarnt: Wenn er führe, würde er durch Schiffbruch umkommen. Er fuhr nicht, und alle, die fuhren, kamen um. (Siehe Enne Nielsen, Das Unerkannte auf seinem Weg durch die Jahrtausende, Ebenhausen b. München, Verlag Langewiesche-Brandt.) Wie berichtet wird, soll dieses Ereignis im Zusammenhang mit dem Traum auf Jahrhunderte hinaus ungeheures Aufsehen und einen tiefen Eindruck auf die Menschen gemacht haben.

Wenn wir zu diesem Vorfall Stellung nehmen, müssen wir vor allem festhalten, dass in jener Zeit wohl sehr oft Schiffe untergegangen sind, ferner aber auch, vielleicht wegen dieses Umstandes, dass es damals wohl sehr vielen

Menschen geträumt haben mag, sie sollen von einer Reise Abstand nehmen, und dass unter diesen vielen Träumen ebendieser ein solches Zusammenfallen von Traum und Wirklichkeit darstellt, dass er infolge dieser Besonderheit der Nachwelt erhalten blieb. Es ist begreiflich, dass Menschen, die eine Neigung haben, geheimnisvollen Zusammenhängen nachzuspüren, für solche Erzählungen ein besonderes Faible haben, während wir nüchtern den Traum dahin auslegen: Unser Dichter hat in der Sorge um sein leibliches Wohlergehen wohl nie besondere Lust gezeigt, die Reise zu machen und als die Entscheidungsstunde nahte, griff er zu einer *Verstärkung*. Er ließ sich gleichsam den Toten kommen, der sich ihm nun dankbar erweisen sollte. Dass er jetzt nicht fuhr, ist selbstverständlich. Und wäre dieses Schiff nicht untergegangen, dann hätte die Welt von der ganzen Geschichte wahrscheinlich nie etwas erfahren. Denn wir erfahren nur Dinge, die unser Gehirn in Unruhe versetzen, die uns nahelegen sollen, dass zwischen Himmel und Erde mehr Weisheit verborgen ist, als wir uns träumen lassen. Das Prophetische im Traum ist insofern verständlich, weil beides, Traum und Wirklichkeit, die gleiche Stellungnahme eines Menschen beinhalten.

Zu denken gibt uns noch der Umstand, dass nicht alle Träume so einfach zu verstehen sind, eigentlich die wenigsten. Entweder wir vergessen den Traum sofort, oder, wenn er einen bestimmten Eindruck hinterlässt, verstehen wir gewöhnlich nicht, was dahintersteckt, es sei denn, dass wir zufällig Traumdeutung erlernt haben. Auch für diese Träume gilt das oben Gesagte, dass der Traum gleichnisweise, symbolisch die Bewegungslinie eines Menschen wiedergibt. Die Hauptbedeutung eines Gleichnisses ist die, dass es uns in eine Situation hineinführt, in der wir stark mitschwingen. Ist man mit der Lösung eines Problems beschäftigt und neigt die Persönlichkeit nach einer bestimmten Richtung, dann, sucht man erfahrungsgemäß nach einem *Schwung*. Da ist nun der Traum überaus geeignet, den Affekt, die Verve, die man zur Lösung eines Problems in einem bestimmten Sinne braucht, zu verstärken. Es ändert an dieser Tatsache nichts, dass der Träumer diesen Zusammenhang nicht versteht. Es genügt, dass er das Material und den Schwung hat. In irgendeiner Weise wird dann der Traum die Spur bezeichnen, in der sich die Gedankentätigkeit des Träumers abdrückt, er wird also die Bewegungslinie des Träumers andeuten. Es ist wie der Rauch, der anzeigt, dass irgendwo ein Feuer brennt. Ein erfahrener Mensch wird aus dem Rauch sogar Schlüsse auf das Holz ziehen können, das brennt.

Zusammenfassend können wir somit sagen, dass der Traum eines Menschen anzeigt, dass der Träumer mit einem Problem des Lebens beschäftigt ist, sowie, in welcher Weise er dazu Stellung nimmt. Insbesondere werden sich auch im Traum jene beiden Faktoren geltend machen und sich wenigstens in Spuren erkennen lassen, die den Träumer auch in der Wirklichkeit bei seiner Stellungsnahme zur Umwelt beeinflussen: das Gemeinschaftsgefühl und sein Streben nach Macht.

6. Begabung. Von den seelischen Erscheinungen, die uns die Möglichkeit geben, Schlüsse über das Wesen eines Menschen zu ziehen und Urteile darüber abzugeben, haben wir bisher eine außer Acht gelassen, die in das Gebiet des menschlichen Denkens fällt, die sein Erkenntnisvermögen betreffen. Wir haben wenig Wert darauf gelegt, was ein Mensch von sich denkt oder aussagt, in der Überzeugung, dass jeder fehlgehen kann und jeder sich durch mannigfache Interessen und Erwägungen egoistischer, moralischer Natur u. dgl. bewogen fühlt, sein seelisches Bild dem andern gegenüber zu retuschieren. Trotzdem ist es uns erlaubt und möglich, auch aus gewissen Denkvorgängen und deren sprachlichem Ausdruck, wenn auch in beschränktem Ausmaß, Schlüsse zu ziehen. Wir können, wenn wir uns ein Urteil über einen Menschen machen wollen, das Gebiet des Denkens und Sprechens von unserer Betrachtung nicht ausschließen.

Nun gibt es über die Urteilsfähigkeit eines Menschen – man pflegt sie allgemein mit *»Begabung«* zu bezeichnen – eine Unzahl von Beobachtungen, Auseinandersetzungen, Prüfungen, die insbesondere von Versuchen her bekannt sind, die Intelligenz von Kindern und Erwachsenen festzustellen. Ich meine die *Begabtenprüfungen*. Bisher sind diesen Prüfungen Erfolge versagt geblieben. Denn wenn sich eine Anzahl von Schülern dazu meldet, so erfährt man als Ergebnis regelmäßig das, was der Lehrer auch ohne Prüfung bereits festgestellt hat, welcher Umstand anfangs von den Experimentalpsychologen mit besonderem Stolz aufgenommen wurde, obwohl damit eigentlich zutage trat, dass diese Prüfungen bis zu einem gewissen Grade überflüssig sind. Ein anderes Bedenken gegen die Vornahme dieser Prüfungen ist ferner der Umstand, dass sich die Denk- und Urteilsfähigkeit der Kinder nicht gleichmäßig entwickelt, so dass bei manchen Kindern, bei denen die Begabtenprüfung ein schlechtes Ergebnis hatte, nach einigen Jahren die Begabung plötzlich eine überaus gute Entwicklung zeigte. Ein weiteres Moment ist, dass Großstadtkinder oder Kinder aus gewissen Kreisen, die ein breiteres Leben führen, durch ihre Schlagfertigkeit, die bloß einer gewissen Übung entspringt, eine größere Begabung vortäuschen und dadurch andere Kinder in den Schatten stellen, die nicht über einen solchen Fonds von Vorbereitungen verfügen. Es ist bekannt, dass bürgerliche Kinder in der Regel mit acht bis zehn Jahren über eine größere Schlagfertigkeit verfügen als proletarische. Das spricht aber nicht für eine größere Begabung der Ersteren, sondern die Ursache liegt allein in der Vorgeschichte.

Man ist somit mit den Begabtenprüfungen nicht weit gekommen, besonders wenn man die traurigen Resultate ins Auge fasst, die sich in Berlin und Hamburg gezeigt haben, wo jene Kinder, die bei der Begabtenprüfung gut entsprochen hatten, später in auffallend großer Zahl versagten. Diese Erscheinung spricht dafür, dass man in der Begabtenprüfung keine sichere Gewähr für eine gute Entwicklung des Kindes hat. Hingegen haben sich die individualpsychologischen Untersuchungen weit besser bewährt, weil sie nicht nur darauf ausgehen, einen Entwicklungsstandpunkt festzustellen, sondern auch seine Gründe, die Ursachen zu erfassen, wenn nötig, Mittel zur Abhilfe in die Hand zu geben und weil die Individualpsychologie die Denk- und Urteilsfähigkeit des Kindes nicht aus seinem Seelenleben herauslöst, sondern sie im Zusammenhang damit betrachtet.

VII. Kapitel: Das Verhältnis der Geschlechter

1. Arbeitsteilung und Zweigeschlechtlichkeit. Aus den bisherigen Ausführungen geht hervor, dass im Seelischen zwei Richtlinien vorwalten, die alles psychische Geschehen beeinflussen und bewirken, dass der Mensch bei der Herstellung und Sicherung seiner Lebensbedingungen, bei der Erfüllung der drei Hauptaufgaben des Lebens (Liebe, Beruf und Gesellschaft) sowohl sein Gemeinschaftsgefühl betätigt, als auch sein Geltungsstreben, sein Streben nach Macht und Überlegenheit durchsetzen kann. Wir werden uns daran gewöhnen müssen, jede wie immer geartete seelische Erscheinung darnach zu beurteilen, in welchem Quantitäts- und Qualitätsverhältnis diese beiden Faktoren zueinander stehen und, wenn wir dem Verständnis der Seele näherkommen wollen, regelmäßig daraufhin zu untersuchen. Denn das Vorhandensein dieser Faktoren bedingt es, inwiefern ein Mensch imstande ist, die Logik des menschlichen Zusammenlebens zu erfassen und sich in die durch dieselbe erzwungene Arbeitsteilung einzufügen.

Die *Arbeitsteilung* ist ein unumgänglich notwendiger Faktor zur Erhaltung der menschlichen Gesellschaft. Sie bringt es mit sich, dass jeder seinen Platz an irgendeiner Stelle ausfüllen muss. Nimmt einer an dieser Forderung nicht teil, so verneint er die Erhaltung des gemeinschaftlichen Lebens, des Menschengeschlechtes überhaupt, er fällt aus seiner Rolle als Mitmensch heraus und wird ein Störenfried. In leichteren Fällen sprechen wir dann von Unarten, Unfug, Eigenbrödelei, in schwierigeren von Sonderlingsart, Verwahrlosung und später von Verbrechen. Die Verurteilung solcher Erscheinungen stammt ausschließlich aus ihrem Abstand, aus ihrer Unverträglichkeit mit den Forderungen des gemeinschaftlichen Lebens. Daher ist es die Art, wie ein Mensch die Stelle, die ihm in der Arbeitsteilung der Gemeinschaft zugewiesen ist, ausfüllt, die seinen *Wert* ausmacht. Er wird durch die Bejahung des gemeinschaftlichen Lebens für die andern bedeutsam und eines der Glieder einer tausendfältigen Kette, auf der der Bestand menschlichen Lebens beruht, die wir uns nicht in größerer Zahl wegdenken können, ohne dass das gesellschaftliche Leben zusammenfällt. Die Fähigkeiten des Einzelnen sind es, die ihm seine Stelle im Gesamtproduktionsprozess der menschlichen Gesellschaft anweisen. Allerdings ist hier mancher Wirrwarr hineingekommen, indem Machtstreben, Herrschergelüste und allerhand andere Irrtümer ein Aufgehen in dieser Arbeitsteilung gestört oder verhindert und falsche Grundlagen für die Beurteilung von Menschenwert aufgestellt haben, oder weil der Einzelne sich für die Stelle, an der er sich befindet, aus irgendwelchen Gründen nicht eignet. Oder die Schwierigkeiten sind aus den Machtgelüsten, dem falschen Ehrgeiz Einzelner entstanden, die diese Art des menschlichen Zusammenlebens und Zusammenarbeitens im eigenen, egoistischen Interesse verhindern. Andere Verwicklungen haben ihre Ursache in der Klassenschichtung der Gesellschaft, indem entweder persönliche Macht und ökonomische Interessen die Verteilung des Arbeitsgebietes beeinflussen, so dass genussvollere Stellungen, die mehr Macht verleihen, an bestimmte Gesellschaftsgruppen gelangen, während andere davon ausgeschlossen sind. Die Erkenntnis der ungeheuren Rolle, die das Streben nach Macht in diesen Erscheinungen spielt, lässt uns verstehen, warum der Prozess der Arbeitsteilung nie glatt vor sich gegangen ist. Es war die Gewalt, die ununterbrochen eingegriffen hat, um die Arbeit für die einen zu einer Art Privilegium, für die andern zu einer Art Unterdrückung auszugestalten.

Eine solche Arbeitsteilung nun ist auch durch die *Zweigeschlechtlichkeit* der Menschen gegeben. Sie schließt von vornherein einen Teil, die Frau, zufolge ihrer Körperbeschaffenheit von bestimmten Leistungen aus, während es anderseits gewisse Arbeiten gibt, die man Männern nicht zuweist, weil sie ihnen ihrer besseren Verwendbarkeit wegen nicht eigentlich gelegen sind. Diese Arbeitsteilung wäre nach einem ganz unvoreingenommenen Maßstab durchzuführen und, soweit die Frauenbewegung in der Hitze des Gefechtes den Bogen nicht überspannt, hat sie auch die Logik dieses Gesichtspunktes in sich aufgenommen. Sie ist weit davon entfernt, die Frau zu entweiblichen oder die natürlichen Beziehungen von Mann und Frau zu den für sie geeigneten Arbeitsgelegenheiten zu zerstören. Im Lauf der menschlichen Entwicklung hat sich die Arbeitsteilung so gestaltet, dass die Frau einen Teil jener Arbeiten übernimmt, die sonst auch den Mann beschäftigen würden, wofür Letzterer wieder in der Lage ist, seine Kräfte nutzbarer zu verwerten. Diese Arbeitsteilung kann nicht unvernünftig genannt werden, solange dadurch nicht Arbeitskräfte brachgelegt sind und mit geistigen und körperlichen Kräften Missbrauch getrieben wird.

2. Der Vorrang des Mannes in der heutigen Kultur. Durch die Entwicklung der Kultur in der Richtung des Machtstrebens, insbesondere durch die Anstrengungen gewisser Einzelpersonen oder Schichten, die sich Privilegien sichern wollten, ist die Arbeitsteilung in besondere Bahnen gelenkt worden, die heute noch vorherrschen und bewirken, dass die menschliche Kultur durch die überragende Bedeutung des Mannes charakterisiert ist. Die Arbeitsteilung ist von der Art, dass der privilegierten Gruppe, den Männern, Vorrechte gesichert sind und dass diese infolge ihrer Vormachtstellung auf die Stellung der Frau in der Arbeitsteilung im Produktionsprozess in ihrem Sinne, zu ihrem Vorteil Einfluss nehmen, indem sie ihr den Kreis ihres Lebens vorzeichnen und in der Lage sind, die ihnen genehmen Formen des Lebens durchzusetzen, Formen des Lebens für die Frau zu bestimmen, die in erster Linie diesem männlichen Gesichtspunkt gehorchen.

Wie die Dinge bis jetzt liegen, besteht ein fortwährendes Streben nach Überlegenheit über die Frau auf Seite des Mannes und dementsprechend eine stete Unzufriedenheit mit den männlichen Privilegien auf Seite der Frau. Bei der engen Zusammengehörigkeit beider Geschlechter ist es begreiflich, dass eine derartige Spannung, eine stete Erschütterung ihrer psychischen Harmonie zu weitgehenden Störungen führt, woraus eine allgemeine Psyche resultiert, die von beiden Teilen des Menschengeschlechtes als außerordentlich qualvoll empfunden werden muss.

Alle unsere Einrichtungen, traditionellen Festlegungen, Gesetze, Sitten und Gebräuche geben Zeugnis von der privilegierten Stellung des Mannes, nach der sie gerichtet und von der sie festgehalten sind. Sie dringen bis in die Kinderstube und nehmen ungeheuren Einfluss auf die kindliche Seele. Wir können wohl das Verständnis des Kindes für diese Zusammenhänge nicht hoch anschlagen, müssen aber seinen Gefühlsinhalt als außerordentlich tief fundiert empfinden. Und wenn Erscheinungen, wie z. B. der Fall eines Knaben, der das Ansinnen, Mädchenkleider anzulegen mit heftigen Wutanfällen beantwortete, zutage treten, haben wir Grund genug, diesen Zusammenhängen nachzugehen. Dies führt uns wieder von einer andern Seite zur Betrachtung des Strebens nach Macht.

Hat das Geltungsstreben des Knaben einen bestimmten Grad erreicht, so wird es mit Vorliebe jenen Weg nehmen, der dem Knaben durch die Privilegien der Männlichkeit, die er überall wahrnimmt, gewährleistet erscheinen. Es wurde bereits erwähnt, dass gerade die heutige Familienerziehung nur zu geeignet ist, das Streben nach Macht und damit die Neigung, männliche Privilegien höher zu schätzen und ebenfalls anzustreben, zu fördern. Denn meist ist es der Mann, der Vater, der dem Kind als Symbol der Macht entgegentritt. Er erregt mit seinem rätselhaften Kommen und Gehen viel mehr das Interesse des Kindes als die Mutter. Sehr bald merkt es die überragende Rolle, die der Vater innehat, der den Ton angibt, Anordnungen trifft, alles leitet; es sieht, wie sich alle seinen Befehlen unterwerfen und wie sich die Mutter stets auf ihn beruft. In jeder Hinsicht erscheint der Mann dem Kind als der Starke und Mächtige. Es gibt Kinder, denen der Vater so sehr maßgebend erscheint, dass sie glauben, alles müsse heilig sein, was er sagt und die zur Bekräftigung ihrer Behauptungen oft nur erwidern, der Vater habe es gesagt. Selbst wo der väterliche Einfluss nicht so deutlich hervortritt, werden Kinder den Eindruck von der väterlichen Überlegenheit bekommen, weil ja doch die ganze Last der Familie auf dem Vater zu ruhen scheint, während in Wirklichkeit erst die Arbeitsteilung dem Vater die Möglichkeit gibt, seine Kräfte besser zu verwerten.

Hinsichtlich des historischen Ursprunges der männlichen Vormachtstellung muss darauf hingewiesen werden, dass dieselbe nicht als eine natürliche Tatsache in Erscheinung getreten ist. Darauf deutet schon der Umstand hin, dass erst eine Anzahl von Gesetzen geschaffen werden mussten, um die Herrschaft des Mannes sicherzustellen. Das weist gleichzeitig darauf hin, dass es vor der gesetzlichen Festlegung der männlichen Vormachtstellung andere Zeiten gegeben haben muss, in der das männliche Privileg keine so sichere Sache war. Diese Zeit ist in der Tat historisch nachgewiesen. Es war die Zeit des *Mutterrechtes*, die Zeit, wo es die Mutter war, die Frau, die im Leben die bedeutendere Rolle gespielt hat, vor allem dem Kind gegenüber, dem alle Männer des Stammes in einer Art Verpflichtung gegenüberstanden. Darauf weisen heute noch gewisse Sitten und Gebräuche hin, wie z. B. die scherzhafte Übung, dem Kind gegenüber jeden Mann als Onkel oder Vetter zu bezeichnen. Dem Übergang vom Mutter- zum Vaterrecht ist ein gewaltiger Kampf vorausgegangen, der beweist, dass der Mann die Vorrechte, die er heute gern als ihm von Natur aus zukommend bezeichnet, durchaus nicht von Anfang an besessen hat[1], sondern darum kämpfen musste. Der Sieg des Mannes war gleichbedeutend mit der Unterjochung der Frau und es sind besonders die Einzeichnungen im Werdegang der Gesetzgebung, die von diesem Unterjochungsprozess ein beredtes Zeugnis ablegen.

Eine natürliche Angelegenheit ist demnach die männliche Vormachtstellung nicht gewesen. Es sind Anzeichen vorhanden, dass sie sich erst im Verlauf fortwährender

1 Eine gute ausführliche Schilderung dieses Entwicklungsganges findet sich bei *August Bebel*, Die Frau und der Sozialismus.

Kämpfe mit den Nachbarvölkern als notwendig herausstellte, in denen dem Mann eine bedeutende Rolle zufiel, die er schließlich dazu benutzte, um die Führung endgültig an sich zu reißen. Hand in Hand mit dieser Entwicklung ging die Entwicklung des *Privateigentums* und des Erbrechtes, die insofern zu einer Grundlage der männlichen Vormachtstellung ausgebaut wurden, als in der Regel der Mann der erwerbende und besitzende Teil ist.

Für das heranwachsende Kind ist es nicht nötig, Bücher über dieses Thema zu lesen. Auch wenn es nichts von diesen Dingen weiß, spürt es die Wirkung der Tatsache, dass der Mann der erwerbende und bevorrechtete Teil ist, auch wenn einsichtige Väter und Mütter gern bereit sind, auf die aus alter Zeit überlieferten Privilegien zugunsten einer Gleichberechtigung zu verzichten. Es ist überaus schwer, dem Kind klarzumachen, dass die Mutter, die die häuslichen Leistungen vollzieht, ein dem Mann gleichberechtigter Partner sei. Man stelle sich vor, was es für einen Knaben bedeutet, wenn ihm von seinem ersten Tage angefangen, überall der Vorrang des Mannes vor Augen tritt. Schon bei der Geburt wird er viel freudiger aufgenommen als ein Mädchen und als Prinz gefeiert. Es ist eine allbekannte und allzu häufige Erscheinung, dass Eltern sich lieber wünschen, Knaben zu bekommen. Der Knabe bekommt es auf Schritt und Tritt zu spüren, wie er als männlicher Spross bevorzugt und in seinem Wert höher angesetzt wird. Verschiedene an ihn gerichtete oder gelegentlich von ihm aufgefangene Worte legen ihm immer wieder die größere Wichtigkeit der männlichen Rolle nahe. Die Überlegenheit des männlichen Prinzips tritt ihm auch in der Form entgegen, dass die weiblichen Hausgenossen zu den geringer geschätzten Arbeiten verwendet werden und dass schließlich auch Frauen aus der Umgebung des Kindes nicht immer in der Überzeugtheit von ihrer Gleichwertigkeit mit dem Manne dahinleben. Sie spielen meist eine als untergeordnet und minderwertig hingestellte Rolle. Die für die Frau so wichtige Frage, die sie vor jeder Ehe an den Mann zu stellen hätte: Wie stellst du dich zum überragenden männlichen Prinzip in der Kultur, insbesondere im Rahmen der Familie? wird meist während des ganzen Lebens nicht entschieden. Die Folge ist im einen Fall ein stärkerer Ausdruck für das Streben nach Gleichstellung mit dem Mann, in anderen Fällen eine Art Resignation in verschiedener Stärke. Auf der andern Seite steht der Mann, der Vater, der selbst als Knabe in der Überzeugtheit aufgewachsen ist, dass er als Mann die wichtigere Rolle zu spielen hat und in dieser Überzeugtheit eine Art Verpflichtung empfindet, der zufolge er die an ihn herantretenden Fragen des Lebens und der Gemeinschaft immer zugunsten des männlichen Privilegs beantwortet.

Alle die Situationen, die sich aus diesem Verhältnis ergeben, erlebt das Kind mit. Ihm ergeben sich daraus über die Wesenheit der Frau eine Unzahl von Bildern und Ansichten, bei denen im Allgemeinen die Frau schlecht abschneidet. Die seelische Entwicklung des Knaben bekommt auf diese Weise einen männlichen Einschlag. Was er in seinem Streben nach Macht als anstrebenswertes Ziel empfinden kann, sind fast ausnahmslos männliche Eigenschaften und Stellungsnahmen. Aus den geschilderten Machtverhältnissen erwächst eine Art männlicher Tugend, die selbst ganz auf diesen Ursprung hinweist. Gewisse Charakterzüge gelten als »männlich«, andere als »weiblich«, ohne dass irgendwelche Grundtatsachen zu diesen Wertungen berechtigen. Denn wenn wir den Seelenzustand von Knaben und Mädchen vergleichen und dabei scheinbar eine Bestätigung zugunsten dieser Klassifizierung finden, können wir nicht von natürlichen Tatsachen sprechen, sondern diese Erscheinungen konstatieren wir bei Menschen, die schon in einem bestimmten Rahmen eingespannt sind, deren Lebensplan, deren Leitlinie durch einseitige Machturteile bereits eingeengt ist. Diese Machtverhältnisse haben ihnen den Platz, auf dem sie ihre Entwicklung zu suchen haben, in zwingender Weise zugewiesen. Die Unterscheidung von männlichen und weiblichen Charakterzügen ist also nicht gerechtfertigt. Wir werden sehen, wie beiderlei Züge den Forderungen des Machtstrebens genügen können, dass man auch mit »weiblichen« Mitteln, z. B. mit Gehorsam und Unterwerfung, Macht auszuüben imstande ist. Durch die Vorteile, deren sich ein gehorsames Kind erfreut, kann es unter Umständen viel stärker in den Vordergrund rücken als ein ungehorsames, obwohl in beiden Fällen das Streben nach Macht am Werke ist. Unsere Einsicht in das Seelenleben eines Menschen ist oft dadurch erschwert, dass das Machtstreben zu den verschiedensten Charakterzügen greift, um sich durchzusetzen.

Wird der Knabe älter, so wird ihm die Bedeutung seiner Männlichkeit fast zur Pflicht gemacht. Sein Ehrgeiz, sein Streben nach Macht und Überlegenheit verbindet sich vollends, wird geradezu identisch mit der Verpflichtung zur Männlichkeit. Vielen der Kinder, die nach Macht streben, genügt es nicht, das Bewusstsein der Männlichkeit bloß in sich zu tragen, sie wollen auch immer zeigen und beweisen, dass sie Männer sind und daher Privilegien haben müssen, indem sie sich einerseits immer auszuzeichnen versuchen und dabei ihre männlichen Charakterzüge übertreiben, anderseits der weiblichen Umgebung gegenüber nach der Art aller Tyrannen versuchen, je nach dem Grad der Widerstände, auf sie zu stoßen, ihre Überlegenheit darzutun, entweder durch Trotz oder wilde Empörung, oder durch listige Verschlagenheit.

Da jeder Mensch an dem idealen Maß der privilegierten Männlichkeit gemessen wird, ist es kein Wunder, dass man den Knaben dieses Maß immer vorhält und dass er sich schließlich selbst daran misst, sich immer fragt und beobachtet, ob sein Lebensgang auch immer männlich, ob er selbst schon genügend männlich sei u. dgl. Was alles heutzutage unter »männlich« vorgestellt wird, ist bekannt. Vor allem etwas rein Egoistisches, etwas, was die Eigenliebe befriedigt, also Überlegenheit, das Hervorragen über andere, all dies unter Zuhilfenahme von aktiv scheinenden Charakterzügen, wie Mut, Stärke, Stolz, Erringung von Siegen aller Art, besonders über Frauen, Erlangung von Ämtern, Würden und Titeln, der Hang, sich gegen »weibliche« Regungen abzuhärten u. dgl. mehr. Es ist ein fortwährendes Ringen um die persönliche Überlegenheit, weil es als männlich gilt, überlegen zu sein.

Auf diese Weise wird der Knabe Züge annehmen, für die er die Vorbilder natürlich nur bei erwachsenen Männern, vor allem beim Vater, entlehnen kann. Überall kann man die Spuren dieses künstlich gezüchteten Größenwahns verfolgen. Der Knabe wird frühzeitig verleitet darauf auszugehen, sich Übermaß an Macht und Privilegien zu sichern. Diese bedeuten ihm so viel wie »Männlichkeit«. Sie artet in schlimmen Fällen oft zu den bekannten Erscheinungen von Rohheit und Brutalität aus.

Die Vorteile, die männliches Wesen vielfach bietet, bedeuten eine große Verlockung. Es darf uns nicht wundernehmen, wenn wir auch bei Mädchen häufig finden, dass sie als Leitlinie ein männliches Ideal in sich tragen, entweder als eine unerfüllbare Sehnsucht oder als Maßstab für die Beurteilung ihres Verhaltens, oder als eine Art und Weise aufzutreten und zu wirken (Kant: »In der Kultur wird jede Frau ein Mann sein wollen«). Dazu gehören jene Mädchen, die in unbezähmbarem Drang gerade solche Spiele und Betätigungen bevorzugen, die der körperlichen Eignung nach eher für Knaben taugen würden. So klettern sie z. B. auf alle Bäume hinauf, treiben sich gern in Knabengesellschaft herum und lehnen alle weiblichen Arbeiten wie eine Schande ab. Überhaupt finden sie nur in männlicher Betätigung Befriedigung. Alle diese Erscheinungen sind als von der Bevorzugung der Männlichkeit ausgehend zu verstehen. Wir sehen hier deutlich, wie das Ringen um eine hervorragende Position, wie das Streben nach Überlegenheit sich mehr auf den Schein erstreckt als auf die Wirklichkeit und auf die tatsächliche Stellung im Leben.

3. Das Vorurteil von der Minderwertigkeit der Frau. Zur Rechtfertigung seiner Vormachtstellung wird vonseiten des Mannes außer dem Argument, dass ihm seine Stellung schon von Natur aus zukomme, meist noch angeführt, dass die Frau ein minderwertiges Wesen sei. Die Ansicht von der Minderwertigkeit der Frau ist so weit verbreitet, dass es den Anschein hat, als wäre sie Gemeingut aller Menschen. Hand in Hand damit geht eine gewisse Unruhe des Mannes, die noch aus der Zeit des Kampfes gegen das Mutterrecht herrühren dürfte, wo ja die Frau tatsächlich ein Moment der Beunruhigung für den Mann darstellte. Wir stoßen nämlich in Geschichte und Literatur jeden Augenblick auf Hinweise dieser Art. So sagt ein römischer Schriftsteller: »mulier est hominis confusio«. Auf geistlichen Konzilien wurde lebhaft die Frage besprochen, ob die Frau eine Seele habe, es wurden gelehrte Abhandlungen über die Frage geschrieben, ob sie überhaupt ein Mensch sei. Die jahrhundertelange Dauer des Hexenwahns mit seinen Hexenverbrennungen legen ein trauriges Zeugnis ab von den Irrtümern, von der gewaltigen Unsicherheit und Verwirrung jener Zeit in dieser Frage. Oft wird die Frau als Ursache alles Unheils in der Welt hingestellt, so in der biblischen Darstellung der Erbsünde oder in der Iliade Homers, in der erzählt wird, wie das Wesen einer Frau genügt hat, um ganze Völker ins Unglück zu stürzen. Sagen und Märchen aller Zeiten enthalten Hinweise auf die moralische Minderwertigkeit der Frau, auf ihre Verworfenheit, Bosheit, Falschheit, Unbeständigkeit und Unverlässlichkeit. »Weiblicher Leichtsinn« wird sogar als Argument in Gesetzesbegründungen angeführt. Ebenso wird die Frau bezüglich ihrer Tüchtigkeit, ihrer Leistungsfähigkeit herabgesetzt. Redensarten, Anekdoten, Sprichwörter und Witze aller Völker sind voll herabsetzender Kritik der Frau, der Streitsucht, Unpünktlichkeit, Kleinlichkeit, Dummheit (Lange Röcke, kurzer Sinn) vorgeworfen wird. Ein ungeheurer Scharfsinn wird aufgebracht, um den Beweis der Minderwertigkeit des Weibes zu führen, und die Reihe dieser Menschen – man denke an Strindberg, Moebius, Schopenhauer, Weininger – wird sogar durch eine nicht unbeträchtliche Anzahl von Frauen vermehrt, die in ihrer Resignation dazu gelangten, die Auffassung von der Minderwertigkeit der Frau und der ihr zukommenden untergeordneten Rolle zu teilen. Auch in der Bezahlung der Frauenarbeit, die, unbekümmert darum, ob sie mit Männerarbeit gleichwertig ist oder nicht, weit niedriger gehalten ist als Männerarbeit, kommt die Geringschätzung der Frau zum Ausdruck.

Bei der Vergleichung der Ergebnisse von Begabtenprüfungen hat man nun tatsächlich gefunden, dass für bestimmte Gegenstände, z. B. Mathematik, die Knaben mehr Begabung aufweisen, für andere, z. B. für Sprachen, die Mädchen. Es hat sich gezeigt, dass Knaben in der Tat für solche Gegenstände, die für Männerberufe vorbereiten sollen, mehr Begabung zeigen als Mädchen. Das spricht aber nur scheinbar für ihre größere Begabung. Betrachtet man die Situation der Mädchen genauer, so stellt sich heraus, dass die Geschichte von der geringeren Fähigkeit der Frau eine Fabel ist, eine Lüge, die wie eine Wahrheit aussieht.

Ein Mädchen bekommt auf Schritt und Tritt, sozusagen täglich, und in allen Variationen zu hören, dass Mädchen unfähig seien und nur zu leichteren, untergeordneten Arbeiten geeignet. Es ist nur naheliegend, dass ein Mädchen bei seinem kindlichen Unvermögen, solche Urteile auf ihre Richtigkeit zu prüfen, die weibliche Unfähigkeit als ein unabänderliches Schicksal der Frau betrachten und schließlich selbst an die eigene Unfähigkeit glauben wird. Entmutigt, bringt es dann solchen Fächern – wenn es überhaupt damit je zu tun bekommt – schon von vornherein nicht mehr das nötige Interesse entgegen oder verliert es. So fehlt ihr die äußere und innere Vorbereitung.

Unter solchen Umständen muss natürlich der Beweis der Unfähigkeit der Frau scheinbar stimmen. Dieser Irrtum hat zwei Ursachen. Er wird dadurch gefördert, dass man – vielfach auf einseitige, rein egoistische Beweggründe gestützt – den Wert des Menschen immer noch nach seinen, von einem geschäftlichen Standpunkt aus berechneten Leistungen beurteilt, von welchem Standpunkt aus man es freilich unterlassen kann, der Frage nachzugehen, inwiefern Leistungen und Leistungsfähigkeit mit seelischer Entwicklung zusammenhängen. Würde man derselben allgemein mehr Beachtung schenken, dann käme man auch der andern Hauptursache auf die Spur, welcher der Irrtum von der geringeren Leistungsfähigkeit der Frau sehr viel von seinem Dasein verdankt. Es wird vielfach übersehen, dass dem Mädchen seit seiner Kindheit die ganze Welt mit einem Vorurteil in den Ohren liegt, das nur geeignet ist, den Glauben an seinen Wert, sein Selbstvertrauen zu erschüttern und seine Hoffnung, je etwas Tüchtiges zu leisten, zu untergraben. Wenn es darin nichts als nur bestärkt wird, wenn es sieht, wie Frauen nur untergeordnete Rollen zugewiesen sind, dann ist es begreiflich, wenn es den Mut verliert, nicht mehr recht zugreifen will und schließlich vor den Aufgaben des Lebens zurückschreckt. *Dann* freilich ist sie untauglich und unbrauchbar. Wenn wir aber einem Menschen gegenübertreten und ihm den Respekt einzuflößen verstehen, der der Stimme der Gesamtheit zukommt, und wenn wir ihm alle Hoffnung absprechen, dass er es zu etwas bringen könne, wenn wir auf diese Weise seinen Mut untergraben und dann finden, dass er nichts leistet, dann dürfen wir nicht sagen, dass wir recht gehabt haben, sondern müssen eingestehen, dass *wir* das ganze Unglück verschuldet haben.

Leicht ist es also in unserer Kultur für ein Mädchen nicht, Selbstvertrauen und Mut zu bewahren. Übrigens hat sich bei den Begabtenprüfungen selbst die merkwürdige Tatsache herausgestellt, dass eine bestimmte Gruppe von Mädchen, solche im Alter von 14 bis 18 Jahren, eine Begabung aufwiesen, die jener aller andern Gruppen, auch der Knaben überlegen war. Nachforschungen ergaben, dass es lauter Mädchen aus Familien waren, wo auch die Frau, die Mutter, oder nur sie allein einen selbständigen Beruf hatte. Das bedeutet, dass diese Mädchen zu Hause in einer Situation waren, wo sie das Vorurteil von der geringeren Leistungsfähigkeit der Frau nicht oder nur in geringerem Grade zu spüren bekamen, weil sie insbesondere selbst sahen, wie sich die Mutter durch ihre Tüchtigkeit fortbrachte. Sie konnten sich demnach viel freier und selbständiger entwickeln, fast unbeeinflusst von allen Hemmungen, die mit diesem Vorurteil verknüpft sind.

Ein weiteres Argument gegen dieses Vorurteil ist die nicht geringe Zahl von Frauen, die auf den verschiedensten Gebieten besonders der Literatur, Kunst, Technik und Medizin Hervorragendes geleistet haben, die hier Leistungen erbracht haben, die denen von Männern völlig ebenbürtig gegenüberstehen. Übrigens ist die Zahl der Männer, die nicht nur keine Leistungen aufweisen, sondern einen hohen Grad von Unfähigkeit, so groß, dass man mit der gleichen Anzahl von Beweisen, natürlich mit demselben Unrecht, ein Vorurteil von der Minderwertigkeit der Männer vertreten könnte.

Eine von schweren Folgen begleitete Erscheinung ist der bereits erwähnte Umstand, dass dieses Vorurteil von der Minderwertigkeit alles Weiblichen zu einer eigenartigen Zweiteilung der Begriffe geführt hat, die sich in der Gepflogenheit äußert, die Begriffe von männlich – wertvoll – kräftig – siegreich einerseits, und die Begriffe weiblich – gehorsam – dienend – untergeordnet – schlechthin zu identifizieren. Diese Denkungsweise hat sich so tief im menschlichen Denken verankert, dass in unserer Kultur alles Vortreffliche einen männlichen Anstrich hat, während alles weniger Wertvolle und Abzulehnende als weiblich hingestellt wird. Bekanntlich gibt es Männer, denen man keine ärgere Beleidigung zufügen kann als die, weibisch zu sein, während aber männliches Wesen bei Mädchen nichts Abträgliches bedeutet. Immer fällt der Akzent so, dass alles, was an das Weib erinnert, als minderwertig dargestellt wird.

Erscheinungen, die vielfach so deutlich für dieses Vorurteil sprechen, sind also bei näherer Betrachtung nichts als Auswirkungen einer gehemmten seelischen Entwicklung. Wir wollen nicht behaupten, dass wir aus jedem Kind einen Menschen machen können, der im Sinne der landläufigen Ansicht als »begabt«, als in hohem Grade leistungsfähig gelten kann, wir würden uns aber immer die Fähigkeit zutrauen, aus ihm einen solchen Menschen zu machen der als *unbegabt* gelten wird. Wir haben das allerdings noch nie getan, wir wissen aber, dass es anderen gelungen ist. Und dass ein solches Schicksal heutzutage Mädchen häufiger trifft als Knaben, lässt sich leicht denken. Wir haben Gelegenheit gehabt, solche »unbegabte« Kinder zu sehen, die eines Tages als so begabt auftraten, als ob sie geradezu aus unbegabten in begabte Kinder verwandelt worden wären.

4. Die Flucht vor der Frauenrolle. Die Vordringlichkeit des Mannes hat in die seelische Entwicklung der Frau eine schwere Störung gebracht, die eine fast allgemeine Unzufriedenheit derselben mit ihrer Rolle zur Folge hat. Das Seelenleben der Frau bewegt sich in den gleichen Bahnen und unter denselben Voraussetzungen wie das aller Menschen, die aus ihrer Position heraus ein starkes Minderwertigkeitsgefühl beziehen. Bei der seelischen Entwicklung der Frau kommt nun als erschwerendes Moment das Vorurteil ihrer vermeintlichen natürlichen Minderwertigkeit hinzu. Wenn dennoch eine große Zahl von Mädchen halbwegs einen Ausgleich finden, so verdanken sie das ihrer Charakterbildung, ihrer Intelligenz und eventuell noch gewissen Privilegien, die aber bloß zeigen, wie ein Fehler sofort andere im Gefolge hat. Solche Privilegien sind Enthebungen, Luxus, Galanterien, die wenigstens den Schein einer Bevorzugung haben, indem sie eine Hochachtung der Frau vortäuschen und schließlich gewisse Idealisierungen, die letzten Endes doch wieder darauf hinauslaufen, das Ideal einer Frau zu schaffen, das eigentlich zum Vorteil des Mannes geschaffen wurde. Eine Frau bemerkte einst treffend: Die Tugend der Frau ist eine gute Erfindung des Mannes.

Im Kampf gegen die Frauenrolle lassen sich im Allgemeinen zwei Typen von Frauen unterscheiden. Der eine Typus wurde bereits gestreift. Es sind jene Mädchen, die sich nach einer aktiven, »männlichen« Richtung hin entwickeln. Sie werden außerordentlich energisch, ehrgeizig und ringen nach der Palme. Sie versuchen ihre Brüder und männlichen Kameraden zu übertreffen, wenden sich mit Vorliebe Beschäftigungen zu, die dem männlichen Geschlecht vorbehalten sind, betreiben allerhand Sport u. dgl. Oft wehren sie sich auch gegen die Beziehungen der Liebe und Ehe. Treten sie in eine solche Beziehung ein, dann stören sie dieselbe durch ihr Bestreben, auch hier immer der herrschende, jener Partner zu sein, der dem andern irgendwie überlegen ist. Gegen alle Angelegenheiten der Haushaltung bekunden sie eine ungeheure Abneigung, entweder direkt, indem sie dieselbe ganz offen aussprechen, oder indirekt, indem sie sich jedes Talent dazu absprechen und zuweilen auch den Beweis zu erbringen suchen, dass sie zu Arbeiten des Haushaltes nicht die Fähigkeit hätten.

Das ist der Typus, der mit einer Art Männlichkeit das Übel gutzumachen sucht. Die Abwehrstellung gegen die Frauenrolle ist ein Grundzug ihres ganzen Wesens. Zuweilen wendet man auf sie den Ausdruck »Mannweiber« an. Demselben liegt aber eine irrige Auffassung zugrunde, der zufolge manche annehmen, dass bei solchen Mädchen ein angeborener Faktor, eine männliche Substanz vorhanden sei, die sie zu einer derartigen Einstellung zwingt. Die ganze Kulturgeschichte zeigt uns aber, dass die Bedrückung der Frau und die Einschränkungen, denen sie heute noch unterworfen ist, für einen Menschen unerträglich sind und ihn zur Revolte drängen. Wenn dieselbe eine Richtung annimmt, die man als »männliche« empfindet, so hat das darin seinen Grund, dass es eben nur zwei Möglichkeiten gibt, sich in dieser Welt zurechtzufinden, entweder nach der ideal gefassten Art einer Frau oder der eines Mannes. Jedes Herausrücken aus der Frauenrolle muss daher als männlich erscheinen und umgekehrt. Nicht aber deshalb, weil hier geheimnisvolle Substanzen eine Rolle spielen, sondern weil das räumlich und psychisch nicht anders möglich ist. Man muss daher die Schwierigkeiten im Auge behalten, unter denen sich die seelische Entwicklung von Mädchen vollzieht, so dass wir eine vollständige Versöhnung mit dem Leben, mit den Tatsachen unserer Kultur und den Formen unseres Zusammenlebens bei der Frau so lange nicht erwarten dürfen, als ihr nicht die Gleichberechtigung mit dem Mann gewährt ist.

Zum anderen Typus von Frauen gehören jene, die mit einer Art Resignation durchs Leben gehen und einen unglaublichen Grad von Anpassung, Gehorsam und Demut an den Tag legen. Sie fügen sich scheinbar überall ein, fassen auch überall an, legen aber dabei eine derartige Ungeschicklichkeit und Borniertheit an den Tag, dass sie nichts vorwärtsbringen und man Verdacht schöpfen muss. Oder sie produzieren nervöse Symptome, präsentieren so recht ihre Schwäche und Berücksichtigungswürdigkeit, wodurch sie gleichzeitig zeigen, wie eine solche Dressur, eine derartige Vergewaltigung in der Regel durch ein nervöses Leiden bestraft wird und für ein Leben in der Gesellschaft unfähig macht. Sie sind die besten Menschen von der Welt, aber leider krank und können den an sie gestellten Anforderungen nicht genügen. Die Zufriedenheit ihrer Umgebung können sie auf die Dauer nicht gewinnen. Ihrer Unterwerfung, ihrer Demut und Selbsteinschränkung liegt dieselbe Revolte zugrunde, wie beim erstgenannten Typus, die deutlich zu sagen scheint: Das ist doch kein freudvolles Leben.

Ein dritter Typus scheinen jene zu sein, die die Frauenrolle zwar nicht ablehnen, aber dennoch das quälende Bewusstsein in sich tragen, dass sie als minderwertige Wesen verurteilt seien, eine untergeordnete Rolle zu spielen. Sie sind völlig von der Minderwertigkeit der Frau überzeugt, sowie davon, dass nur der Mann allein zu tüchtigeren Leistungen berufen sei. Sie befürworten daher auch seine privilegierte Stellung. Damit verstärken sie den Chor der Stimmen, die nur dem Manne alle Leistungsfähigkeit zusprechen und eine Sonderstellung für ihn verlangen. Das

Gefühl ihrer Schwäche zeigen sie so deutlich, als ob sie geradezu eine Anerkennung dafür suchen und eine Stütze verlangen wollten. Aber auch diese Haltung ist der Ausbruch der altvorbereiteten Revolte, der sich oft dadurch manifestiert, dass die Frau in der Ehe Aufgaben, die sie selbst vollführen sollte, ununterbrochen auf den Mann überwälzt mit dem freimütigen Bekenntnis, das könne nur ein Mann leisten.

Mit Rücksicht darauf, dass eine der wichtigsten und zugleich schwierigsten Aufgaben des Lebens, die Erziehung, trotz des vorherrschenden Vorurteils von der Minderwertigkeit der Frau, dennoch zum weitaus größten Teil der Frau überlassen ist, wollen wir uns auch ein Bild davon machen, wie diese Typen als Erzieher dastehen. Hierbei können wir die Unterschiede noch weiter ausgestalten. Der erste Typus mit seiner männlichen Einstellung zum Leben wird tyrannisch schalten und walten, mit lautem Geschrei mit ununterbrochenem Strafvollzug beschäftigt sein und auf diese Weise einen starken Druck auf die Kinder ausüben, dem sich diese natürlich zu entziehen trachten. Was dabei im besten Fall erreicht wird, ist höchstens eine Dressur, der keinerlei Wert zukommt. Der Eindruck bei den Kindern ist gewöhnlich der, dass sie solche Mütter doch eigentlich als unfähige Erzieher empfinden. Der Lärm, das große Gepolter und Getue wirkt überaus schlecht und es besteht die Gefahr, dass Mädchen zur Nachahmung angeeifert, Knaben dagegen mit dauerndem Schreck für ihr weiteres Leben erfüllt werden. Unter den Männern, die unter der Herrschaft einer solchen Mutter gestanden sind, finden sich auffällig viele, die der Frau in einem großen Bogen ausweichen, als ob sie mit Bitterkeit schon vorgeimpft wären und einem weiblichen Wesen keinerlei Vertrauen mehr entgegenbringen könnten. So kommt es zu einer dauernden Entzweiung zwischen den Geschlechtern, die wir dann schon deutlich als pathologisch empfinden, obwohl es auch dann noch welche gibt, die von einer »schlechten Verteilung männlicher und weiblicher Substanz« faseln.

Die beiden andern Typen sind als Erzieher ebenso unfruchtbar. Sie legen entweder eine so skeptische Art an den Tag, dass die Kinder dem Mangel an Selbstvertrauen bald auf die Spur kommen und der Mutter über den Kopf wachsen. Diese erneuert wohl immer wieder ihre Versuche, ermahnt fortwährend und droht zuweilen auch, sie werde es dem Vater sagen. Dadurch aber, dass sie immer nach dem männlichen Erzieher ausblickt, verrät sie wieder, dass sie an einen günstigen Erfolg ihrer erzieherischen Tätigkeit nicht glaubt. Und so hat sie auch in der Erziehung die Rückzugslinie im Auge, als ob es ihre Aufgabe wäre, ihren Standpunkt zu rechtfertigen, dass nämlich der Mann allein tüchtig und daher auch in der Erziehung unentbehrlich sei. Oder diese Frauen lehnen in dem Gefühl, nichts zu können, eine erzieherische Tätigkeit überhaupt ab und überwälzen so die Verantwortung dafür auf den Mann, auf Gouvernanten u. dgl.

Noch krasser tritt die Unzufriedenheit mit der Frauenrolle bei Mädchen hervor, die sich aus besonderen, »höheren« Gründen in der Weise vom Leben zurückziehen, dass sie z. B. in ein Kloster eintreten oder einen Beruf ergreifen, der mit dem Zölibat verbunden ist. Auch sie gehören zu jenen, die in ihrer Unversöhntheit mit der Frauenrolle eigentlich darangehen, die Vorbereitungen für ihren eigentlichen Beruf aufzugeben. Man kann auch finden, dass das

Streben vieler Mädchen, recht bald in einen Beruf zu kommen, darin seine Ursache hat, dass ihnen die damit verbundene Selbständigkeit als ein Schutz dagegen erscheint, um nicht so leicht der Ehe überantwortet zu werden. Auch in dieser Stellungsnahme erweist sich wieder die Abneigung gegen die traditionelle Art der Frauenrolle als treibender Faktor.

Selbst dort, wo es zu einer Ehe kommt, wo man daher meinen sollte, dass sie diese Rolle willig aufgenommen habe, zeigt es sich oft, dass eine Eheschließung durchaus nicht immer als ein Beweis für die Ausgesöhntheit mit der Frauenrolle gelten darf. Typisch ist hier das Beispiel einer jetzt ungefähr 36-jährigen Frau. Sie erscheint mit Klagen über verschiedene nervöse Beschwerden. Sie war das ältere Kind aus einer Ehe zwischen einem alternden Mann und einer sehr herrschsüchtigen Frau. Schon der Umstand, dass die Mutter, ein sehr schönes Mädchen, einen alternden Mann genommen hatte, legt die Vermutung nahe, dass schon bei dieser Ehe Bedenken gegen die Frauenrolle mitgespielt und die Gattenwahl beeinflusst haben. Die Ehe der Eltern gestaltete sich nicht gut. Die Frau führte in schreiender Weise das Wort im Hause und setzte ihren Willen rücksichtslos durch. Der alte Mann war bei jeder Gelegenheit bald in die Ecke gedrängt. Die Tochter erzählt, wie ihre Mutter oft nicht einmal duldete, dass sich der Vater zuweilen auf einer Bank ausstreckte, um auszuruhen. Die Mutter war immer bestrebt, nach einem Prinzip, das sie sich zurechtgelegt hatte und das für alle als unverletzlich gelten musste, ihr Hauswesen zu führen.

Unsere Patientin wuchs als ein sehr fähiges Kind heran, das vom Vater sehr verzärtelt wurde. Die Mutter hingegen war mit ihr nie zufrieden und stets ihre Gegnerin. Als später noch ein Knabe hinzukam, dem die Mutter mit viel mehr Neigung gegenüberstand, wurde das Verhältnis vollends unerträglich. Das Mädchen, in dem Bewusstsein, im Vater eine Stütze zu haben, der, so lässig und nachgiebig er sonst war, recht heftigen Widerstand leisten konnte, wenn es sich um seine Tochter handelte, gelangte in dem hartnäckigen Kampfe mit der Mutter geradezu zu Hassgedanken. Ein beliebtes Angriffsobjekt für das Mädchen war hierbei die Reinlichkeit der Mutter, die ihre Pedanterie so weit auf die Spitze trieb, dass sie z. B. nicht duldete, dass die Hausgehilfin eine Türschnalle berührte, ohne sie nachher abzuwischen. Dem Mädchen machte es einen Spaß, immer recht schmierig und schlampig umherzugehen und alles zu beschmutzen. Überhaupt entfaltete sie lauter Eigenschaften, die das gerade Gegenteil von denen waren, die die Mutter erwartete. Dieser Umstand spricht sehr deutlich gegen die Annahme der angeborenen Charaktereigenschaften. Wenn das Kind nur solche Eigenschaften entwickelt, über die sich die Mutter zu Tode ärgern muss, so kann nur ein bewusster oder unbewusster Plan zugrunde liegen. Der Kampf dauert auch heute noch an und es gibt kaum eine heftigere Feindschaft als diese.

Als das Mädchen 8 Jahre alt war, herrschte ungefähr folgende Situation: der Vater immer auf Seite der Tochter, die Mutter immer mit einem strengen, bösen Gesicht, spitzen Bemerkungen und Vorwürfen, das Mädchen schnippisch, schlagfertig und mit einem unerhörten Witz, womit sie alle Bemühungen der Mutter lahmlegte. Erschwerend kam hinzu, dass der jüngere Bruder, der Liebling der Mutter und ebenfalls verzärtelt, an einem Herzklappenfehler erkrankte und dadurch bewirkte, dass sich die Sorge der Mutter um ihn noch intensiver gestaltete. Man beachte das sich fortwährend kreuzende Bemühen der Eltern um ihre Kinder. Unter solchen Verhältnissen wuchs das Mädchen heran.

Da ereignete es sich, dass sie an einem nervösen Leiden, das sich niemand erklären konnte, ernstlich zu erkranken schien. Das Leiden bestand darin, dass sie immer von bösen Gedanken gequält wurde, die sich gegen die Mutter richteten, und die zur Folge hatten, dass sie sich durch dieselben an allem behindert glaubte. Zum Schluss vertiefte sie sich plötzlich – ohne Erfolg – in die Religion. Nach einiger Zeit flauten diese Gedanken ab, was man irgendeinem Medikament zuschrieb; wahrscheinlich aber war die Mutter doch ein wenig in die Defensive gedrängt worden. Es blieb nur ein Rest übrig, der in einer auffallenden Gewitterangst zutage trat. Das Mädchen bildete sich ein, das Gewitter sei nur wegen ihres bösen Gewissens gekommen und werde eines Tages zu einem Unglück für sie werden, weil sie so schlechte Gedanken hatte. Man sieht, wie sich das Kind selbst schon bemüht, sich von seinem Hass gegen die Mutter zu befreien.

So ging die Entwicklung des Kindes weiter und es schien ihr schließlich doch eine schöne Zukunft zu winken. Einen besonderen Eindruck machte auf sie einmal der Ausspruch einer Lehrerin, die sagte, dieses Mädchen könne alles leisten, wenn sie nur wolle. An sich sind solche Worte unbedeutend, für dieses Mädchen aber bedeuteten sie: Wenn sie etwas *durchsetzen* wolle, so könne sie es auch. Diese Auffassung hatte nur eine weitere Begehrlichkeit im Kampfe gegen die Mutter zur Folge.

Es kam die Zeit der Pubertät, sie wuchs zu einem schönen Mädchen heran, wurde heiratsfähig und hatte viele Bewerber. Doch durch eine besondere Schärfe ihrer Zunge unterbrach sie immer wieder alle Möglichkeiten einer Beziehung. Nur einen alternden Mann gab es in ihrer Nähe, zu dem sie sich besonders hingezogen fühlte, so dass man stets fürchtete, sie könnte ihn heiraten. Aber auch dieser Mann ging nach einiger Zeit davon und das Mädchen blieb bis zu ihrem 26. Jahr ohne Bewerber. Das war in den Kreisen, denen sie angehörte, sehr auffallend und man konnte sich das nicht erklären, weil man die Geschichte dieses Mädchens nicht kannte. In dem harten Kampf, den sie seit ihrer Kindheit gegen die Mutter geführt hatte, war sie zu einem unverträglichen, zänkischen Wesen geworden. Kampf war ihre siegreiche Position. Durch das Verhalten der Mutter war das Mädchen gereizt und dazu gebracht worden, immer nach Triumphen zu jagen. Ein spitzer Zungenstreit war ihr das Liebste. Darin zeigte sich ihre Eitelkeit. Ihre »männliche« Einstellung tat sich auch darin kund, dass sie nur solche Spiele bevorzugte, wo es galt, einen Gegner zu besiegen.

Mit 26 Jahren lernte sie nun einen sehr ehrenwerten Mann kennen, der sich durch ihr streitsüchtiges Wesen nicht abhalten ließ und sich ernstlich um sie bewarb. Er gab sich sehr demütig und untertänig. Auf das Drängen ihrer Verwandten, ihn zum Manne zu nehmen, erklärte sie wiederholt, sie empfinde große Abneigung gegen ihn und eine Verbindung mit ihm könne nicht gut ausgehen. Bei ihrem Wesen war eine solche Voraussagung allerdings nicht schwer. Nach zweijährigem Widerstand gab sie endlich ihr Jawort, in der festen Überzeugung, an diesem Manne einen Sklaven gewonnen zu haben, mit dem sie machen könne, was sie wolle. Im Geheimen hatte sie gehofft, in ihm so etwas wie eine zweite Auflage ihres Vaters zu finden, der ihr in allem immer nachgegeben hatte.

Bald wurde ihr klar, dass sie sich geirrt hatte. Schon einige Tage nach der Hochzeit sah man den Mann mit seiner Pfeife im Zimmer sitzen und gemütlich die Zeitung lesen. Morgens verschwand er in seinem Büro, kam pünktlich zum Essen, brummte, wenn es noch nicht fertig war. Er verlangte Reinlichkeit, Zärtlichkeit, Pünktlichkeit, lauter, wie sie meinte, ungerechte Dinge, auf die sie nicht gefasst war. Das Verhältnis gestaltete sich nicht im Entferntesten so, wie es zwischen ihr und ihrem Vater bestanden hatte. Sie fiel aus allen ihren Träumen. Je mehr sie forderte, desto weniger kam der Mann ihren Wünschen nach und je mehr dieser auf ihre Hausfrauenrolle hinwies, desto weniger bekam er davon zu sehen. Dabei unterließ sie es nicht, ihn fortwährend daran zu erinnern, dass er zu solchen Forderungen eigentlich kein Recht habe, denn sie habe ihm ja ausdrücklich gesagt, dass sie ihn nicht gernhabe. Das machte aber auf ihn gar keinen Eindruck. Er stellte weiter seine Forderungen, mit einer Unerbittlichkeit, dass sie sich recht trübe Aussichten für die Zukunft machte. Der rechtliche, von Pflichtgefühl durchdrungene Mann, hatte in einem Rausche des Selbstvergessens um sie geworben, der bald verflogen war, als er sich in sicherem Besitz wähnte.

An der zwischen ihnen bestehenden Disharmonie änderte sich nichts, als sie Mutter wurde. Sie musste neue Pflichten übernehmen. Dabei wurde ihr Verhältnis zur Mutter, die energisch für den Schwiegersohn Partei nahm, immer schlechter. Da der ununterbrochene Krieg im Hause mit so schwerem Kaliber geführt wurde, war es nicht zu verwundern, wenn sich der Mann zuweilen unschön und rücksichtslos benahm und die Frau dadurch gelegentlich recht bekam. Das Benehmen des Mannes war eine Folge ihrer eigenen Unzugänglichkeit, ihrer Unausgesöhntheit mit der Frauenrolle. Sie hatte ursprünglich gedacht, sie werde dieselbe auf eine Art und Weise spielen können, dass sie immer als die Herrscherin dastand, etwa wie neben einem Sklaven durchs Leben wandeln werde, der ihr alle Wünsche zu erfüllen hätte. Dann wäre es vielleicht möglich gewesen.

Was sollte sie nun tun? Sollte sie sich scheiden lassen, zur Mutter zurückkehren und sich dort als besiegt erklären. Selbständig werden konnte sie nicht mehr, dazu war sie nicht vorbereitet. Eine Ehescheidung hätte eine Verletzung ihres Stolzes, ihrer Eitelkeit bedeutet. Das Leben war ihr eine Qual. Der Mann auf der einen Seite benörgelte alles, auf der andern Seite stand die Mutter mit ihrem schweren Geschütz und predigte immer nur Reinlichkeit und Ordnungsliebe.

Und plötzlich wurde sie reinlich und ordnungsliebend. Sie begann, den ganzen Tag über zu waschen und zu putzen. Sie schien endlich die Lehren, mit denen ihr die Mutter immer in den Ohren gelegen war, begriffen zu haben. Anfangs mag wohl die Mutter freundlich gelächelt und sich auch der Mann über die plötzlich hereingebrochene Ordnungsliebe der Frau, die ständig die Kästen ein- und ausräumte, einigermaßen gefreut haben. Man kann aber so etwas auch übertreiben; und das geschah in diesem Falle. Sie wusch und scheuerte so lange, bis im ganzen Haus kein Faden mehr hielt und legte dabei ihren Eifer in einer Weise an den Tag, dass jeder sie bei ihrem Ordnungmachen störte und ebenso sie jeden andern. Hatte sie etwas gewaschen und rührte es jemand an, dann musste es wieder abgewischt werden und *nur* sie konnte das tun.

Diese sog. *Waschkrankheit* ist eine außerordentlich häufige Erscheinung. Alle diese Frauen sind Kämpferinnen gegen die Frauenrolle, die auf diese Weise versuchen, in einer Art Vollkommenheit auf die andern herabzusehen, die sich nicht so oft im Tage waschen. Unbewusst gehen diese Bemühungen darauf aus, das Haus in die Luft zu sprengen. Dabei war aber selten bei einem Menschen so viel Schmutz zu sehen, wie gerade bei dieser Frau. Es war ihr eben nicht um die Reinlichkeit zu tun, sondern um die Störung, die sie verursachte.

Man könnte an einer Unzahl von Fällen zeigen, wie eine wirkliche Versöhntheit mit der Frauenrolle meist nur dem Schein nach besteht. Es passt nur zum Wesen dieser Frau, wenn man noch hört, dass sie überhaupt keine Freundin hat, mit keinem Menschen auskommt und keine Rücksichten kennt. Was uns die Kultur in der nächsten Zeit bringen muss, sind Wege der Mädchenerziehung, die eine bessere Versöhnung mit dem Leben zustande bringen. Denn wie wir heute diesen Fall besehen, ist diese Versöhnung selbst unter den günstigsten Umständen manchmal nicht zu erzielen. In unserer Kultur ist die Minderwertigkeit der Frau, obwohl real nicht bestehend und von allen einsichtigen Menschen geleugnet, noch immer gesetzlich und traditionell festgelegt. Dafür muss man stets ein offenes Auge bewahren, die ganze Technik dieses fehlerhaften Verhaltens unserer Gesellschaftsordnung erkennen und dagegen ankämpfen. Das alles aber nicht etwa aus einer krankhaft übertriebenen Verehrung der Frau, sondern weil solche Zustände unser gesellschaftliches Leben vernichten.

Noch eine Erscheinung soll in diesem Zusammenhang erwähnt werden, weil auch sie vielfach zum Anlass einer herabsetzenden Kritik der Frau genommen wird, das *gefährliche Alter*, dasselbe äußert sich um das 50. Lebensjahr herum in Erscheinungen und Veränderungen der Psyche im Sinne einer Verschärfung gewisser Charakterzüge. Physische Veränderungen bewirken, dasss sich der Frau der Gedanke aufzudrängen beginnt, jetzt sei die Zeit gekommen, wo sie den letzten Rest ihrer mühsam behaupteten, ohnehin geringen Geltung nunmehr völlig verlieren werde. Mit erhöhtem Kraftaufwand sucht sie alles, was ihr zur Erringung und Behauptung ihrer Stellung behilflich war, festzuhalten unter Bedingungen, die in dieser Zeit eine Verschärfung erfahren. Ist es in unserer heutigen Kultur dem herrschenden Leistungsprinzip zufolge für alternde Menschen überhaupt schlecht bestellt, so trifft dies für alternde Frauen in noch höherem Grade zu. Die Schädigung, die bei alternden Frauen darin besteht, dass man ihren Wert völlig untergräbt, trifft in einer anderen Form auch die Allgemeinheit insofern, als ja unser Leben doch nicht von einem Tag auf den andern zu berechnen und zu werten ist. Was einer in der Vollkraft seiner Jahre geleistet hat, müsste ihm für die Zeit, wo er an Kraft und Wirkung eingebüßt hat, gutgeschrieben werden. Es geht nicht an, einen Menschen, weil er alt ist, nunmehr von seinen seelischen und materiellen Bezügen einfach auszuschließen in einer Weise, die bei alten Frauen geradezu zu einer Beschimpfung ausartet. Man möge sich vorstellen, mit welcher Beängstigung ein heranwachsendes Mädchen an diese Zeit denkt, die auch ihr einmal bevorsteht. Auch das Weib-Sein ist mit dem 50. Jahr noch nicht erloschen, auch nach diesem Zeitpunkt besteht die Menschenwürde unvermindert weiter und muss gewahrt werden.

5. Die Spannung zwischen den Geschlechtern. Was allen diesen Erscheinungen zugrunde liegt, sind Irrwege unserer Kultur. Ist diese einmal von einem Vorurteil durchsetzt, dann greift es überall durch und ist überall wiederzufinden. So stört auch das Vorurteil von der Minderwertigkeit der Frau und die damit zusammenhängende Überheblichkeit des Mannes fortwährend die Harmonie der Geschlechter. Die Folge ist eine unerhörte Spannung, die insbesondere auch in alle Liebesbeziehungen eindringt und alle Glücksmöglichkeiten ständig bedroht und vielfach vernichtet. Unser gesamtes Liebesleben wird durch diese Spannung vergiftet, es verdorrt und verödet. Hier liegt der Grund dafür, dass man so selten eine harmonische Ehe findet und dass Kinder in der Meinung aufwachsen, die Ehe sei etwas ungemein Schwieriges und Gefährliches. Vorurteile wie das oben beschriebene und Gedankengänge ähnlicher Art verhindern Kinder vielfach daran, zu einem wahren Verständnis des Lebens zu gelangen. Man denke bloß an jene zahlreichen Mädchen, die die Ehe nur als eine Art Notausgang betrachten, an jene Männer und Frauen, die in ihr nur ein notwendiges Übel erblicken. Die Schwierigkeiten, die aus dieser Spannung zwischen den Geschlechtern erwachsen sind, sind heute ins Riesenhafte gewachsen, sie sind umso größer, je stärker beim Mädchen von Kindheit an der Hang war, sich gegen die ihr aufgezwungene Rolle aufzulehnen bzw. je stärker im Manne das Verlangen ist, eine privilegierte Rolle zu spielen, trotz aller Unlogik, die darin steckt.

Das charakteristische Merkmal für eine Versöhnlichkeit,

für eine Ausgeglichenheit der Geschlechter, ist die *Kameradschaftlichkeit.* Gerade in den Beziehungen der Geschlechter ist eine Unterordnung ebenso wenig erträglich, wie im Völkerleben. Die Schwierigkeiten und Lasten, die beiden Teilen daraus erwachsen, sind so groß, dass jedermann diesem Problem seine Aufmerksamkeit schenken sollte. Denn dieses Gebiet ist so ungeheuer groß, dass es das Leben jedes Einzelnen umfasst. Und es ist deshalb so kompliziert, weil unsere Kultur dem Kind aufgegeben hat, seine Stellungnahme im Leben so zu wählen, dass sie in einer Art von Gegensatz zum anderen Geschlecht erfolgt. Eine ruhige Erziehung würde wohl auch mit diesen Schwierigkeiten fertig werden. Aber die Hast unserer Tage, der Mangel an wirklich bewährten Erziehungsgrundsätzen, besonders aber der Konkurrenzkampf unseres ganzen Lebens wirkt sich bis in die Kinderstube hinein aus und gibt hier schon die Richtlinien für das spätere Leben. Die Gefahren, die so manche Menschen vor der Eingehung von Liebesbeziehungen zurückschrecken lässt, besteht deshalb, weil es Aufgabe des Mannes geworden ist, unter allen Umständen, auch durch List, durch »Eroberungen« seine Männlichkeit zu erweisen, was die Unbefangenheit und das Vertrauen in der Liebe zerstört. *Don Juan* ist sicherlich ein Mensch, der selbst nicht glaubt, dass er männlich genug sei und daher in seinen Eroberungen immer neue Beweise dafür sucht. Das zwischen den Geschlechtern herrschende Misstrauen untergräbt jede Vertraulichkeit, und so leidet darunter die ganze Menschheit. Das übertriebene Ideal der Männlichkeit bedeutet eine Forderung, einen fortwährenden Anreiz, eine ewige Unruhe, wobei nichts anderes herauskommt als Forderungen der Eitelkeit, Selbstbereicherung und eine privilegierte Stellung, was den natürlichen Bedingungen des menschlichen Zusammenlebens widerspricht. Wir haben keinen Grund, den bisherigen Zielen der Frauenbewegung nach Freiheit und Gleichberechtigung entgegenzutreten, wir müssen sie vielmehr tatkräftig unterstützen, weil schließlich Glück und Lebensfreude der ganzen Menschheit davon abhängen, dass Bedingungen geschaffen werden, die es der Frau ermöglichen, sich mit der Frauenrolle auszusöhnen, sowie davon, wie der Mann die Frage seiner Beziehung zur Frau zu lösen imstande ist.

6. Verbesserungsversuche. Unter den Versuchen, die bisher angestellt wurden, um ein besseres Verhältnis zwischen den Geschlechtern anzubahnen, sei hier als der wichtigste die Koedukation genannt. Diese Institution ist nicht unbestritten, sie hat ihre Gegner und Freunde. Letztere führen als Hauptvorzüge dieser Einrichtung an, dass die Geschlechter auf diese Weise Gelegenheit bekommen, sich rechtzeitig kennenzulernen, dass dadurch das Auftreten unrichtiger Vorurteile mit ihren schädlichen Folgen am besten hintangehalten werden kann. Die Gegner führen hauptsächlich ins Treffen, dass der Gegensatz zwischen Knaben und Mädchen, der bereits zur Zeit, da sie in die Schule eintreten, oft schon überaus stark sei, bei einer gemeinsamen Erziehung nur noch weitere Verschärfungen erfahre, weil sich die Knaben hierbei gedrückt fühlen. Das hänge damit zusammen, dass die geistige Entwicklung der Mädchen in dieser Zeit schneller vorwärtsschreite, so dass die Knaben, die die ganze Last ihres Privilegs zu tragen und Beweise zu erbringen hätten, dass sie tüchtiger seien, nun plötzlich vor der Erkenntnis stünden, ihr Privileg sei nur eine Seifenblase, die vor der Wirklichkeit zerrinne. Einzelne Forscher wollen auch festgestellt haben, dass bei der Koedukation die Knaben den Mädchen gegenüber ängstlich werden und ihr Selbstbewusstsein verlieren.

Es ist keine Frage, dass an diesen Feststellungen und an dieser Argumentation etwas Richtiges ist. Stichhaltig ist aber diese Argumentation nur dann, wenn man die Koedukation im Sinne einer Konkurrenz der Geschlechter um die Palme der größeren Tüchtigkeit auffasst. Wird sie auf diese Weise von Lehrern und Schülern verstanden, dann ist sie natürlich schädlich. Und finden sich keine Lehrer, die eine bessere Auffassung der Koedukation zuwege bringen, nämlich die einer Übung, einer Vorbereitung auf die künftige Zusammenarbeit der Geschlechter an gemeinsamen Aufgaben, Lehrer, die diese Auffassung ihrer beruflichen Tätigkeit zugrunde legen, dann werden die Versuche mit der Koedukation immer Schiffbruch leiden. Die Gegner werden in den Misserfolgen nur eine Bestätigung ihrer Stellungnahme erblicken.

Hier ein ausführliches Bild zu geben, würde die Gestaltungskraft von Poeten erfordern. Wir müssen uns damit begnügen, nur auf die Hauptpunkte hinzuweisen. Zusammenhänge mit den oben dargestellten Typen sind immer vorhanden und mancher wird sich erinnern, wie auch hier gleiche Gedankengänge auftauchen wie bei den Schilderungen jener Kinder, die mit minderwertigen Organen zur Welt kamen. Auch das heranwachsende Mädchen verhält sich vielfach so, als ob es minderwertig wäre, und es gilt dann für sie dasselbe, was über den Ausgleich des Minderwertigkeitsgefühls gesagt wurde. Der Unterschied ist nur der, dass dem Mädchen der Glaube an seine Minderwertigkeit auch von außen zugetragen wird. Ihr Leben wird so sehr in diese Bahn hineingezogen, dass auch einsichtsvolle Forscher zuweilen diesem Vorurteil unterliegen. Die allgemeine Wirkung dieses Vorurteils ist die, dass beide Geschlechter schließlich in den Strudel der *Prestigepolitik* geraten und eine Rolle spielen, der beide Teile nicht gewachsen sind, die dazu führt, ihnen die Harmlosigkeit ihres Lebens zu komplizieren, ihnen die Unbefangenheit ihrer Beziehungen zu rauben und sie mit Vorurteilen zu sättigen, denen gegenüber jede Aussicht auf Glück verschwindet.

VIII. Kapitel: Geschwister

Es wurde bereits öfter erwähnt, dass es für die Beurteilung eines Menschen wichtig ist, die Situation zu kennen, in der er aufgewachsen ist. Eine Situation besonderer Art ist nun in der Stellung gelegen, die ein Kind in der Reihe seiner Geschwister einnimmt. Auch nach diesem Gesichtspunkt können wir die Menschen einteilen und sind, wenn wir über genügend Erfahrung verfügen, imstande zu erkennen, ob jemand ein Erstgeborener, der Einzige, der Jüngste usw. ist.

Die Menschen scheinen eigentlich schon lange gewusst zu haben, dass der *Jüngste* meist ein besonderer Typus ist. Das ergibt sich aus einer Unzahl Märchen, Legenden, biblischen Geschichten, in denen der Jüngste immer in der gleichen Art hervortritt und geschildert wird. Tatsächlich wächst er in einer ganz anderen Situation auf als alle anderen Kinder. Er ist für die Eltern ein besonderes Kind, er erfährt als Jüngster eine besondere Behandlung. Als Jüngster erscheint er gleichzeitig auch als der Kleinste, infolgedessen Bedürftigste zu einer Zeit, wo die anderen Geschwister schon selbständiger, fertig, erwachsen dastehen. Daher wächst er auch meist in einer wärmeren Atmosphäre auf als die andern.

Aus dieser Situation erwächst ihm eine Anzahl von Charakterzügen, die seine Stellungsnahme zum Leben in besonderer Weise beeinflussen, eine besondere Persönlichkeit aus ihm formen. Dazu kommt noch ein Umstand, der scheinbar einen Widerspruch bedeutet. Es ist für kein Kind eine angenehme Situation, immer als der Kleinste zu gelten, dem man nichts zutraut, dem man nichts anvertrauen darf. Das reizt das Kind so sehr, dass es meist danach strebt, zu zeigen, was es alles könne. Sein Machtstreben erfährt eine Verschärfung. So wird der Jüngste meist ein Mensch sein, dem nur die beste Situation genügt, der ein Streben in sich entwickelt, alle andern zu überspringen.

Dieser Typus ist im Leben sehr oft anzutreffen. Es gibt eine Sorte von Jüngsten, die alle andern übertreffen, die viel mehr geleistet haben als ihre Geschwister. Ein böserer Fall ist eine andere Sorte von Jüngsten, die auch dieses Streben gehabt haben, aber nicht die volle Aktivität und das Selbstvertrauen, was ebenfalls von ihren Beziehungen zu den älteren Geschwistern herrühren kann. Waren diese nicht zu übertreffen, dann kann es geschehen, dass der Jüngste vor seinen Aufgaben zurückschreckt, feige und wehleidig wird und immer nach einer Ausrede sucht, um seinen Aufgaben auszuweichen. Er wird nicht weniger ehrgeizig, er bekommt aber jene Art von Ehrgeiz, die den Menschen dazu drängt, auszukneifen und seinen Ehrgeiz auf einem Feld abseits von den Aufgaben des Lebens zu befriedigen und der Gefahr auszuweichen, Proben seines Könnens ablegen zu müssen.

Manchen wird es schon aufgefallen sein, dass sich der Jüngste gewöhnlich so benimmt, als ob er verkürzt worden wäre und ein Minderwertigkeitsgefühl in sich tragen würde. Wir konnten dieses Gefühl bei unseren Untersuchungen immer feststellen und den großen Schwung einer seelischen Entwicklung aus diesem peinigenden und beunruhigenden Gefühl ableiten. In diesem Sinn gleicht der Jüngste völlig einem Kind, das mit schwachen Organen zur Welt gekommen ist. An sich braucht das nicht der Fall zu sein, es kommt nicht darauf an, was objektiv vorhanden ist, ob ein Mensch wirklich minderwertig ist, sondern darauf, was er darüber fühlt. Wir wissen auch, dass es im Kindesleben außerordentlich leicht ist, einen Irrtum zu begehen. Wir stehen da vor einer Fülle von Fragen, Möglichkeiten und Konsequenzen. Wie soll sich der Erzieher verhalten, soll er weitere Reizungen hervorrufen, indem er etwa die Eitelkeit eines solchen Kindes noch weiter aufstachelt? Nur in den Vordergrund schieben, dass dieses Kind immer der Erste sein solle, wäre für ein Menschenleben viel zu wenig und die Erfahrung belehrt uns auch, dass es im Leben nicht darauf ankommt, der Erste zu sein. Besser ist es, hier eher etwas zu übertreiben und zu sagen: Wir brauchen keine Ersten. Vor ihnen ist uns eigentlich schon übel. Wenn wir die Geschichte sowie unsere Erfahrungen überblicken, so müssen wir feststellen, dass darauf kein Segen ruht. Ein solches Prinzip macht das Kind einseitig und vor allem zu keinem guten Mitmenschen. Denn die nächste Folge ist meist, dass es nur an sich denkt und daran, ob andere ihm nicht zuvorkommen könnten. Es entwickeln sich Neid-

und Hassgefühle, eine Bangigkeit, ob er auch immer der Erste sein werde. Der Jüngste ist durch seine Position schon im Vorhinein geneigt, ein Schnellläufer zu werden, alle andern zu überflügeln. Der Wettläufer in ihm wird sich in seinem ganzen Gehaben verraten, meist nur in Kleinigkeiten, die gewöhnlich nicht auffallen, wenn man nicht die ganzen Zusammenhänge dieses Seelenlebens kennt. So, wenn diese Kinder immer an der Spitze einer Gruppe gehen oder es nicht vertragen können, wenn sich jemand vor ihnen aufstellt. Das Wettläufertum ist für den weitaus größten Teil der Jüngsten bezeichnend.

Dieser eine Typus von Jüngsten, der manchmal aus der Art schlägt, ist auch ganz rein ausgeprägt zu finden. Oft sind darunter tatkräftige Menschen, die es so weit gebracht haben, dass sie zuweilen zu Rettern der ganzen Familie geworden sind. Blicken wir zurück und betrachten wir z. B. die biblische Geschichte, etwa die Josefslegende, so finden wir hier all dies in der wundervollsten Weise dargestellt, mit einer Absichtlichkeit und Klarheit, als ob sich die Dichter jener Legende im vollen Besitz dieser Kenntnisse befunden hätten, die wir heute so mühsam erringen. Sicherlich ist im Lauf der Jahrhunderte viel wertvolles Material verlorengegangen und muss nun immer wieder neu gefunden werden.

Daneben gibt es noch einen anderen Typus, der sich aus dem ersteren sekundär herausbildet. Man denke sich, dass dieser Schnellläufer plötzlich auf ein Hindernis stoße, dessen Überwindung er sich nicht zutraut und nun einen Umweg einschlägt. Wenn ein solcher Jüngster den Mut verliert, dann wird er der ärgste Feigling, den man sich denken kann. Man findet ihn dann immer rückwärts, jede Arbeit wird ihm zu viel sein, er wird für alles eine Ausrede haben, sich an nichts heranwagen und so die Zeit vertrödeln. Er wird meist versagen und mit Mühe und Not ein Feld finden, auf dem eigentlich jede Konkurrenz schon im Vorhinein ausgeschlossen ist. Für seine Misserfolge wird er allerhand Ausreden vorbringen, wie dass er zu schwach, dass er vernachlässigt oder verzärtelt worden sei, dass ihn seine Geschwister nicht hätten aufkommen lassen u. dgl. Verschärft können solche Schicksale noch werden, wenn er wirklich ein Gebrechen hat. Dann wird er daraus für sein Ausreißertum erst recht Kapital schlagen.

Gute Mitmenschen sind beide Typen meist nicht. Der erstere fährt allerdings besser in einer Zeit, wo das Konkurrieren noch irgendwelchen Wert genießt. Dieser Typus wird nur auf Kosten der andern im Gleichgewicht bleiben können, während der zweite zeitlebens unter dem drückenden Gefühl seiner Minderwertigkeit und unter seiner Unausgesöhntheit mit dem Leben leidet.

Auch der *Älteste* hat charakteristische Merkmale. Vor allem hat er den Vorteil einer ausgezeichneten Position für die Entwicklung seines Seelenlebens. Schon aus der Geschichte ist uns bekannt, dass er immer eine besondre, günstigere Position gehabt hat. Bei manchen Völkern und Volksschichten hat sich diese Vorzugsstellung traditionell erhalten. Es ist keine Frage, dass z. B. bei der Bauernschaft der Erstgeborene schon von Kindheit an seine Berufung kennt, einmal den Hof zu übernehmen und dadurch sich in einer viel besseren Situation befindet als die andern, die mit der Empfindung aufwachsen, dass sie das Vaterhaus einmal verlassen müssten. Auch sonst wird in vielen Familien damit gerechnet, dass der älteste Sohn einmal Herr des

Hauses sein werde. Auch wo diese Tradition nicht ins Gewicht fällt, wie bei den einfachen bürgerlichen oder in Proletarierfamilien, ist der Älteste wenigstens derjenige, dem so viel Kraft und Klugheit zugemutet wird, dass man ihn zum Mithelfer und zur Aufsichtsperson macht. Man muss sich vorstellen, was es für ein Kind bedeutet, in dieser Weise ununterbrochen mit dem ganzen Vertrauen der Umgebung beladen zu sein. Das erzeugt in ihm eine Stimmung, die sich ungefähr in Gedankengängen ausdrückt, wie: Du bist der Größere, Stärkere, Ältere, musst daher klüger sein wie die andern u. dgl.

Wenn die Entwicklung in dieser Richtung ohne Störung verläuft, dann werden wir beim Ältesten Züge finden, die ihn als Hüter der Ordnung charakterisieren. Solche Menschen haben ihre eigene, besonders hohe Wertschätzung für die Macht, sowohl für ihre eigene, persönliche Macht wie auch in ihrer Schätzung des Machtbegriffes. Für den Ältesten ist Macht etwas Selbstverständliches, etwas, das Gewicht hat und sich durchsetzen muss Es lässt sich nicht verkennen, dass solche Menschen in der Regel auch einen konservativen Zug haben.

Auch bei den Zweitgeborenen findet sich das Streben nach Macht und Überlegenheit in einer eigenen Nuancierung. Sie stehen wie unter Dampf, streben überhitzt nach dem Vorrang und auch in ihrem Verhalten wird man den Wettlauf gewahr, der für ihr Leben die Form abgibt. Der Zweitgeborene empfindet es als einen starken Anreiz, dass jemand vor ihm ist, der sich geltend macht. Ist er in der Lage, seine Kräfte zu entwickeln und mit dem Ersten den Wettkampf aufzunehmen, dann wird er gewöhnlich mit starkem Elan nach vorwärts drängen, während sich der Erste, im Besitze seiner Macht, verhältnismäßig sicher fühlt, bis ihm der andere über den Kopf zu wachsen droht.

An dieses Bild werden wir lebhaft durch die Legende von Esau und Jakob erinnert. Hier sehen wir das Ruhelose, ein Streben, das weniger auf die Tatsachen ausgeht, sondern meist nur auf Schein, aber unbezwingbar, bis entweder das Ziel erreicht, der Vordermann überflügelt ist, oder nach misslungenem Kampf der Rückzug beginnt, der oft in Nervosität ausmündet. Die Stimmung des Zweiten ist dem Neid der besitzlosen Klassen vergleichbar, mit der vorherrschenden Stimmung des Zurückgesetztseins. Sein Ziel kann so hochgesteckt sein, dass er sein Leben lang daran leidet und seine innere Harmonie vernichtet wird als Folge davon, dass er die wahren Tatsachen des Lebens zugunsten einer Idee, einer Fiktion, eines wertlosen Scheines übersehen hat.

Auch das *einzige Kind* befindet sich in einer Situation von besonderer Art. Es ist den erzieherischen Angriffen seiner Umgebung voll ausgesetzt. Die Eltern haben sozusagen keine Auswahl, sie stürzen sich mit ihrem ganzen erzieherischen Elan auf dieses einzige Kind. Dieses wird in höchstem Grade unselbständig, wartet immer, dass ihm jemand den Weg zeigt, es sucht stets nach einer Stütze. Vielfach verzärtelt, gewöhnt es sich daran, keine Schwierigkeiten zu erwarten, weil man sie ihm immer aus dem Weg geräumt hat. Da es sich immer im Mittelpunkt der Betrachtung befindet, bekommt es leicht das Gefühl, etwas Besonderes zu gelten. Seine Position ist so schwierig, dass fehlerhafte Stellungsnahmen fast unausweichlich sind. Wenn allerdings die Eltern wissen, welche Bedeutung solchen

Situationen zukommt und was für Gefahren sie bergen, dann ist auch die Möglichkeit da, Verschiedenes zu verhindern. Eine schwierige Angelegenheit bleibt es aber immer. Oft sind es äußerst vorsichtige Eltern, die das Leben selbst als besonders schwer empfinden, daher mit übergroßer Vorsicht zu Werke gehen, was sich dem Kind vielfach als ein verstärkter Druck fühlbar macht. Die stete Besorgnis für das Wohlergehen des Kindes wird diesem Gedanken nahelegen, ihm Anregungen geben, sich die Welt feindlich zu denken. So wächst das Kind heran in ewiger Angst vor den Schwierigkeiten, die ihm bevorstehen, ungeübt, ohne Vorbereitung, weil man es immer nur vom Angenehmen des Lebens hat kosten lassen. Solche Kinder werden mit jeder selbständigen Tätigkeit Schwierigkeiten haben und für das Leben untauglich werden. Sie können leicht Schiffbruch leiden. Manchmal ähnelt ihr Leben dem von Parasiten, die nur genießen, während andere alles für sie besorgen müssen.

Es sind verschiedene Kombinationen möglich, in denen mehrere Geschwister gleichen oder verschiedenen Geschlechts miteinander konkurrieren. Desto schwieriger kann sich demgemäß die Beurteilung des einzelnen Falles gestalten. Besonders schwierig ist die Situation eines einzigen Knaben unter mehreren Mädchen. In einem solchen Haus dominiert der weibliche Einfluss, der Knabe ist meist stark in den Hintergrund gedrängt, besonders wenn er der Jüngste ist und sieht sich bald einer geschlossenen Phalanx gegenüber. Sein Geltungsdrang begegnet bei seiner Betätigung großen Hindernissen. Von allen Seiten angegriffen, wird er sich des Privilegs, das unsere zurückgebliebene Kultur den Männern gibt, nie recht bewusst werden und unsicher werden. Die Verschüchterung kann so weit gehen, dass er gelegentlich die männliche Stellung als die schwächere empfindet. Sein Mut und sein Selbstvertrauen kommt leicht ins Wanken oder dieser Stachel wirkt so heftig, dass sich der Knabe zu großen Leistungen aufschwingt. Beide Fälle entspringen der gleichen Situation. Was schließlich aus solchen Knaben wird, ist natürlich durch die näheren Umstände bedingt. Einen einheitlichen Zug kann man aber wohl nie ganz bei ihnen vermissen.

Wir sehen, wie durch die Position des Kindes alles, was es ins Leben mitbekommt, geformt und gefärbt wird. Durch diese Feststellung erscheint insbesondere auch die für die erzieherische Tätigkeit so außerordentlich schädliche *Hereditätslehre* depossediert. Es gibt allerdings Zusammenhänge, Fälle, in denen die Einwirkung erblicher Einflüsse unzweifelhaft festzustehen scheint, so z. B. wenn ein Kind, das ganz außerhalb der Beziehungen zu seinen Eltern aufwächst, dennoch ähnliche oder gleichartige Züge aufweist. Das Befremden darüber weicht aber sofort einem besseren Verständnis, wenn wir uns erinnern, wie naheliegend gewisse Irrtümer in der Entwicklung eines Kindes sind, das z.B. körperlich schwach zur Welt kommt, bei dem durch die Schwäche seiner Organe im Verhältnis zu den Anforderungen der Umgebung eine Spannung hervorgerufen wird, genau wie beim Vater, der vielleicht ebenfalls mit schwachen Organen zur Welt gekommen ist. Unter diesen Gesichtspunkten erscheint die Lehre von der Erblichkeit der Charakterzüge als überaus schwach fundiert.

Auch aus der obigen Darstellung geht wieder hervor, wie unter den Irrtümern, denen das Kind in seiner Entwicklung ausgesetzt ist, der folgenschwerste der ist, sich über die andern erheben zu wollen und eine Machtstellung anzustreben, die ihm den andern gegenüber Vorteile einbringt. Hat dieser in unserer Kultur naheliegende Gedanke von der Seele des Menschen Besitz ergriffen, dann ist seine Entwicklung nahezu zwangsläufig gegeben. Will man hier vorbeugen, dann müssen die Schwierigkeiten erkannt und verstanden werden. Und wenn es einen einheitlichen Gesichtspunkt gibt, der uns über alle Schwierigkeiten hinweghilft, so ist es der der Entfaltung des Gemeinschaftsgefühls. Gelingt dies, dann sind alle Schwierigkeiten belanglos. Nachdem aber in unserer Zeit hierzu verhältnismäßig wenig Gelegenheit ist, fallen diese Schwierigkeiten schwer ins Gewicht. Haben wir das erkannt, dann wird es uns nicht mehr wundern, wenn wir so viele Menschen finden, die ihr Leben lang um ihren Bestand ringen und denen das Leben so schwerfällt. Wir wissen dann, dass sie die Opfer einer fehlerhaften Entwicklung sind, denen zufolge auch ihre Stellungsnahme zum Leben fehlerhaft ist. Wir müssen daher mit unserem Urteil sehr zurückhaltend sein und vor allem *keine moralischen Urteile,* Urteile über den (moralischen) Wert des Menschen fällen. Wir müssen vielmehr unsere Erkenntnis dieser Dinge dadurch zu verwerten suchen, dass wir diesem Menschen nunmehr anders entgegentreten, weil wir nun imstande sind, uns ein viel besseres Bild von seinem Innern zu machen. Auch für die Erziehung ergeben sich wichtige Gesichtspunkte, denn die Erkenntnis von Fehlerquellen verleiht uns eine Fülle von Einwirkungsmöglichkeiten. Indem wir den Menschen in seiner seelischen Entwicklung betrachten, sind wir imstande, in dem Bild, das wir vor uns haben, nicht nur seine Vergangenheit, sondern zum Teil auch seine Zukunft mitzusehen. Dadurch wird der Mensch für uns erst richtig lebendig. Er wird für uns mehr als eine bloße Silhouette und wir erhalten über seinen Wert ein anderes Urteil, als es in unserer Kultur vielfach der Fall ist.

Die Lehre vom Charakter

I. Kapitel: Allgemeines

1. Wesen und Entstehung des Charakters. Unter einem Charakterzug verstehen wir das Hervortreten einer bestimmten Ausdrucksform der Seele bei einem Menschen, der sich mit den Aufgaben des Lebens auseinanderzusetzen sucht. »Charakter« ist also ein *sozialer Begriff.* Wir können von einem Charakterzug nur mit Rücksicht auf den Zusammenhang eines Menschen mit seiner Umwelt sprechen. Bei einem Robinson z. B. wäre es ohne Belang, was für einen Charakter er hätte. Charakter ist die seelische Stellungsnahme, die Art und Weise, wie ein Mensch seiner Umwelt gegenübersteht, eine Leitlinie, auf der sich sein Geltungsdrang in Verbindung mit seinem Gemeinschaftsgefühl durchsetzt.

Es wurde bereits festgestellt, dass alles Verhalten eines Menschen durch ein Ziel festgelegt ist, das sich als nichts anderes darstellt, als ein Ziel der Überlegenheit, der Macht, der Überwältigung des anderen. Dieses Ziel wirkt auf die Weltanschauung, es beeinflusst die Gangart, die Lebensschablone eines Menschen und lenkt seine Ausdrucksbewegungen. Die Charakterzüge sind demnach nur die äußeren Erscheinungsformen der Bewegungslinie eines Menschen. Als solche vermitteln sie uns die Erkenntnis seiner

Haltung zur Umwelt, zu den Mitmenschen, zur Gemeinschaft überhaupt und zu seinen Lebensfragen. Es handelt sich um Erscheinungen, die *Mittel* darstellen, die Persönlichkeit zur Geltung zu bringen, Kunstgriffe, die sich zu einer Methode des Lebens zusammenfügen.

Die Charakterzüge sind durchaus nicht, wie viele meinen, angeboren, nicht von Natur aus gegeben, sondern einer Leitlinie vergleichbar, die dem Menschen wie eine Schablone anhaftet und ihm gestattet, ohne viel Nachdenken in jeder Situation seine einheitliche Persönlichkeit zum Ausdruck zu bringen. Sie entsprechen keinen angeborenen Kräften und Substraten, sondern sie sind, wenn auch sehr früh, *erworben*, um eine bestimmte Gangart festhalten zu können. So ist z. B. einem Kind die Faulheit nicht angeboren, sondern es ist faul, weil ihm diese Eigenschaft als ein geeignetes Mittel erscheint, sich das Leben zu erleichtern und dabei doch seine Geltung zu behaupten. Denn die Machtstellung eines Menschen ist auch dann – in einem gewissen Sinn – vorhanden, wenn er sich auf der Linie der Faulheit bewegt. Er kann sich stets auf sie als einen angeborenen Fehler berufen und sein innerer Wert erscheint dann unangetastet. Das Endergebnis einer solchen Selbstbetrachtung ist immer ungefähr die: »Wenn ich diesen Fehler nicht hätte, würden sich meine Fähigkeiten glänzend entfalten können; ich habe aber leider diesen Fehler.« Ein anderer, der in einem unbändigen Streben nach Macht mit seiner Umgebung in einen ständigen Kampf verwickelt ist, wird Charakterzüge entwickeln, die für einen solchen Kampf notwendig erscheinen, etwa Ehrgeiz, Neid, Misstrauen u. dgl. Solche Erscheinungen glauben wir mit einer Persönlichkeit verschmolzen, angeboren und unabänderlich, während es sich bei einer näheren Betrachtung ergibt, dass sie nur für die Bewegungslinie des Menschen als notwendig erscheinen und daher angenommen werden. Sie sind nicht der primäre Faktor, sondern der sekundäre, durch das geheime Ziel des Menschen erzwungen, daher *teleologisch* zu betrachten. Wir erinnern an unsere obigen Ausführungen, denen zufolge die menschliche Art zu leben, zu handeln, einen Standpunkt zu finden, notwendig mit der Setzung eines Zieles verbunden ist. Wir können nichts denken und ins Werk setzen, ohne dass uns ein bestimmtes Ziel vorschwebt. Es wird in dunklen Umrissen der kindlichen Seele schon frühzeitig vorschweben und ist für seine ganze seelische Entwicklung richtunggebend. Es ist die leitende, gestaltende Kraft, die es ausmacht, dass jeder Einzelne eine besondere Einheit, eine besondere, von allen andern verschiedene Persönlichkeit darstellt, weil alle Bewegungen und Ausdrucksformen nach einem gemeinsamen Punkt hin gerichtet sind, so dass wir einen Menschen immer erkennen, wo immer er sich auf seiner Bahn befindet.

Die Bedeutung der *Vererbung* müssen wir hinsichtlich aller Erscheinungen im Psychischen, insbesondere hinsichtlich der Entstehung von Charakterzügen, völlig von der Hand weisen. Es gibt keine Anhaltspunkte, die eine Annahme der Vererbungslehre auf diesem Gebiet stützen könnten. Verfolgt man irgendeine Erscheinung im menschlichen Leben zurück, so gelangt man natürlich bis zum ersten Tag und es scheint so, als ob alles angeboren wäre. Der Grund dafür, dass es Charakterzüge gibt, die einer ganzen Familie, einem Volke oder einer Rasse gemeinsam sind, liegt einfach darin, dass einer von andern abschaut, dass er

Züge in sich entwickelt, die er dem andern abgelauscht, entlehnt hat. Es gibt gewisse Realien, seelische Eigenarten und körperliche Ausdrucksformen, denen in unserer Kultur für heranwachsende Menschen die Bedeutung einer Verlockung zur Nachahmung zukommt. So kann z. B. die Wissbegierde, die sich zuweilen als Schaulust äußert, bei Kindern, die mit gewissen Schwierigkeiten des Sehapparates zu kämpfen haben, zu einem Charakterzug der Neugier führen. Aber eine Notwendigkeit zur Entwicklung dieses Charakterzuges besteht nicht; wenn es die Leitlinie dieses Kindes verlangen würde, könnte es in seiner Wissbegierde z. B. einen Charakterzug entwickeln, dem zufolge es alle Gegenstände untersuchen will und auseinandernimmt oder zerbricht. Oder es wird aus ihm ein Bücherwurm u. dgl. Ähnlich verhält es sich mit dem Misstrauen von Menschen, die an Hörgebrechen leiden. In unserer Kultur ist solchen Menschen nahegelegt, Gefahren in außerordentlich verschärfter Weise zu empfinden. Sie sind auch vielfach allerlei Schärfen (Spott, niedere Einschätzung als Krüppel usw.) ausgesetzt, die die Entwicklung eines misstrauischen Charakters begünstigen. Da sie von vielen Freuden ausgeschlossen sind, ist es begreiflich, wenn sich in ihnen feindselige Gefühle regen. Die Annahme, dass ihnen ein misstrauischer Charakter angeboren sei, wäre unbegründet. Dasselbe gilt auch hinsichtlich der Annahme, dass verbrecherische Charakterzüge angeboren seien. Dem Argument, dass sich in einer Familie Verbrecher wiederfinden, muss entgegengehalten werden, dass da Tradition, Lebensanschauung und schlechtes Beispiel Hand in Hand gehen, dass den Kindern z. B. der Diebstahl geradezu als eine Möglichkeit des Lebens nahegelegt wird.

Dasselbe gilt auch insbesondere vom Geltungsstreben. Die Schwierigkeiten, denen sich jedes Kind gegenübersieht, machen es aus, dass kein Kind ohne dieses Streben aufwächst. Die Formen, in denen dieses Streben in Erscheinung tritt, sind schließlich austauschbar, sie wechseln und ändern sich und sehen bei jedem Menschen anders aus. Auf die Behauptung, dass Kinder in ihren Charakterzügen so oft ihren Eltern ähnlich sähen, müssen wir erwidern, dass das Kind in seinem Geltungsstreben durch die Gestalt eines Menschen aus seiner Umgebung, der selbst Geltung beansprucht und besitzt, angelockt wird. Jede Generation lernt auf diese Weise von ihren Vorfahren und bleibt selbst in den schwierigsten Zeiten, selbst bei den größten Verwicklungen, zu denen das Machtstreben führt, immer bei dem Erlernten.

Das Ziel der Überlegenheit ist ein geheimes Ziel. Infolge der Einwirkung des Gemeinschaftsgefühls kann es sich nur im Geheimen entfalten und verbirgt sich immer hinter einer freundlichen Maske. Wir müssen aber feststellen, dass es nicht so tropisch wuchern könnte, wenn einer den andern besser verstehen würde. Wenn wir so weit kommen könnten, dass unser Volk bessere Augen bekäme und jeder den Charakter seiner Mitmenschen klarer durchschauen könnte, dann würde er sich nicht nur besser schützen können, sondern gleichzeitig dem andern die Arbeit so sehr erschweren, dass sie nicht mehr rentabel wäre. Dann müsste das verschleierte Machtstreben fallen. Daher lohnt es sich wohl, in diese Zusammenhänge tiefer hineinzublicken und zu versuchen, die gewonnenen Erkenntnisse praktisch zu verwerten. Denn mit unserer Menschenkenntnis ist es nicht weit her. Wir leben in komplizierten kulturellen Verhältnissen, die eine richtige Schulung für das Leben sehr erschweren. Die wichtigsten Mittel zur Entfaltung von Scharfblick sind dem Volke eigentlich entzogen und die Schule hat bisher nicht mehr geleistet, als einen gewissen Stoff von Wissen vor den Kindern auszubreiten und sie davon »fressen« zu lassen, was sie konnten und wollten, ohne dabei ihr Interesse besonders wachzurufen. Und selbst diese Schule war für den größeren Teil der Bevölkerung nur ein frommer Wunsch. Auf die wichtigste Voraussetzung für die Gewinnung von Menschenkenntnis ist bisher viel zu wenig Gewicht gelegt worden. In diesen Schulen haben auch wir alle uns unsere Maßstäbe für die Beurteilung von Menschen geholt. Dort haben wir wohl die Dinge in gute und schlechte einteilen und voneinander unterscheiden gelernt, sind aber ohne Revision geblieben. So haben wir den Mangel mit ins Leben genommen und laborieren nun daran unser ganzes Leben lang. Die Vorurteile der Kinderjahre verwenden wir auch als Erwachsene noch immer, als ob sie geheiligte Gesetze wären. Wir merken nicht, wie wir in den Strudel dieser komplizierten Kultur hineingezogen sind und Standpunkte einnehmen, die einer wahren Erkenntnis der Dinge höchst abträglich sind, weil wir alles in letzter Linie wieder nur vom Standpunkt der Erhöhung unseres Persönlichkeitsgefühls, in dem Sinne betrachten und Stellung nehmen, um für uns einen Machtzuwachs zu erreichen. Unsere Betrachtungsweise war zu objektiv.

2. Die Bedeutung des Gemeinschaftsgefühls für die Charakterentwicklung. Bei der Entwicklung des Charakters spielt neben dem Streben nach Macht noch ein zweiter mitwirkender Faktor eine hervorragende Rolle, das Gemeinschaftsgefühl. Es kommt, wie das Geltungsstreben, schon in den ersten seelischen Regungen des Kindes, besonders in seinen Zärtlichkeitsregungen, in den Regungen des Kontaktsuchens zum Ausdruck. Die Bedingungen für die Entfaltung des Gemeinschaftsgefühls haben wir an anderer Stelle kennengelernt, wir wollen sie an dieser Stelle nur kurz wiederholen. Vor allem steht es unter der ständigen Einwirkung des Minderwertigkeitsgefühls und des von ihm ausgehenden Strebens nach Macht. Der Mensch ist eine außerordentlich empfängliche Basis für Minderwertigkeitsgefühle aller Art. In dem Moment, da ein Minderwertigkeitsgefühl auftritt, beginnt eigentlich erst der Prozess seines Seelenlebens, die Unruhe, die nach einem Ausgleich sucht, die nach Sicherheit und Vollwertigkeit verlangt, um ein Leben in Ruhe und Freude genießen zu können. Aus der Erkenntnis des Minderwertigkeitsgefühls erwachsen die Verhaltungsmaßregeln, die dem Kind gegenüber zu beobachten sind, die in der allgemeinen Forderung gipfeln, dem Kind das Leben nicht sauer zu machen, es davor zu behüten, die Schattenseiten des Lebens allzu schwer kennenzulernen, ihm also möglichst die Lichtseiten des Lebens zu vermitteln. Hier knüpft eine weitere Gruppe von Bedingungen an, die ökonomischer Natur sind und bewirken, dass Kinder unter Verhältnissen aufwachsen, die nicht sein müssten, weil Unbildung, Unverständnis und Not schließlich Erscheinungen sind, denen abzuhelfen wäre. Eine wichtige Rolle spielen körperliche Mängel, die bewirken, dass die normale Art des Lebens für ein solches Kind nicht taugt, dass ihm Privilegien zuerkannt und besondere Maßregeln ergriffen werden müssen, um seine Existenz zu erhalten. Selbst wenn wir das alles vermögen, *das* können wir nicht verhindern, dass solche Kinder das Leben doch als etwas Schwieriges empfinden, wodurch ihnen die Gefahr droht, an ihrem Gemeinschaftsgefühl schweren Abbruch zu erleiden.

Wir können einen Menschen nicht anders beurteilen, als indem wir die Idee des Gemeinschaftsgefühls an seine ganze Haltung, an sein Denken und Handeln heranbringen und es daran messen. Dieser Standpunkt ist uns deshalb gegeben, weil die Stellung jedes Einzelnen innerhalb der menschlichen Gesellschaft ein tiefes Gefühl für die Zusammenhänge des Lebens erfordert, demzufolge wir mehr oder weniger dunkel, manchmal auch ganz klar fühlen und wissen, was wir den andern schuldig sind. Die Tatsache, dass wir mitten im Getriebe des Lebens stehen und der Logik des menschlichen Zusammenlebens unterliegen, macht es aus, dass wir für die Beurteilung Sicherheiten bekommen müssen, für die wir kein anderes Maß als eben die Größe des Gemeinschaftsgefühls anerkennen können. Es ist uns unmöglich, unsere geistige Abhängigkeit vom Gemeinschaftsgefühl zu verleugnen. Es gibt keinen Menschen, der imstande wäre, ernstlich jedes Gemeinschaftsgefühl für sich in Abrede zu stellen. Es gibt keine Worte, um sich der Verpflichtungen gegen die Mitmenschen zu entschlagen. Das Gemeinschaftsgefühl bringt sich stets mit warnender Stimme in Erinnerung. Damit soll nicht gesagt sein, dass wir immer im Sinne des Gemeinschaftsgefühls vorgehen, wohl aber, dass es eines gewissen Kraftaufwandes bedarf, um dieses Gefühl zu drosseln, beiseitezuschieben, und ferner, dass bei der Allgemeingültigkeit des Gemeinschaftsgefühls niemand eine Handlung vornehmen kann, ohne dass er sich in irgendeiner Weise vor diesem Gefühl rechtfertigt. Daher rührt der Zug, im menschlichen Leben, für alles, was man denkt und tut, Gründe, zumindest Milderungsgründe beizubringen und es entsteht daraus die eigenartige Technik des Lebens, des Denkens und Handelns, dass wir immer im Zusammenhang mit dem Gemeinschaftsgefühl stehen wollen, zu stehen glauben oder wenigstens den Schein dieses Zusammenhanges erwecken wollen. Kurz, diese Erörterungen sollen zeigen, dass es etwas wie einen Schein des Gemeinschaftsgefühls gibt, der wie ein Schleier andere Tendenzen verdeckt, deren Aufdeckung uns erst das richtige Urteil über einen Menschen gestatten würde. Die Tatsache der Täuschungsmöglichkeit bedeutet eine Erschwerung bei der Beurteilung der Größe des Gemeinschaftsgefühls. Aber Menschenkenntnis ist nun einmal so schwer und daher muss sie zur Wissenschaft erhoben werden. Um zu zeigen, welcher Missbrauch hier getrieben werden kann, geben wir im Folgenden einige Fälle aus unserer Erfahrung.

Ein junger Mann erzählt, er sei einmal mit mehreren Kameraden auf das Meer hinaus zu einer Insel geschwommen, auf der sie einige Zeit verweilten. Einem von ihnen geschah es, dass er, sich über den Rand des Felsens beugend, das Gleichgewicht verlor und ins Meer fiel. Der junge Mann beugte sich vor und sah neugierig zu, wie sein Kamerad unterging. Als er später darüber nachdachte, fiel es ihm auf, dass bei ihm damals nichts als Neugierde vorhanden war. Nebenbei sei bemerkt, dass der Fall gut ausgegangen ist. Was aber den Erzähler betrifft, muss man feststellen, dass er des Gemeinschaftsgefühls zum großen Teil bar ist. Wenn man dann noch hört, dass er in seinem Leben eigentlich noch niemand etwas zuleide getan hat, es sogar gelegentlich versteht, mit jemand auf sehr gutem Fuß zu stehen, so wird uns dies doch nicht darüber täuschen, dass sein Gemeinschaftsgefühl gering ist. Selbstverständlich muss zu einer solchen immerhin gewagten Forderung noch Material beschafft werden. Wir bringen zu diesem Zweck noch eine beliebte Tagesphantasie dieses Jünglings. Ihr Inhalt war, sich in einem schönen kleinen Häuschen mitten im Walde zu befinden, abgeschlossen von allen Menschen. Dieses Bild war ihm auch für seine Zeichnungen ein beliebtes Motiv. Wer sich in Phantasien auskennt, wird, wenn er die Vorgeschichte kennt, den Mangel an Gemeinschaftsgefühl leicht erkennen. Und wenn wir ohne moralischen Aufwand feststellen, dass bei ihm irgendeine fehlerhafte Entwicklung eingewirkt und die Entfaltung des Gemeinschaftsgefühls verhindert haben muss, so werden wir ihm kaum unrecht tun.

An einer anderen Geschichte, von der wir hoffen wollen, dass sie nur eine Anekdote geblieben ist, soll der Unterschied zwischen echtem und falschem Gemeinschaftsgefühl noch deutlicher gezeigt werden. Eine alte Frau glitt beim Besteigen einer Tramway aus und fiel in den Schnee. Sie konnte sich nicht erheben und eine Menge Menschen eilte vorbei ohne ihr zu helfen, bis endlich jemand hintrat und sie aufhob. In diesem Augenblick sprang ein anderer hinzu, der sich irgendwo verborgen gehalten hatte und begrüßte den Retter mit den Worten: »Endlich einmal ein anständiger Mensch; seit fünf Minuten stehe ich da und warte, ob wohl jemand diese Frau aufheben werde. Sie sind der Erste.« Hier ist deutlich zu sehen, wie durch eine Art Überhebung, durch Vortäuschen eines Gemeinschaftsgefühls Missbrauch getrieben wird und sich jemand zum Richter über andere aufwirft, Lob und Tadel verteilt, ohne selbst einen Finger gerührt zu haben.

Es gibt Fälle, die so kompliziert liegen, dass es nicht leicht ist, eine Entscheidung über die Größe des Gemeinschaftsgefühls zu treffen. Da bleibt nichts anderes übrig, als zu seinen Wurzeln zurückzukehren. Wir werden dann nicht im Unklaren bleiben, wenn wir z. B. den Fall beurteilen sollen, wo ein Feldherr, der den Krieg schon halb für verloren hält, noch Tausende von Soldaten in den Tod jagt. Er wird natürlich den Standpunkt vertreten, dass er im Interesse der Allgemeinheit gehandelt habe, und viele werden ihm beistimmen. Wir werden aber heute wenig Neigung haben, ihn als einen richtigen Mitmenschen anzusehen, welche Gründe er auch angeben mag.

Was wir in solchen Fällen brauchen, um ein richtiges Urteil fällen zu können, ist ein Standpunkt, dem Allgemeingültigkeit zukommt. Für uns ist dieser Standpunkt der *Nutzen der Allgemeinheit, das Wohl der Gesamtheit.* Wenn wir uns auf diesen Standpunkt stellen, wird uns die Entscheidung in den seltensten Fällen Schwierigkeiten bereiten.

Die Größe des Gemeinschaftsgefühls wird sich in allen Lebensäußerungen eines Menschen zeigen. Es wird oft schon ganz äußerlich darin zum Ausdruck kommen, wie z. B. einer den andern anblickt, wie er ihm die Hand reicht, mit ihm spricht. Sein ganzes Wesen wird uns oft schon rein gefühlsmäßig einen Eindruck vermitteln. Wir ziehen manchmal ganz unbewusst aus dem Verhalten eines Menschen Schlüsse, die so weit gehen, dass wir unsere eigene Haltung davon abhängig machen. In diesen Erörterungen tun wir nichts anderes, als dass wir diesen Vorgang in die Sphäre des Bewusstseins verlegen und auf diese Weise ermöglichen, zu prüfen und abzuschätzen, ohne Fehlerquellen befürchten zu müssen. Dann sind wir nicht mehr durch

Voreingenommenheiten irregeleitet, die viel leichter möglich sind, wenn sich dieser Vorgang im Unbewussten abspielt, wo wir nicht kontrollieren können und keine Revisionsmöglichkeit haben.

Es sei nochmals darauf hingewiesen, dass bei der Beurteilung eines Charakters immer nur die Gesamtposition des Menschen als wesentlicher Faktor ins Auge zu fassen ist, dass es nicht genügt, Einzelerscheinungen herauszugreifen, etwa *nur* auf das körperliche Substrat, *nur* auf das Milieu oder *nur* auf die Erziehung zu schauen. Mit dieser Feststellung ist zugleich ein Alp von der Brust der Menschheit genommen. Denn wenn wir diesen Weg festhalten und ausbauen können, wenn wir uns bewusst sind, dass es durch eine vertiefte Selbsterkenntnis möglich ist, uns selbst entsprechender zu verhalten, dann ist es auch möglich, auf andere, insbesondere auf Kinder mit Erfolg einzuwirken und zu verhüten, dass ihr Schicksal blindes Fatum wird, dass sie, weil sie aus einer dunklen Familienatmosphäre stammen, im Unglück landen oder verharren müssen. Wenn wir das zustande bringen, dann hat die Kultur der Menschheit einen entscheidenden Schritt nach vorwärts getan und es besteht die Möglichkeit, dass eine Generation heranwächst, die sich dessen bewusst ist, selbst Herr ihres eigenen Schicksals zu sein.

3. Entwicklungsrichtungen des Charakters. Entsprechend der Richtung, die das Kind in seiner seelischen Entwicklung einschlägt, werden auch die Charakterzüge ausfallen, die es entwickelt. Wir werden diese Richtung entweder als gerade empfinden oder sie wird Abbiegungen aufweisen. Im ersten Fall wird das Kind geradlinig der Verwirklichung seines Zieles zustreben, somit einen aggressiven, mutigen Charakter entwickeln. Man kann sagen, dass die Anfänge der Charakterentwicklung jedenfalls etwas von diesem Aggressiven, Zugreifenden haben, dass diese Linie aber durch die Schwierigkeiten des Lebens leicht umgebogen werden kann. Diese Schwierigkeiten liegen bekanntlich in einer großen Widerstandskraft der Gegner, so dass das Kind auf der geraden Linie nicht zum Ziel der Überlegenheit gelangen kann. Es wird irgendwie um diese Schwierigkeiten herumzukommen suchen. Auf diesem Umweg wird es wieder bestimmte Charakterzüge annehmen. In gleicher Weise wirken auch alle anderen Schwierigkeiten auf die Entwicklung des Charakters, die wir bereits kennengelernt haben, wie die mangelhafte Entwicklung von Organen, Verstöße, die sich die Umgebung des Kindes zuschulden kommen lässt u. dgl. Wichtig sind ferner die Einwirkungen der weiteren Umwelt, die als eine Erzieherin unwiderstehlichster Art auftritt. Denn das öffentliche Leben setzt sich in Forderungen, Gedanken und Gefühle der Erzieher selbst um, die dadurch bestimmt werden, die Erziehung so einzurichten, dass sie auf das gesellschaftliche Leben und auf die herrschende Kultur abgestimmt ist.

Schwierigkeiten aller Art bedeuten immer eine Gefahr für eine geradlinige Entwicklung des Charakters. Die Wege, die das Kind einschlägt, um zu seinem Machtziel zu gelangen, werden dann mehr oder weniger von der geraden Richtung abweichen. Während sich im ersten Fall die Haltung des Kindes unerschüttert zeigt, immer in einer Linie, sich einer Schwierigkeit direkt gegenüberzustellen, wird im zweiten Fall ein ganz anderes Kind sichtbar, ein Kind, das schon gelernt hat, dass das Feuer brennt, dass es Gegner gibt, dass man vorsichtig sein muss. Es wird versuchen, sich des Zieles der Geltung und Macht auf Umwegen, in listiger Weise zu bemächtigen. Seine weitere Entwicklung wird vom Grad dieser Abweichung abhängen, ob es allzu vorsichtig wird oder nicht, ob es sich mit den Notwendigkeiten des Lebens noch in Einklang befindet oder ob es ihn bereits vermissen lässt. Es wird nicht mehr geradlinig an seine Aufgaben herantreten, feige oder schüchtern werden, nicht mehr in die Augen sehen, nicht mehr die Wahrheit sprechen. Ein anderer Typus von Kindern, aber gleichwohl dasselbe Ziel. Wenn zwei nicht dasselbe tun, so kann es doch dasselbe sein.

Beide Entwicklungsrichtungen sind bis zu einem gewissen Grade tragfähig, besonders wenn das Kind noch keine zu starren Formen angenommen hat, wenn seine Prinzipien noch locker sind, so dass es nicht immer denselben Weg betritt, sondern genug Initiative behält und elastisch bleibt, um auch eine andere Form zu finden, wenn sich die eine als unzulänglich erweist.

Die Einfügung in die Forderungen der Gesamtheit hat also zur Voraussetzung ein ungestörtes Zusammenleben. Diese Einfügung kann man dem Kind leicht beibringen, solange es seiner Umgebung gegenüber noch keine Kampfstellung einnimmt. Und der Kampf innerhalb der Familie ist nur vermeidbar, wenn die Erzieher imstande sind, ihr eigenes Streben nach Macht so weit zurückzustellen, dass es nicht zu einer Last, zu einem Druck auf das Kind wird. Steht ihnen dabei auch ein volles Verständnis für die Entwicklung des Kindes zur Verfügung, dann werden sie auch vermeiden können, dass geradlinige Charakterzüge überspitzt werden, dass Mut in Frechheit, Selbständigkeit in rohen Egoismus ausartet. Ebenso werden sie verhüten können, dass durch eine irgendwie gewaltsam erzeugte Autorität aus der Einfügung sklavischer Gehorsam zustande kommt, dass das Kind verschlossen wird und die Wahrheit scheut, weil es sich vor den Folgen der Offenheit fürchtet. Denn der Druck, der oft in der Erziehung angewendet wird, ist ein verwegenes Mittel und erzeugt meist nur eine falsche Einfügung, der erzwungene Gehorsam ist nur ein scheinbarer. Mögen all die erdenklichen Schwierigkeiten, die hier mitspielen, unmittelbar oder nur mittelbar auf das Kind einwirken, immer wird ein Abglanz der allgemeinen Verhältnisse in die Kindesseele fallen und sie dementsprechend gestalten, ohne dass eine Kritik zu walten imstande ist, entweder weil das Kind dieselbe nicht aufbringen kann oder weil die erwachsene Umgebung von diesen Vorgängen nichts weiß oder sie nicht versteht.

Man kann die Menschen auch nach einer anderen Art, nämlich wie sie Schwierigkeiten entgegentreten, einteilen. Die *Optimisten* sind jene Menschen, bei denen die Charakterentwicklung eine im Großen und Ganzen gerade Richtung nimmt. Sie treten allen Schwierigkeiten mutig entgegen und nehmen sie nicht schwer. Sie haben den Glauben an sich bewahrt und eine günstige Stellung zum Leben leichter gefunden. Sie verlangen nicht allzu viel, weil sie eine gute Selbsteinschätzung haben und sich nicht verkürzt fühlen. So ertragen sie die Schwierigkeiten des Lebens leichter als andere, die darin immer einen Anlass finden, sich für schwach und unzulänglich zu halten. In schwierigeren Situationen bleiben sie ruhig in der Überzeugung, dass man Fehler wiedergutmachen kann.

Auch an ihrer äußeren Erscheinung kann man die Optimisten erkennen. Sie fürchten sich nicht, sprechen offen und frei mit den andern und genieren sich nicht allzu viel. Plastisch könnte man sie etwa darstellen, wie sie mit offenen Armen dastehen, um den andern zu empfangen. Sie finden leicht Anschluss an andere Menschen, sie befreunden sich leicht, weil sie nicht misstrauisch sind. Ihre Sprache ist unbehindert, Haltung und Gang unbefangen. Einen reinen Typus dieser Art findet man selten, fast nur in den ersten Kinderjahren. Es gibt aber schon Grade von Optimismus und Anschlussfreudigkeit, mit denen wir zufrieden sein können.

Anders der Typus des *Pessimisten*, der die schwersten Erziehungsprobleme stellt. Es sind jene, die aus den Erlebnissen und Eindrücken der Kindheit ein Minderwertigkeitsgefühl bezogen haben, denen durch allerhand Schwierigkeiten die Empfindung nahegelegt wurde, dass das Leben nicht leicht ist. Einmal im Bannkreis einer durch unrichtige Behandlung genährten pessimistischen Weltanschauung, wird ihr Blick immer auf die Schattenseiten des Lebens fallen. Sie sind sich der Schwierigkeiten des Lebens viel mehr bewusst als die Optimisten und verlieren leicht den Mut. Oft von einem Unsicherheitsgefühl erfüllt, suchen sie nach einer Stütze, was sich gewöhnlich schon äußerlich darin kundtut, dass sie nicht frei stehen können, als Kinder z. B. Anlehnung an die Mutter suchen oder nach der Mutter rufen. Dieser *Schrei nach der Mutter* ist manchmal bis ins späte Alter wiederzufinden.

Die besondere Vorsichtigkeit dieses Typus sieht man an seiner Haltung, die meist schüchtern, furchtsam, langsam sein wird, vorsichtig berechnend, weil sie immer Gefahren wittern. Sie werden auch schlechter schlafen. Der Schlaf ist überhaupt ein ausgezeichneter Gradmesser für die Entwicklung eines Menschen. Die *Schlafstörungen* sind immer ein Zeichen der größeren Vorsicht und Unsicherheit. Es ist, wie wenn diese Menschen fortwährend auf der Wacht wären, um sich vor den Feindseligkeiten des Lebens besser zu schützen. Daraus kann man auch ersehen, wie wenig Lebenskunst, wie wenig Verständnis für das Leben und seine Zusammenhänge in diesem Typus vorhanden ist, der nicht einmal eines guten Schlafes teilhaftig werden kann. Hätte er wirklich recht, dann *dürfte* er gar nicht schlafen. Wäre das Leben wirklich so schwer, wie dieser Typus es annimmt, dann wäre in der Tat der Schlaf eine schädliche Einrichtung. In der Neigung, gegen solche natürliche Einrichtungen Stellung zu nehmen, verrät sich die Lebensunfähigkeit dieses Typus. Manchmal findet man nicht gerade Schlafstörungen, sondern andere Kleinigkeiten, wie Nachsehen, ob die Tür gut verschlossen ist, häufige Träume von Einbrechern u. dgl. Sogar in Schlafstellungen ist dieser Typus zu erkennen. Es kommt oft vor, dass sich solche Menschen auf den kleinsten Raum zusammenringeln oder sich die Decke über den Kopf ziehen.

Nach anderen Gesichtspunkten kann man die Menschen einteilen in Angreifer und Angegriffene. Die *Angriffsattitüde* zeigt sich vor allem in größeren Bewegungen. Sie werden, wenn sie mutig sind, diesen Mut bis zum Übermut steigern, sich selbst und den andern immer mit einem besonderen Nachdruck zeigen wollen, dass sie doch etwas leisten können. So verraten sie das tiefe Unsicherheitsgefühl, das sie im Grunde beherrscht. Wenn sie furchtsam sind, werden sie sich gegen die Furcht abzuhärten suchen. Andere wieder werden bestrebt sein, Gefühle von Weichheit und Zärtlichkeit zu unterdrücken, weil sie ihnen wie eine Schwäche erscheinen. Sie werden immer den Starken herauskehren wollen, oft mit einer solchen Deutlichkeit, dass es auffällt. Diese Angreifer werden manchmal auch Züge von Rohheit und Grausamkeit aufweisen. Neigen sie zu Pessimismus, dann sind oft alle ihre Beziehungen zur Umwelt verändert, weil sie nicht mitleben und nicht mitfühlen und allen feindlich gegenüberstehen. Ihre bewusste Selbsteinschätzung kann dabei einen sehr hohen Grad erreichen, sie können gebläht sein von Stolz, Arroganz und Eigendünkel. Sie können Eitelkeiten zur Schau tragen, als ob sie wirkliche Überwinder wären. Aber die Deutlichkeit, mit der sie das alles tun, und das Überflüssige daran stört nicht nur das Zusammenleben, sondern verrät uns auch, dass alles an ihnen nur ein künstlerischer Bau ist, der sich über einer unsicheren, schwankenden Grundlage erhebt. So kommt ihre Angriffsattitüde zustande, die einige Zeit anhält.

Die weitere Entwicklung solcher Menschen ist nicht leicht. Die menschliche Gesellschaft ist solchem Wesen nicht hold. Schon dadurch, dass sie auffallen, machen sie sich missliebig. Bei ihren steten Anstrengungen, die Oberhand zu gewinnen, geraten sie mit den andern bald in Konflikt, besonders mit Gleichgesinnten, deren Konkurrenz sie erwecken. Ihr Leben wird zu einer fortgesetzten Kette von Kämpfen, und wenn sie, wie es fast unausbleiblich ist, Niederlagen erleiden, ist es oft mit ihrer Linie des Sieges und Triumphes zu Ende. Sie schrecken dann leicht zurück, verlieren die Ausdauer und können Rückschläge nur mehr schwer überwinden. Sie sind dann auch schwer wieder hervorzuholen. Das Misslingen von Aufgaben beginnt nachhaltigen Einfluss auf sie zu gewinnen und sie enden in ihrer

Entwicklung ungefähr dort, wo der andere Typus, jene, die sich immer angegriffen fühlen, beginnt.

Dieser zweite Typus, die *»Angegriffenen«*, sind jene, die in der Überwindung ihres Schwächegefühls nicht die Linie des Angriffs gesucht haben, sondern die der Ängstlichkeit, Vorsicht und Feigheit. Diese Einstellung kommt sicherlich nie zustande, ohne dass die beim ersteren Typus geschilderte Linie, wenn auch nur für kurze Zeit, beschritten wurde. Die »Angegriffenen« sind mit schlimmen Erfahrungen bald so beladen, sie ziehen derart vernichtende Schlussfolgerungen daraus, dass sie leicht auf den Weg der Flucht geraten. Manchen gelingt es, diese Fluchtbewegungen vor sich selbst zu verstecken, indem sie so tun, als ob hier ein fruchtbares, werktätiges Beginnen vorläge. So, wenn sie in die Vergangenheit zurückgreifen, sich intensiv mit ihren Erinnerungen beschäftigen und ihre Phantasie entwickeln, was aber in Wirklichkeit nur dem Zweck dient, von der Wirklichkeit, die ihnen bedrohlich erscheint, loszukommen. Wohl gelingt es dem einen oder andern, wenn noch nicht alle Initiative verlorengegangen ist, selbst auf diesem Weg etwas zu leisten, was für die Allgemeinheit nicht ohne Nutzen ist. Wer sich für die *Psychologie des Künstlers* interessiert, der wird unter Künstlern oft diesen Typus vorfinden, der sich von der Wirklichkeit abgewandt hat, um sich in der Phantasie, im Reich der Ideen, wo es keine Hindernisse gibt, eine zweite Welt zu errichten. Das sind aber Ausnahmen. Die meisten erleiden Fehlschläge. Sie fürchten alle und alles, werden ungeheuer misstrauisch und erwarten vom andern nur Feindseligkeit. Leider werden sie in unserer Kultur nur zu häufig in ihrer Stellungsnahme bestärkt, verlieren dann völlig den Blick für die guten Eigenschaften der Menschen und für die Lichtseiten des Lebens. Ein häufiger Charakterzug dieser Menschen ist, dass sie außerordentlich *kritisch* werden können und einen Scharfblick bekommen, der jeden Fehler sofort wahrnimmt. Sie werfen sich zu Richtern auf, ohne selbst etwas zum Nutzen ihrer Umgebung beigetragen zu haben. Sie sind immer nur kritisch und schlechte Mitspieler, Spielverderber. Ihr Misstrauen zwingt sie zu einer abwartenden, zögernden Haltung. Vor einer Aufgabe beginnen sie zu zweifeln und zu zögern, als ob sie die Entscheidung hinausrücken wollten. Will man sich auch diesen Typus symbolisch darstellen, dann würde er uns erscheinen als ein Mensch, der wie zur Abwehr die Hände vorstreckt, zuweilen mit abgewandtem Blick, wie um der Gefahr nicht ins Auge sehen zu müssen.

Auch andere Züge, die solchen Menschen anhaften, sind wenig sympathisch. Es ist eine allgemeine Erscheinung, dass Menschen, die sich selbst nichts zutrauen, die Neigung besitzen, auch andern nichts zuzutrauen. Bei dieser Haltung ist es aber unausweichlich, dass sich Züge des Neides und Geizes entwickeln. Die Zurückgezogenheit, in der sie oft leben, bedeutet, dass sie nicht gewillt sind, andern Freude zu bereiten und an den Freuden anderer teilzunehmen. Fremde Freude bereitet ihnen zuweilen Schmerz, sie fühlen sich durch sie geradezu verletzt. Einzelnen dieser Menschen gelingt recht häufig der Kunstgriff, sich über die andern erhaben zu fühlen, in einer Weise, dass dieses Gefühl im Leben schwer zu erschüttern ist. In ihrer Sehnsucht, sich erhaben zu zeigen, können Empfindungen wach werden, die so kompliziert sind, dass man sie auf den ersten Blick gar nicht als feindselig erkennt.

4. Die alte psychologische Schule. Man kann auch ohne klar bewusste Richtungslinie Menschenkenntnis betreiben. Das geht gewöhnlich auf die Weise vor sich, dass man einen *einzelnen* Punkt der seelischen Entwicklung herausgreift und von diesem Punkte aus Typen aufzustellen versucht, um sich zurechtzufinden. So könnte man die Menschen z. B. einteilen in solche, die mehr nachdenklich, mehr überlegend oder mehr in der Phantasie beschäftigt sind und dem Eingreifen ins Leben abhold sind, die daher schwer zum Handeln zu bewegen sind, und in solche, die tätiger sind, weniger nachdenken und der Phantasie weniger Spielraum geben, die immer beschäftigt sind, arbeitend, ins Leben eingreifend. Solche Typen bestehen wohl. Wir wären aber dann schon am Ende unserer Betrachtungen und müssten uns, wie die übrige Psychologie, damit bescheiden, festzustellen, dass bei den einen die Phantasietätigkeit, bei den andern die Tatkraft stärker entwickelt ist. Dies würde auf die Dauer kaum genügen. Unser Bedürfnis geht mehr dahin, klare Bilder darüber zu schaffen, *wie* das geworden ist, ob es so werden musste und wie es zu vermeiden oder abzuändern wäre. Deswegen sind derartige willkürliche, von einem oberflächlichen Standpunkt aus getroffene Einteilungen für eine rationelle Menschenkenntnis nicht brauchbar, wenngleich uns Typen dieser Art immer wieder auffallen.

Die Individualpsychologie hat die Entwicklung von Ausdrucksbewegungen dort erfasst, wo die Anfänge dafür zu suchen sind, in den frühesten Kindheitstagen. Sie hat festgestellt, dass diese Ausdrucksbewegungen samt und sonders entweder solche sind, die durch das Überwiegen des Gemeinschaftsgefühls ihr besonderes Gepräge erhalten, oder aber solche, bei denen das Streben nach Macht stärker hervortritt. Mit dieser Feststellung sah sie sich plötzlich im Besitz eines Schlüssels, mit dem es möglich ist, jeden Menschen ziemlich eindeutig zu erfassen und zu klassifizieren, immer natürlich unter Beobachtung jener Vorsicht, die einem Psychologen geziemt, der ja in einem außerordentlich weiten Gebiet operiert. Diese Selbstverständlichkeit vorausgesetzt, gewinnen wir ein Maß, mit dem wir feststellen können, eine seelische Erscheinung enthalte einen höheren Grad von Gemeinschaftsgefühl und es sei ihr nur wenig Streben nach Macht und Prestigepolitik beigemengt, oder sie sei durchaus ehrgeiziger Natur und diene nur dazu, für ihren Träger oder auch für seine Umgebung darzutun, um wie viel er die andern überragt. Auf dieser Basis gelingt es nicht schwer, gewisse Charakterzüge deutlicher zu sehen, mit ihnen zu rechnen, sie insbesondere unter dem Gesichtspunkt der Einheitlichkeit einer Persönlichkeit zu verstehen, womit auch gleichzeitig die Handhaben gegeben sind, mit einem Menschen zu rechnen und auf ihn einzuwirken.

5. Temperamente und innere Sekretion. Eine in der Psychologie sehr alte Unterscheidung der seelischen Ausdrucksformen sind die *Temperamente*. Es ist nicht leicht zu sagen, was man unter Temperament verstehen soll, Schnelligkeit, mit der einer denkt, spricht oder handelt, die Kraft oder der Rhythmus, den er hineinlegt, u. dgl. Wenn wir die Erklärungen der Psychologen über das Wesen der Temperamente zurückverfolgen, müssen wir sagen, dass die Wissenschaft in der Betrachtung des Seelenlebens seit dem grauen Altertum über die Festsetzung von vier Temperamenten nicht hinausgekommen ist. Die Einteilung derselben in ein sanguinisches, cholerisches, melancholisches und phlegmatisches stammt aus dem alten Griechenland, wurde von Hippokrates übernommen, dann von den Römern weitergeführt und bildet heute noch in der Psychologie ein ehrwürdiges Heiligtum.

Unter einem *Sanguiniker* versteht man einen Menschen, der eine gewisse Lebenslust aufweist, die Dinge nicht allzu schwernimmt, sich, wie man sagt, nicht leicht graue Haare wachsen lässt und versucht, allem die schönste und angenehmste Seite abzugewinnen, der bei traurigen Anlässen wohl traurig ist, aber nicht zusammenbricht, bei freudigen Ereignissen wohl einen Genuss empfindet, aber doch nicht in Überraschung gerät. Eine ausführliche Schilderung dieser Menschen ergibt nichts anderes, als dass sie die ungefähr gesunden Leute sind, bei denen sich schädliche Einschläge größeren Grades nicht vorfinden. Von den anderen drei Typen können wir das Letztere nicht behaupten. Der *Choleriker* ist in einem alten dichterischen Gleichnis so dargestellt, dass er einen Stein, der seinen Lauf hindert, wutentbrannt zur Seite schleudert, während der Sanguiniker gemächlich über ihn hinwegschreitet. In die Sprache der Individualpsychologie übersetzt, ist der Choleriker derjenige, dessen Streben nach Macht so angespannt ist, dass er immer große Bewegungen machen muss, Kraftleistungen produzieren und in geradlinig-aggressivem Vorgehen alles überrennen will. Früher hat man dieses Temperament mit der Galle in Verbindung gebracht und von einem galligen Temperament gesprochen. Auch heute spricht man noch von Menschen, denen die »Galle übergeht«. In Wirklichkeit sind das aber die Menschen mit den großen Bewegungen, wie man sie schon in der frühen Kindheit findet, die ein

Kraftgefühl nicht nur haben, sondern es auch ausleben lassen und es demonstrieren wollen.

Der *Melancholiker* macht schon einen andern Eindruck. In dem erwähnten Gleichnis wird er ungefähr dargestellt als ein Mensch, dem beim Anblick dieses Steines »alle seine Sünden einfallen«, der in traurige Erwägungen verfällt und wieder zurückgeht. Die Individualpsychologie sieht in diesem Typus den ausgesprochen zögernden Menschen, der sich nicht zutraut, Schwierigkeiten zu überwinden und vorwärtszukommen, sondern mit größter Vorsicht seine weiteren Schritte einleitet, lieber stehen bleibt oder umkehrt, als etwas zu riskieren. Also ein Mensch, bei dem der Zweifel das Übergewicht gewinnt, der meist geneigt ist, mehr an sich als an die andern zu denken, so dass auch dieser Typus für die großen Möglichkeiten des Lebens keine Anknüpfungspunkte besitzt. Er ist durch seine eigenen Sorgen so bedrückt, dass sein Blick nur nach rückwärts oder nach innen gerichtet ist.

Phlegmatiker nun scheint durchwegs jener zu sein, der dem Leben fremd ist, Eindrücke sammelt, ohne daraus besondere Konsequenzen zu ziehen, auf den nichts mehr Eindruck macht, den nichts sonderlich interessiert, der auch keine besonderen Kraftanstrengungen macht, kurz, der ebenfalls die Zusammenhänge mit dem Leben nicht hat und dem Leben vielleicht am entferntesten gegenübersteht.

Wir können demnach nur den Sanguiniker als den Typus eines guten Menschen bezeichnen. Erwähnt muss noch werden, dass Temperamente in dieser Reinheit sehr selten sind, dass man meist Mischfälle antrifft, welcher Umstand diese Temperamente eigentlich ihres Wertes beraubt. Es kommt auch vor, dass verschiedene Temperamente einander ablösen, so dass sich z. B. ein Kind im Anfang als Choleriker präsentiert, später ein Melancholiker wird und vielleicht als Phlegmatiker endet. Für den Sanguiniker müssen wir noch feststellen, dass er als derjenige erscheint, der in seiner Kindheit am wenigsten dem Gefühl der Minderwertigkeit ausgesetzt war, wenig fühlbare Organminderwertigkeiten aufwies und keinen starken Reizungen unterworfen war, so dass er sich ruhig entwickeln, das Leben liebgewinnen und sich mit ihm auf vertrauten Fuß setzen konnte.

Nun kommt die Wissenschaft und erklärt Folgendes: Die Temperamente des Menschen sind abhängig von der *inneren Drüsensekretion.*[1] Die neuere Entwicklung der medizinischen Wissenschaft arbeitet nämlich mit der Erkenntnis der sog. Blutdrüsen. Dazu gehören namentlich die Schilddrüse, die Hypophyse, Nebenniere, Nebenschilddrüse und die Keimdrüse. Das sind Drüsen ohne Ausführungsgang, sezernierende Gewebe, die einen Saft an das Blut abgeben. Die allgemeine Auffassung ist nun die, dass alle Organe und Gewebe des Körpers durch diese Säfte beeinflusst werden, die durch das Blut zu jeder einzelnen Zelle des Körpers gelangen, Säfte, die Reiz- und sog. entgiftende Wirkungen haben, für den Lebenshaushalt also unbedingt notwendig sind. Die volle Bedeutung der »endokrinen Drüsen« ist noch in Dunkel gehüllt. Diese ganze Wissenschaft steht noch im Anfang, ganz positive Tatsachen können noch nicht gegeben werden. Da sie aber darauf Anspruch erhebt, auch eine psychologische Richtung zu begründen, da sie behauptet, in Bezug auf Charakter und

1 Siehe *Kretschmer*, Charakter und Temperament, Berlin 1921.

Temperament der Menschen Auskünfte geben zu können, soll noch einiges darüber gesagt werden.

Vorerst muss ein schweres Bedenken ausgesprochen werden. Wenn wir uns einen veritablen Krankheitsfall ansehen, in dem z. B. die Schilddrüsensekretion mangelhaft arbeitet, dann ist es wohl richtig, dass wir hier auch seelischen Äußerungen begegnen, die das Äußerste an phlegmatischem Temperament darzubieten scheinen. Denn abgesehen davon, dass diese Menschen ein gedunsenes Aussehen bekommen, eine besonders derbe Hautentwicklung aufweisen und dass ihr Haarwuchs sich verschlechtert, sind sie auch von einer außerordentlichen Langsamkeit und Trägheit der Bewegung. Ihre seelische Empfindlichkeit ist stark herabgesetzt, ihre Initiative gering.

Wenn wir aber diesen Fall mit einem andern vergleichen, den wir als phlegmatisches Temperament bezeichnen, *ohne* dass wir den Nachweis eines pathologischen Substanzverlustes der Schilddrüse führen könnten, dann sehen sich diese Fälle gar nicht ähnlich und wir haben ganz verschiedene Bilder vor uns. Man könnte also sagen: Vermutungsweise liegt in den Säften, die die Schilddrüse dem Blut liefert, etwas, das zu einer klaglosen seelischen Funktion mitwirkt. So weit können wir aber nicht gehn, zu identifizieren und zu sagen, das phlegmatische Temperament entstehe durch Verlust an diesem Schilddrüsenzuschuss an das Blut.

Der *pathologische* Typus des Phlegmatikers ist also ganz verschieden von jenem, den wir im Leben als Phlegmatiker bezeichnen, dessen Temperament und Charakter sich durchaus abheben, und zwar durch ihre psychologische Vorgeschichte. Diese Phlegmatiker nämlich, die für uns als Psychologen in Betracht kommen, sind durchaus nicht gleichbleibende Typen und man wird oft überrascht durch die erstaunlich tiefen und heftigen Reaktionen, die bei solchen Menschen zustande kommen. Einen Phlegmatiker durch das ganze Leben gibt es überhaupt nicht und wir werden immer finden, dass dieses Temperament nichts anderes ist, als eine künstliche Hülle, eine Sicherung, die sich ein sehr empfindlicher Mensch geschaffen, die er zwischen sich und die Außenwelt gebracht hat, zu der er vielleicht eine ursprüngliche, in seiner Konstitution begründete Neigung gehabt hat. Das phlegmatische Temperament ist ein Sicherungsvorgang, eine sinnvolle Antwort auf die Fragen des Lebens und in diesem Sinn natürlich ganz verschieden von der sinnlosen Langsamkeit, Trägheit und Unzulänglichkeit eines Menschen, der der Schilddrüse ganz oder zum Teil beraubt ist.

Über dieses bedeutsame Bedenken können wir nicht hinweggehen und müssen selbst in dem Fall, als sich nachweisen ließe, dass nur jene ein phlegmatisches Temperament bekommen können, die eine krankhafte Schilddrüsensekretion aufweisen, geltend machen: Das ist nicht das Um und Auf der ganzen Sache, sondern es handelt sich um ein ganzes Bündel von Ursachen und Zielen, um einen ganzen Konzern von Organbetätigungen plus äußeren Einwirkungen, die zuerst ein organisches Minderwertigkeitsgefühl erzeugen, von dem aus dann Versuche des Individuums ausgehen, deren einer der sein *kann*, sich durch ein phlegmatisches Temperament vor Unannehmlichkeiten und Verletzungen des Persönlichkeitsgefühls zu schützen. Das heißt aber mit anderen Worten, dass wir hier wieder einen Typus vor uns haben, von dem schon die Rede war, nur spezifiziert, bei dem eben die Organminderwertigkeit der Schilddrüse und ihre Folgen in den Vordergrund treten, der durch diese Organminderwertigkeit eine schlechtere Stellung im Leben zugewiesen erhält und diese nun durch seelische Kunstgriffe, wie das Phlegma, wettzumachen sucht.

In dieser Auffassung werden wir bestärkt, wenn wir andere Sekretionsanomalien in Betracht ziehen und die dazu »gehörigen« Temperamente untersuchen. So gibt es auch Menschen, die eine vermehrte Schilddrüsensekretion aufweisen, wie es bei der Basedow'schen Krankheit der Fall ist. Körperlich sind solche Kranke dadurch ausgezeichnet, dass sie eine verstärkte Herztätigkeit haben, insbesondere eine erhöhte Pulsfrequenz, dass ihre Augen stark hervortreten, dass die Schilddrüse anschwillt und der ganze Körper, besonders die Hände, in einem leichteren oder stärkeren Zittern begriffen sind. Auch Schweiß tritt leicht auf und die Verdauungsorgane kommen vielleicht unter der Beeinflussung der Bauchspeicheldrüse öfters in Schwierigkeiten. Auch zeigen sich Aufregungszustände, die Patienten tragen ein hastiges, gereiztes Wesen zur Schau und leiden häufig an Angstzuständen. Der Anblick eines Basedow-Kranken zeigt im ausgebildeten Stadium das unverkennbare Bild eines ängstlichen Menschen.

Wer aber sagen würde, dass dies mit dem psychologischen Bild der Angst identisch sei, würde stark irren. Die psychologischen Tatsachen, die man bei solchen Fällen wahrnehmen kann, sind, wie erwähnt, die Aufregungszustände und eine gewisse Unfähigkeit zu geistigen oder körperlichen Arbeiten, Schwächezustände, die sowohl organisch, wie auch seelisch bedingt sind. Ein Vergleich aber mit Menschen, die *sonst* an Hast, Aufregungszuständen und Angst leiden, zeigt uns den gewaltigen Unterschied. Während wir von den Hyperthyeoiden, Menschen mit vermehrter Schilddrüsensekretion, sagen können, da liegen chronische Vergiftungserscheinungen, wie etwa bei einem Rauschzustand, vor, sind wir bei Leuten, die sonst einer Reizbarkeit verfallen sind, die sich hastig benehmen und leicht in Angst geraten, in einer ganz anderen Lage und können deren seelische Vorgeschichte entwickeln. Es handelt sich hier also nur um *Ähnlichkeiten*, während die *Planmäßigkeit* eines Charakters und Temperaments fehlt.

Noch eine Anzahl andere Drüsen mit innerer Sekretion soll Erwähnung finden. Eigenartig sind die Zusammenhänge aller dieser verschiedenen Drüsenentwicklungen mit den *Keimdrüsen*. (Siehe auch: Adler, Studie über die Minderwertigkeit von Organen.) Diese Feststellung ist heute so eigentlich ein Grundsatz der biologischen Forschung geworden, dergestalt, dass man nie irgendwelche Anomalien von Drüsen findet, ohne gleichzeitig auch auf Anomalien der Keimdrüsen zu stoßen. Das besondere Abhängigkeitsverhältnis bzw. der Grund des gleichzeitigen Auftretens dieser Minderwertigkeiten ist noch nicht festgestellt. Aber auch bei diesen Drüsen kann man von anderen seelischen Beeinflussungen, wie oben, nicht sprechen, auch in diesem Fall kommt man kaum weiter als zu demselben Bild, das wir von früher her kennen, dem des organisch minderwertigen Menschen, der sich im Leben schwieriger zurechtfindet und infolgedessen eine erhöhte Zahl von seelischen Kunstgriffen und Sicherheiten zeigen wird.

Man hat insbesondere zu finden geglaubt, dass Charakter und Temperament von den Keimdrüsen beeinflusst sind.

Bedenkt man aber, dass weitgreifende Anomalien der Keimdrüsensubstanz im Allgemeinen bei den Menschen nicht häufig zu finden sind, so muss man sagen, dass man es dort, wo derartige pathologische Gestaltungen vorhanden sind, mit Ausnahmefällen zu tun hat. Wenn man ferner feststellen muss, dass es eigentlich gar kein seelisches Bild gibt, das direkt auf die Funktionen der Keimdrüse zu beziehen wäre, das nicht vielmehr aus der eigenartigen Situation des Keimdrüsen-Kranken entstünde, so fehlt auch hier wieder die solide Basis für eine psychologische Grundlegung. Man kann wieder nur feststellen, dass auch von den Keimdrüsen gewisse, für die Vitalität notwendige Anregungen ausgehen, die die Position des Kindes in seiner Umwelt begründen, die aber auch von den anderen Organen übernommen werden können und die nicht zu einer eindeutigen seelischen Struktur führen müssen. (Carlyle.)

Da es sich nun bei der Bewertung eines Menschen um eine außerordentlich heikle und schwere Aufgabe handelt, bei der ein Irrtum geradezu über Leben und Tod entscheiden kann, muss hier gewarnt und gesagt werden: Die *Verlockung* von Kindern, die mit angeborenen körperlichen Schwächen zur Welt kommen, zu besonderen Kunstgriffen und zu einer eigenartigen Entwicklung ihrer Seele, ist groß, *aber sie kann überwunden werden.* Es gibt kein Organ, sei es in welchem Zustand immer, das einen Menschen zu einer bestimmten Haltung verpflichten würde. Es *verleitet* nur, aber das ist etwas anderes. Und Ansichten, wie die obigen, können nur bestehen, weil niemand daran gedacht hat, von vornherein den Schwierigkeiten einer seelischen Entwicklung solcher organschwacher Kinder ein Ende zu bereiten, weil man sie in naheliegende Irrtümer verfallen lässt und eigentlich nur betrachtet, aber nicht hilft und fördert. Wir werden demzufolge fordern müssen, dass die in der Individualpsychologie begründete *Positionspsychologie* gegenüber den Ansprüchen einer neuen *Dispositionspsychologie* in ihrem Recht erhalten bleibt.

6. Rekapitulation. Bevor wir zur Betrachtung der einzelnen Charakterzüge übergehen, wollen wir eine kurze Wiederholung der bisher gewonnenen Gesichtspunkte vornehmen.

Eine wichtige Feststellung war die, dass man Menschenkenntnis nicht auf Grund einer einzelnen, aus dem seelischen Zusammenhang losgelösten Erscheinung betreiben kann. Es müssen wenigstens zwei, zeitlich möglichst weit auseinanderliegende Erscheinungen miteinander verglichen und gleichsam auf einen gemeinsamen Namen gebracht werden. Dieser praktische Wink hat sich als recht vorteilhaft erwiesen. Er gestattet, eine ganze Anzahl von Eindrücken zu sammeln, die sich bei systematischer Verwertung zu einem sicheren Urteil verdichten lassen. Würde man auf eine derartige Erscheinung sein Urteil stützen, dann würde man sich in derselben Verlegenheit befinden, wie andere Psychologen und Pädagogen und wieder auf die landläufigen Mittel verfallen, von denen wir immer gefunden haben, dass sie nichts fruchten. Gelingt es aber, so viel Anhaltspunkte wie möglich zu gewinnen und dieselben miteinander zu verbinden, dann hat man ein System vor sich, dessen Kraftlinien man auf sich wirken lassen kann, so dass man einen klaren, einheitlichen Eindruck von einem Menschen erhält. Man fühlt festen Boden unter den Füßen. Es kann sich natürlich bei näherer Bekanntschaft mit einem Menschen die Notwendigkeit ergeben, sein Urteil mehr oder weniger zu modifizieren. Und vor jedem pädagogischen Eingriff ist es unerlässlich, sich vorerst auf diese Weise ein völlig klares Bild zu verschaffen.

Es wurden auch verschiedene Mittel und Wege erörtert, um zu einem solchen System zu gelangen, und zu diesem Zweck sogar Erscheinungen herangezogen, wie wir sie etwa bei uns selbst finden oder von dem Idealbild eines Menschen verlangen. Weitergehend haben wir gefordert, dass dieses von uns geschaffene System nie eines bestimmten Faktors entbehren dürfe, nämlich des sozialen Faktors. Es genügt nicht, Erscheinungen des Seelenlebens bloß als individuelle anzusehen, sondern wir müssen sie in ihrem Zusammenhang mit dem gesellschaftlichen Leben begreifen. Und als ein besonderer, vor allem für unser Zusammenleben mit dem Menschen wertvoller Grundsatz erwuchs uns die Erkenntnis: *Der Charakter eines Menschen ist uns nie die Grundlage zu einer moralischen Beurteilung, sondern eine soziale Erkenntnis, wie dieser Mensch auf seine Umwelt wirkt und in welchem Zusammenhang er mit ihr steht.*

Bei der Verfolgung dieses Gedankenganges stießen wir auf zwei allgemein menschliche Erscheinungen: Die eine war der überall vorzufindende Bestand des Gemeinschaftsgefühls, das die Menschen untereinander verbindet, das die großen Leistungen der Kultur geschaffen hat. Es war der eine Maßstab, den wir an die Erscheinungen des Seelenlebens anlegten, der gestattet, die Größe des wirksamen Gemeinschaftsgefühls festzustellen. Wir bekommen einen plastischen Eindruck einer menschlichen Seele, wenn wir wissen, wie jemand im Verband der Menschen dasteht, wie er seine Mitmenschlichkeit äußert, sie fruchtbar und lebendig macht. Schließlich gelangten wir – und das war für uns der zweite Maßstab für die Beurteilung eines Charakters – zu der Feststellung, dass jene Kräfte, deren feindlicher Einwirkung das Gemeinschaftsgefühl am stärksten ausgesetzt ist, Regungen des Strebens nach Macht und Überlegenheit sind. Gestützt auf diese beiden Anhaltspunkte konnten wir verstehen, dass die Unterschiede unter Menschen bedingt sind durch die Größe des Gemeinschaftsgefühls und des Strebens nach Macht, welche Faktoren sich gegenseitig beeinflussen. Es ist ein Kräftespiel, dessen äußere Erscheinungsform das ist, was wir Charakter nennen.

II. Kapitel: Charakterzüge aggressiver Natur

1. Eitelkeit (Ehrgeiz). Sobald das Geltungsstreben überhandnimmt, ruft es im Seelenleben eine erhöhte Spannung hervor, die bewirkt, dass der Mensch das Ziel der Macht und Überlegenheit deutlicher ins Auge fasst und ihm mit verstärkten Bewegungen näherzukommen trachtet. Sein Leben wird wie die Erwartung eines großen Triumphes. Ein solcher Mensch muss unsachlich werden, weil er den Zusammenhang mit dem Leben verliert, weil er immer mit der Frage beschäftigt ist, was er für einen Eindruck macht und was die andern von ihm denken. Seine Aktionsfreiheit wird dadurch außerordentlich gehemmt, und es tritt der am häufigsten anzutreffende Charakterzug zutage, die Eitelkeit.

Man kann sagen, bei jedem Menschen ist die Eitelkeit, und sei es auch nur in Spuren, vorhanden. Und da es nicht imponiert, wenn einer seine Eitelkeit ganz offen zur Schau trägt, ist sie meist gut verdeckt und nimmt die verschiedensten Formen an. Man kann auch bei einer gewissen Bescheidenheit eitel sein. Ein Mensch kann so eitel sein, dass ihm entweder am Urteil der andern gar nichts gelegen ist, oder dass er gierig darnach hascht und es zu seinen Gunsten zu wenden sucht.

Wenn die Eitelkeit einen gewissen Grad übersteigt, wird sie äußerst gefährlich. Abgesehen davon, dass sie den Menschen zu allerhand nutzlosen Arbeiten und Aufwendungen zwingt, die mehr auf den Schein gehen als auf das Sein, dass sie den Menschen mehr an sich denken lässt und höchstens an das Urteil der anderen über sich, verliert er durch sie leicht den Kontakt mit der Wirklichkeit. Er geht einher ohne Verständnis für die menschlichen Zusammenhänge, ohne Beziehung mit dem Leben, er vergisst, was das Leben von ihm fordert und was er als Mensch zu geben hätte. Die Eitelkeit ist wie keine andere Untugend imstande, den Menschen von jeder freien Entwicklung abzuhalten, da er stets daran denkt, ob zum Schluss für *ihn* ein Vorteil herausschaut.

Manchmal helfen sich die Menschen damit, dass sie für das Wort Eitelkeit oder Hochmut das schöner klingende Wort *Ehrgeiz* gebrauchen, und es gibt eine Menge Menschen, die mit Stolz von sich aussagen, wie ehrgeizig sie seien. Manchmal gebraucht man auch nur den Begriff »Strebsamkeit«. Soweit sich diese nun für eine Sache als nützlich erweist, die der Allgemeinheit dient, kann man sie hinnehmen. In der Regel aber decken diese Ausdrücke nur eine außerordentliche Eitelkeit.

Die Eitelkeit macht es frühzeitig aus, dass solche Menschen keine rechten Mitspieler werden, eher Spielverderber. Und wenn sie sich von der Befriedigung ihrer Eitelkeit ausgeschlossen sehen, suchen sie oft wenigstens zu erreichen, dass andere leiden. Man kann bei Kindern, deren Eitelkeit im Wachsen ist, oft bemerken, wie sie in bedrohlichen Situationen ihre Geltung stark hervorkehren und Schwächere gern ihre Stärke fühlen lassen. Auch die Fälle von Tierquälerei gehören hierher. Andere, die schon etwas entmutigt sind, werden ihre Eitelkeit mit unverständlichen Kleinigkeiten zu befriedigen trachten und abseits vom großen Turnierplatz der Arbeit, auf einem zweiten Kriegsschauplatz, den sich ihre Laune geschaffen hat, versuchen, ihren Geltungsdrang zu befriedigen. Hier werden jene zu finden sein, die immer klagen, wie schwer das Leben sei und die behaupten, man sei ihnen etwas schuldig geblieben. Wäre die Erziehung nicht so schlecht gewesen oder wäre irgendein Übel nicht eingetreten, dann ständen sie, wie sie behaupten, an erster Stelle. So und ähnlich sind ihre Klagen. Immer finden sie Vorwände, um sich nicht an die Front des Lebens ziehen zu lassen. Aber aus ihren Träumen schöpfen sie noch immer Befriedigung ihrer Eitelkeit.

Der Mitmensch befindet sich dabei im Allgemeinen recht schlecht. Er ist der Kritik dieser Leute in hohem Grade ausgesetzt. Der Eitle wird gewöhnlich die Schuld für irgendwelche Fehlschläge von der eigenen Person abzuwälzen trachten. Immer hat er recht und die andern haben unrecht, während es sich im Leben gar nicht darum handelt, recht zu haben, sondern darum, dass man seine Sache vorwärtsbringt und zur Förderung der andern beiträgt. Stattdessen hört man immer nur Klagen und Entschuldigungen aus seinem Munde.

Wir haben es hier mit Kunstgriffen des menschlichen Geistes zu tun, mit Versuchen, sich dagegen zu schützen, dass die eigene Eitelkeit verletzt werde, damit das Gefühl der Überlegenheit unversehrt bleibe und nicht ins Wanken komme.

Man hört oft den Einwand, dass die großen Leistungen der Menschheit ohne Ehrgeiz nicht hätten zustande kommen können. Das ist aber falscher Schein, ist eine falsche Perspektive. Da kein Mensch von Eitelkeit frei ist, hat wohl auch jeder Mensch etwas von diesem Zug. Dieser kann ihm aber sicherlich nicht die Richtung gegeben und ihm jene Kraft verliehen haben, die zu nützlichen Leistungen führt. Diese können nur aus dem Gefühl der Gemeinschaft zustande kommen. Eine geniale Leistung ist nicht möglich, ohne dass dabei irgendwie die Gemeinschaft ins Auge gefasst wird. Voraussetzung dazu ist immer eine Verknüpftheit mit der Gesamtheit, ist der Wille, sie zu fördern. Sonst kämen wir auch nicht dazu, einer solchen Leistung Wert zuzusprechen. Was an Eitelkeit dabei vorhanden war, ist sicher nur störend, hemmend gewesen. Ihr Einfluss kann nicht groß sein.

In unserer heutigen gesellschaftlichen Atmosphäre ist aber ein völliger Bruch mit der Eitelkeit nicht zu bewerkstelligen. Die Erkenntnis dieser Tatsache ist allein schon ein Vorteil. Denn wir stoßen damit zugleich an den wundesten Punkt unserer Kultur, eine Tatsache, die es mit sich bringt, dass so viel Menschen verfallen, ihr Leben lang unglücklich bleiben und immer nur dort zu finden sind, wo Unheil herauskommt. Menschen, die sich mit den andern nicht vertragen, sich in das Leben nicht einfinden können, weil sie andere Aufgaben haben, nämlich mehr zu scheinen, als sie sind. So kommen sie mit der Wirklichkeit leicht in Konflikt, weil sich diese nicht um die hohe Meinung kümmert, die jemand von sich selber hat. Solche Menschen werden durch ihre Eitelkeit nur zum Besten gehalten. In allen schweren Verwicklungen der Menschheit wird immer der missglückte Versuch, die Eitelkeit zu befriedigen, als der wesentlichste Faktor zu finden sein. Es ist ein wichtiger Kunstgriff, wenn man zum Verständnis einer komplizierten Persönlichkeit gelangen will, festzustellen, wie weit bei ihr die Eitelkeit reicht, in welcher Richtung sie sich bewegt und welcher Mittel sie sich dabei bedient. Was immer zu der Aufdeckung führen wird, wie sehr die Eitelkeit das Gemeinschaftsgefühl beeinträchtigt. Eitelkeit und Gemeinschaftsgefühl sind miteinander unvereinbar, weil Eitelkeit sich dem Prinzip der Gemeinschaft nicht unterordnen kann.

Die Eitelkeit aber findet in sich selbst ihr eigenes Schicksal. Denn ihre Entfaltung ist fortwährend durch die logischen Gegengründe bedroht, die sich im gemeinschaftlichen Leben wie eine absolute Wahrheit, der nichts widerstehen kann, von selbst entwickeln. So finden wir, dass die Eitelkeit frühzeitig genötigt ist, sich zu verstecken, zu verkleiden, dass sie Umwege machen muss, wie auch ihr Träger immer von bangen Zweifeln erfüllt ist, ob er siegreich durchdringen werde, um so viel Glanz und Triumph zu erringen, als zur Befriedigung seiner Eitelkeit nötig erscheint. Und während er so träumt und überlegt, verrinnt die Zeit. Wenn *das* aber geschehen ist, dann hat er bestenfalls die Ausrede, dass er nun keine gute Gelegenheit zur Betätigung mehr habe. Gewöhnlich spielt sich solcher Fall folgendermaßen ab: Diese Menschen werden stets eine privilegierte Stellung suchen, sie werden etwas abseitsstehen und beobachten, misstrauisch und geneigt sein, den Mitmenschen als Feind anzusehen. Sie werden eine Abwehr-, eine Kampfstellung einnehmen. Oft findet man sie in Zweifel verstrickt, mit tiefsinnigen Überlegungen, die ganz logisch anmuten, bei denen sie recht zu haben scheinen. Unterdessen aber versäumen sie abermals die Hauptsache ihres Daseins, den Anschluss an das Leben, an die Gesellschaft, an ihre Aufgaben. Blickt man näher, so findet man einen Abgrund von Eitelkeit, eine Sehnsucht, allen überlegen zu sein, die sich in allen möglichen Formen widerspiegelt. Sie tritt zutage in ihrer Haltung und Kleidung, in ihrer Art zu sprechen und mit den Menschen umzugehen. Kurz, wohin man seine Blicke richtet, hat man das Bild eines eitlen, über alle hinausstrebenden Menschen, der in seinen Mitteln meist nicht wählerisch ist. Da sich Äußerlichkeiten dieser Art nicht sympathisch ausnehmen, da die eitlen Menschen, wenn sie klug sind, ihren Verstoß und den Widerspruch mit der Gemeinschaft bald gewahr werden, so sind sie bestrebt, hier abzuschleifen. Dann kann es vorkommen, dass einer außerordentlich bescheiden auftritt, sein Äußeres beinahe vernachlässigt, nur um zu zeigen, er sei nicht eitel. Von Sokrates wird berichtet, dass er einmal einem Redner, der in zerlumpten Kleidern die Tribüne betrat, zugerufen habe: »Jüngling von Athen, dir schaut die Eitelkeit bei allen Löchern heraus.«

Oft sind Menschen tief davon überzeugt, dass sie nicht eitel seien. Sie richten ihr Augenmerk eben nur auf Äußerlichkeiten und verstehen nicht, dass Eitelkeit viel tiefer sitzt. Sie kann z. B. darin liegen, dass einer in der Gesellschaft immer das große Wort führt, fortwährend spricht, manchmal eine Gesellschaft geradezu danach beurteilt, ob er dort zu Wort gekommen ist oder nicht. Andere Menschen dieser Art treten überhaupt nicht hervor, gehen vielleicht gar nicht in die Gesellschaft und weichen ihr aus. Auch dieses Ausweichen kann verschiedene Formen annehmen. Man kommt nicht, wenn man eingeladen ist, lässt sich besonders bitten, oder man kommt zu spät. Andere wieder gehen nur unter gewissen Bedingungen in die Gesellschaft, sie zeigen sich in ihrem Hochmut äußerst »exklusiv«, was sie zuweilen mit Stolz von sich behaupten. Wieder andere setzen ihren Ehrgeiz hinein, bei *allen* Gesellschaften anwesend zu sein.

Man darf solche Erscheinungen nicht als unbedeutende Kleinigkeiten auffassen. Sie sind tief begründet. In Wirklichkeit hat so ein Mensch für das gesellschaftliche Leben nicht viel übrig und ist eher geneigt, es zu stören als zu fördern. Es gehört schon die dichterische Kraft unserer großen Schriftsteller dazu, um alle diese Typen abgerundet darzustellen.

In der Eitelkeit ist deutlich jene nach oben führende Linie sichtbar, die anzeigt, dass sich ein Mensch im Gefühl der Unzulänglichkeit ein überlebensgroßes Ziel gesetzt hat und mehr sein will als die andern. Wir dürfen vermuten, dass ein Mensch, dessen Eitelkeit besonders in die Augen springt, eine *geringe Selbsteinschätzung* hat, von der er meist selbst nichts weiß. Wohl gibt es Menschen, die sich dieses Gefühles als Ausgangspunkt ihrer Eitelkeit auch bewusst sind. Aber für sie ist diese Erkenntnis noch zu wenig, als dasss sie davon fruchtbaren Gebrauch machen könnten.

Die Eitelkeit entwickelt sich schon frühzeitig im Seelenleben des Menschen. Sie trägt eigentlich auch immer etwas Kindisches an sich; fast immer kommen uns eitle Menschen kindisch vor. Die Situationen, die zur Ausbildung dieses Charakterzuges führen können, sind von der verschiedensten Art. In einem Fall glaubt sich ein Kind zurückgesetzt, weil es seine Kleinheit infolge mangelhafter Erziehung als besonders drückend empfindet. In anderen Fällen wird den Kindern dieser hochmütige Zug durch eine Art Familientradition nahegelegt. Man kann von solchen Menschen oft hören, dass schon ihre Eltern einen solchen »aristokratischen« Zug besaßen, der sie von den andern unterscheiden und sie auszeichnen sollte. Unter diesem hohlen Streben steckt aber nichts anderes als der Versuch, sich als ein besonders exklusiver Mensch zu fühlen, der anders ist als die anderen, aus einer ganz besonderen, »besseren« Familie stammend, mit besseren, höheren Forderungen und Gefühlen und so sehr prädestiniert, dass er eigentlich eines Privilegs teilhaftig werden müsste. Der Anspruch auf ein Privileg ist es auch, der ihm die Richtung gibt, seine Handlungsweise leitet und seine Ausdrucksformen bestimmt. Da aber das Leben wenig geeignet ist, die Entwicklung solcher Typen zu begünstigen, da diese Menschen entweder angefeindet oder ausgelacht werden, ziehen sich viele von ihnen bald scheu zurück und so führen sie ein Sonderlingsleben. Solange sie im eigenen Haus sitzen, wo sie niemand Rechenschaft schuldig sind, können sie in ihrem Rausch verharren und sich in ihrer Haltung vielleicht durch die Erwägung bestärkt fühlen, was sie alles hätten erreichen können, wenn irgendetwas anders gewesen wäre. Unter diesen Typen finden sich oft hochstehende, fähige Menschen, deren Ausbildung bis zu den höchsten Spitzen reichen kann. Würden sie das, was sie können, in die Waagschale werfen, so hätte es schon ein Gewicht. Sie missbrauchen aber diesen Umstand nur, um sich zu berauschen. Die Bedingungen, die sie für eine aktive Mitarbeit in der Gesellschaft stellen, sind nicht klein. Das eine Mal betreffen sie unerfüllbare Forderungen an die Zeit (z. B. wenn sie früher einmal etwas getan, gelernt oder gewusst hätten, oder wenn andere etwas getan oder nicht getan hätten u. dgl.), oder sie sind aus einem anderen Grunde nicht erfüllbar (z. B. wenn die Männer oder die Frauen nicht so wären). Es sind lauter Forderungen, die mit bestem Willen nicht erfüllt werden können, so dass man daraus erkennen muss, dass es sich hier nur um faule Ausreden handelt, gut genug dazu, dass sich einer einmal einen Schlaftrunk daraus macht, um nicht daran denken zu müssen, was er versäumt hat.

So steckt viel Feindseliges in diesen Menschen, und sie sind schon geneigt, die Schmerzen anderer leicht zu nehmen und sich über sie hinwegzusetzen, wie einmal der große Menschenkenner La Rochefoucauld von den meisten Menschen bemerkt: Sie können leicht die Schmerzen anderer ertragen. Oft spricht sich ihre Feindseligkeit in einer *scharfen, kritischen Art* aus. Sie lassen an gar nichts ein gutes Haar, sind überall mit Spott und Tadel zur Hand, sind rechthaberisch und verdammen alles. Wobei wir uns immer sagen müssen, es ist zu wenig, das Schlechte nur zu kennen und zu verurteilen; man muss sich auch immer fragen, was man *selbst* dazu getan hat, um die Verhältnisse zu bessern. Der eitlen Natur genügt es allerdings, sich mit einem Schwung über den andern hinwegzuheben und ihn mit der scharfen Lauge der Kritik zu verätzen. Dabei kommt diesen Menschen oft zugute, dass sie darin eine unglaubliche Übung haben. Man findet hier Typen voll des feinsten

Witzes, mit einer erstaunlichen Schlagfertigkeit. Wie aus allem, so kann man auch mit Witz und Schlagfertigkeit Missbrauch treiben, eine Unart und eine Kunst daraus machen, wie es bei den großen Satirikern der Fall ist. Die wegwerfende, herabsetzende Art, in der sich solche Menschen nicht genugtun können, ist die Ausdrucksform einer bei diesem Charakterzug überaus häufigen Erscheinung, die wir *Entwertungstendenz* nennen. Sie zeigt, was eigentlich für den eitlen Menschen den Angriffspunkt abgibt: Es ist der Wert und die Bedeutung des andern. Es ist ein Versuch, sich das Gefühl der Überlegenheit dadurch zu verschaffen, dass sie den andern sinken lassen. Anerkennung eines Wertes wirkt auf sie wie eine persönliche Beleidigung. Auch daraus kann man auf das tief in ihnen verankerte Schwächegefühl schließen.

Da wir alle nicht von solchen Erscheinungen frei sind, können wir diese Auseinandersetzungen ganz gut dazu verwenden, um an uns selbst einen Maßstab anzulegen. Wenn wir auch nicht imstande sind, binnen kurzer Zeit alles auszurotten, was eine jahrtausendealte Kultur in uns hineingeworfen hat, so wird es doch schon ein Fortschritt sein, wenn wir uns nicht selbst blenden und durch Urteile binden lassen, die sich schon im nächsten Moment als schädlich erweisen. Es ist nicht unsere Sehnsucht, andersartige Menschen zu sein oder solche zu finden, sondern es ist uns ein Gesetz, unter dem wir stehen, uns die Hände zu reichen, zusammenzuhalten und zusammenzuarbeiten. In einer Zeit wie der heutigen, die dieses Zusammenarbeiten ganz besonders erfordert, ist für persönliche Eitelkeitsbestrebungen kein Platz mehr. Gerade in solchen Zeiten zeigen sich die Widersprüche, in die eine derartige Einstellung verwickelt, besonders krass, da Menschen mit solchen Auffassungen sehr leicht scheitern und zum Schluss entweder bekämpft oder bemitleidet werden müssen. Es scheint, dass gerade unsere Zeit der Eitelkeit besonders abträglich ist, so dass zumindest bessere Formen gefunden werden müssen des Inhalts, dass einer seine Eitelkeit wenigstens dort zu befriedigen trachtet, wo er der Allgemeinheit einen Nutzen bringt.

In welcher Weise die Eitelkeit oft am Werk ist, mag folgender Fall zeigen. Eine junge Frau, die Jüngste von mehreren Geschwistern, war von früher Kindheit an verzärtelt worden. Besonders ihre Mutter war ihr immer sehr zu Diensten und erfüllte jeden ihrer Wünsche. Dadurch stieg das Verlangen dieser Kleinsten, die auch körperlich sehr schwach war, ins Unermessliche. Sie entdeckte eines Tages, dass ihre Macht über ihre Umgebung besonders dann wuchs, wenn sie gelegentlich erkrankte. Und bald erschien ihr Krankheit als ein bemerkenswertes Gut. Sie verlor die Abneigung, die gesunde Menschen sonst gegen Krankheit haben, und es war ihr gar nicht mehr unangenehm, sich von Zeit zu Zeit schlecht zu fühlen. Bald gewann sie darin eine solche Übung, dass es ihr gelang, jederzeit krank zu sein, besonders, wenn sie etwas durchsetzen wollte. Da sie aber immer etwas durchsetzen wollte, war sie eigentlich für die andern immer krank. Diese Formen von *Krankheitsgefühl* bei Kindern und Erwachsenen, die dadurch ihre Macht wachsen fühlen, auf diese Weise zur Spitze der Familie emporsteigen, um eine unumschränkte Herrschaft über die andern zu führen, sind sehr häufig. Wenn es sich dabei noch um zarte, schwache Menschen handelt, dann gewinnt diese Möglichkeit ungeheuer an Raum, und naturgemäß lernen gerade solche Menschen diesen Weg kennen, die die Sorge der andern um ihre Gesundheit schon ausgekostet haben. Dabei kann man auch ein wenig nachhelfen, man fängt z. B. an, schlecht zu essen, womit man mehreres erreichen kann: Man sieht schlecht aus und die andern müssen sich in ihrer Kochkunst üben. Dabei entwickelt sich die Sehnsucht, immer jemand zur Hand zu haben. Solche Menschen vertragen nicht, dass man sie allein lässt. Solchen Zustand kann man leicht erreichen, wenn man sich als krank oder sonst als irgendwie bedroht erklärt und das geht wieder nicht anders, als dass man sich in eine gefahrvolle Situation, etwa durch Einfühlung in eine Krankheit oder eine andere Schwierigkeit hineinversetzt. Wie sehr der Mensch dieser *Einfühlung* fähig ist, zeigt der Traum, wo der Mensch Eindrücke hat, als ob eine bestimmte Situation wirklich bestünde.

Solchen Menschen gelingt es nun, dieses Krankheitsgefühl heraufzubeschwören, und zwar in einer Art, dass von Lüge, Verstellung oder Einbildung keine Rede sein kann. Wir wissen bereits, dass die Einfühlung in eine Situation eine Wirkung haben kann, die dem wirklichen Vorhandensein dieser Situation entspricht. Diese Menschen können z. B. wirklich erbrechen, wirklich Angst haben, so, als ob eine Übelkeit bzw. eine Gefahr bestünde. Gewöhnlich verraten sie auch, wie sie das machen. So erklärte diese Frau, sie hätte manchmal so eine Angst, »als ob sie im nächsten Moment der Schlag treffen würde«. Es gibt Menschen, die sich das so genau vorstellen können, dass sie wirklich das Gleichgewicht verlieren und man nicht von Einbildung oder Simulation sprechen kann. Gelingt es einem Menschen auf diese Weise den andern Anzeichen einer Krankheit oder wenigstens nervöse Symptome wahrnehmbar zu machen, dann müssen diese bei ihm bleiben, achtgeben und sich seiner annehmen. Das erfordert nämlich ihr Gemeinschaftsgefühl. Und damit ist die Machtstellung eines solchen Kranken begründet.

Unter solchen Umständen muss der Widerspruch mit dem Gesetz der Gemeinschaft, das eine weitgehende Rücksicht auf den Mitmenschen erfordert, zutage treten. Bei diesen Menschen werden wir in der Regel finden, dass sie nicht leicht imstande sind, Wohl und Wehe des Mitmenschen ins Auge zu fassen und ihn unverletzt zu lassen, geschweige ihn zu fördern. Vielleicht werden sie dies wohl mit dem Aufgebot ihrer ganzen Kräfte, ihrer gesamten Kultur und Erziehung leisten können oder, wie es meist der Fall ist, wenigstens den Anschein erwecken, als ob sie um einen Mitmenschen ganz besonders besorgt wären. Ihrem Verhalten wird aber doch nichts anderes zugrunde liegen als Selbstliebe und Eitelkeit. So war es auch in unserem Fall. Die Besorgnis unserer Patientin um ihre Angehörigen überstieg scheinbar alle Grenzen. Ihre Mutter brauchte ihr nur einmal das Frühstück um eine halbe Stunde später hereinzubringen, und sie wurde von größter Besorgnis erfasst. Dann ruhte sie nicht eher, als bis ihr Mann aufgestanden war und nachgesehen hatte, ob der Mutter nicht etwas zugestoßen sei. Diese hat sich im Lauf der Zeit wohl schon daran gewöhnt, immer recht pünktlich zu erscheinen. Nicht viel anders erging es dem Gatten, der als Geschäftsmann auf Kunden und Geschäftsfreunde gewisse Rücksichten zu nehmen hatte, aber jedes Mal, wenn er später als vereinbart nach Hause kommt, seine Frau niedergebrochen fand, manchmal vor Angst in Schweiß gebadet, kurz, eine Jammergestalt, die nun erzählte, wie sie schon die schrecklichsten Qualen ausgestanden habe. Auch er konnte somit in solcher Situation nichts anderes tun, als pünktlich zu sein.

Viele werden vielleicht einwenden, diese Frau habe doch nichts davon, wenn sie so handle, das seien doch keine so großen Triumphe. Bedenkt man aber, dass das nur ein *kleiner Teil des Ganzen* ist, ein »Merk's!« für alle Beziehungen des Lebens, dass auf diese Weise eine Dressur des andern eingeleitet und vollzogen wird, dass ferner diese Frau von einer unbändigen Herrschsucht beseelt ist und in deren Befriedigung auch die ihrer Eitelkeit findet, und wenn man ferner überlegt, wie viel Kosten so ein Mensch auf sich nimmt, um seinen Willen durchzusetzen, dann kann man schon begreifen: Für *diese* Frau ist eine solche Haltung bereits zu einer Notwendigkeit geworden. Sie könnte nicht ruhig leben, wenn ihre Worte nicht unbedingt und pünktlich befolgt würden. Und da ein Zusammenleben nicht nur darin besteht, dass der andere pünktlich kommt, so gibt es noch tausenderlei andere Beziehungen, die durch dieses imperative Verhalten der Frau geregelt werden, die ihre Befehle noch mit ihren Angstzuständen unterstützt. Sie ist so besorgt, dass man ihr unbedingt den Willen tun muss. Also wir sehen: *Besorgnis als Mittel zur Befriedigung der Eitelkeit.*

Diese Haltung kann oft so weit gehen, dass einem Menschen die Durchsetzung des eigenen Willens wichtiger ist als die Sache selbst. Das zeigt der Fall eines sechsjährigen Mädchens, die von einem so unbändigen *Eigensinn* war, dass sie immer darauf bedacht war, durchzusetzen, was ihr gerade in den Sinn kam, ganz von dem Streben durchdrungen, ihre Kraft zu zeigen und den andern niederzuzwingen, was immer auch dabei herauskomme. Die Mutter, die gern mit ihr auf gutem Fuß stehen wollte, wenn sie nur das »Wie« gewusst hätte, machte einmal den Versuch, sie mit ihrem Lieblingsgericht zu überraschen und brachte ihr dasselbe mit den Worten: »Weil ich weiß, dass dir das so gut schmeckt, habe ich es dir gebracht.« Da warf das Mädchen die Leckerei auf den Boden, stampfte mit den Füßen darauf und rief: »Aber ich will es ja gar nicht, weil du es mitbringst, sondern ich will es, weil ich es will.« Ein anderes Mal, als die Mutter fragte, was sie zur Pause haben wolle, Kaffee oder Milch, blieb dieses Kind in der Tür stehen und murmelte ganz vernehmlich: »Sagt sie Milch, dann trink ich Kaffee, sagt sie Kaffee, so trinke ich Milch.«

Das war ein Kind, das deutlich sprach. Vergessen wir aber nicht, dass viele Kinder so sind, ohne es zu sagen, dass vielleicht in jedem Kind etwas von diesem Zug steckt, so dass es mit außerordentlicher Energie bestrebt ist, seinen Willen durchzusetzen, auch wenn es keinen Nutzen davon hat oder gar nur Schaden erleidet. Meist werden das solche Kinder sein, denen in irgendeiner Weise das Privileg des eigenen Willens nahegelegt wurde. An Anlässen dazu wird es heute nicht mangeln. Die Folge ist, dass wir unter den Erwachsenen viel häufiger Menschen finden, die ihren Willen durchsetzen wollen, als solche, die bestrebt sind, ihre Mitmenschen zu fördern. Manche gehen in ihrer Eitelkeit so weit, dass sie nicht imstande sind, das zu tun, was ihnen etwa ein anderer empfohlen hat, selbst wenn es das Selbstverständlichste von der Welt wäre oder gar ihr eigenes Glück bedeuten würde, es sind Menschen, die bei jedem Gespräch immer auf den Augenblick warten, wo sie mit der Opposition einsetzen können. Bei manchen Menschen wird ihr eigener Wille durch die Eitelkeit so aufgestachelt, dass sie auch dann »nein« sagen, wenn sie »ja« wollen.

Die fortwährende Durchsetzung des eigenen Willens ist etwas, das eigentlich nur im Rahmen der Familie, manchmal sogar nicht einmal da, gelingt. Zu solchen Typen gehören oft Menschen, die im Verkehr mit Fremden das Bild der äußersten Liebenswürdigkeit und Nachgiebigkeit bieten. Allerdings ist dieser Verkehr nicht von Dauer und wird bald abgebrochen, wohl auch nicht recht gesucht. Da aber das Leben nun einmal so ist, dass es die Menschen zusammenbringt, kann man manchmal so einen Menschen sehen, der alle Herzen gewinnt, aber alle wieder im Stich lässt, sobald er sie gewonnen hat. Diese Menschen haben fast immer das *Bestreben, sich auf den Kreis der Familie zu beschränken.* So war es auch bei unserer Patientin. Infolge ihres liebenswürdigen Wesens, mit dem sie außerhalb ihrer Familie auftrat, war sie überall beliebt. Immer aber, wenn sie einmal ausgegangen war, kehrte sie bald wieder nach Hause zurück. Das Bestreben, immer wieder zur Familie zurückzukehren, zeigte sich bei ihr auf verschiedene Weise. Ging sie einmal in Gesellschaft, dann bekam sie dort Kopfschmerzen und musste nach Hause gehen. Denn in der Gesellschaft hatte sie das Gefühl ihrer absoluten Überlegenheit nicht in dem Grade, wie in der Familie. Wenn also diese Frau ihr Lebensproblem, das Problem ihrer Eitelkeit, nur innerhalb der Familie lösen konnte, dann musste immer etwas geschehen, was sie in diese Familie zurücktrieb, etwas, das sie außerhalb derselben störte. Es kam so weit, dass sie schließlich jedes Mal Angst und Aufregungszustände bekam, wenn sie unter fremde Menschen kam. Sie konnte nicht mehr ins Theater, bald überhaupt nicht mehr auf die Straße gehen.

Hier war ihr das Gefühl verloren, dass die anderen ihrem Willen unterworfen seien. Die Situation, die sie suchte, war *außerhalb* der Familie, insbesondere auf der Straße, nicht zu finden. Daraus erklärt sich ihre Abneigung, auszugehen, außer in Begleitung von Personen ihres »Hofstaates«. Das war ihr auch eigentlich die ideale Situation, die sie liebte: Leute um sich zu haben, die sich fortwährend mit ihr beschäftigten. Wie die Untersuchung ergab, hatte sie diese Schablone aus ihrer frühen Kindheit mitgebracht. Sie war die Jüngste, war schwächlich und kränklich und musste daher viel wärmer gehalten werden als die andern. Mit starkem Griff hatte sie diese Situation der Verzärtelung erfasst und hätte sie zeitlebens festgehalten, wenn sie in dieser Gangart nicht durch die Bedingungen des Lebens, mit denen sie auf diese Weise in Widerspruch geraten war, gestört hätte. Ihre Unruhe und ihre Angsterscheinungen, die so heftig waren, dass andere nicht widersprechen durften, verrieten, dass sie mit der Lösung ihres Eitelkeitsproblems auf einen falschen Weg geraten war. Die Lösung war schlecht, weil in ihr nicht der Wille war, sich den Bedingungen des menschlichen Zusammenlebens zu unterwerfen. Schließlich wurden die peinigenden Erscheinungen so arg, dass sie den Arzt aufsuchte.

Langsam musste nun ihr ganzer Lebensplan enthüllt werden, den sie sich im Lauf der Jahre aufgebaut hatte. Es waren große Widerstände zu überwinden, die sich daraus ergaben, dass sie, obwohl sie zum Arzt kam, doch nicht in ihrem Innersten zu einer Änderung bereit war. Sie hätte gern gesehen, wenn sie in der Familie weiter geherrscht hätte und auf der Straße nicht von Angstzuständen verfolgt worden wäre. Das eine war aber ohne das andere, ohne Ge-

genleistung, nicht zu haben. Es konnte ihr gezeigt werden, dass sie die Gefangene ihres eigenen unbewussten Lebensplanes sei, dass sie die Vorteile desselben genießen wollte, aber seine Nachteile fürchtete.

An diesem Beispiel zeigt sich besonders krass, dass jeder höhere Grad von Eitelkeit für das ganze Leben eine Last bildet, den Fortschritt des Menschen hemmt und schließlich den Zusammenbruch herbeiführt. Der Blick für diese Zusammenhänge ist getrübt, solange er nur auf die Vorteile gerichtet ist. Daher sind so viele Leute so überzeugt davon, dass der Ehrgeiz, genauer: die Eitelkeit, nur eine *wertvolle* Eigenschaft sei, weil sie nicht merken, dass dieser Zug den Menschen stets unzufrieden macht und ihm seine Ruhe und seinen Schlaf raubt.

Es sei noch ein anderer Fall herangezogen. Ein Mann von 25 Jahren sollte gerade seine letzten Prüfungen machen. Er trat aber zurück, weil es ihn plötzlich überkam, als hätte er das Interesse für alles verloren. Von Stimmungen peinlichster Art verfolgt, übte er eine abfällige Kritik über sich selbst und hatte fortwährend den Gedanken, er sei unfähig geworden. Bei der Erinnerung an seine Kindheit gelangte er zu heftigen Vorwürfen gegen seine Eltern, deren Unverständnis ihn in seiner Entwicklung behindert hätte. In dieser Stimmung hatte er zuweilen auch Gedanken, dass die Menschen eigentlich wertlos und ohne Interesse für ihn seien. Solche Gedanken trieben ihn schließlich dazu, sich zu isolieren.

Als geheime Triebkraft erwies sich auch hier wieder die Eitelkeit, die ihm Vorwände und Ausreden eingab, um sich nicht auf die Probe stellen zu müssen. Denn gerade vor seinen Prüfungen überkamen ihn diese Gedanken, stellte sich dieses *Lampenfieber*, diese hochgradige Unlust ein, die ihn unfähig machte. Das alles hatte aber für ihn ausschlaggebende Bedeutung. Denn wenn er jetzt nichts leistete, war sein Persönlichkeitsgefühl gerettet. Er hatte ein Sprungtuch bei sich und konnte nicht der Kritik verfallen. Er konnte sich damit trösten, dass er krank, durch ein dunkles Schicksal unfähig geworden sei. In dieser Haltung, die nicht zulässt, dass sich ein Mensch exponiert, erkennen wir eine andere Form der Eitelkeit. Sie lässt ihn gerade in dem Moment, wo er einer Entscheidung über seine Tüchtigkeit nahe ist, eine Wendung machen. Er denkt an den Glanz, den er durch eine Niederlage verlieren könnte und beginnt an seinen Fähigkeiten zu zweifeln. Das ist das Geheimnis aller derer, die sich zu einer Entscheidung nicht aufraffen können.

Zu dieser Art Menschen gehört auch unser Patient. Aus seinem Bericht ergab sich, dass er eigentlich immer so war. Jedes Mal, wenn eine Entscheidung heranrückte, wurde er wankelmütig. Für uns, die wir uns auf das Studium der Bewegungslinie, der Gangart eines Menschen verlegen, bedeutet das nichts anderes als bremsen, stillstehen.

Er war der älteste und einzige Knabe unter vier Geschwistern und der Einzige, der für das Studium bestimmt worden war, sozusagen der Lichtpunkt der Familie, auf den man große Erwartungen gesetzt hatte. Sein Vater hatte es nie unterlassen, seinen Ehrgeiz recht namhaft zu reizen und ihm immer vorauszusagen, was aus ihm einmal alles werden solle, so dass er bald nur das eine Ziel im Auge hatte: mehr zu sein als alle andern. Und jetzt stand er da, von Unsicherheit erfasst, ob er das alles auch werde leisten können. Da zwang ihn seine Eitelkeit zum Rückzug.

So zeigt sich, wie in der Entwicklung des ehrgeizigen, eitlen Prinzips von selbst die Würfel fallen, der weitere

Weg ungangbar wird. Die Eitelkeit gerät in einen unlösbaren Widerspruch zum Gemeinschaftsgefühl, aus dem kein Ausweg herausführt. Trotzdem sehen wir, wie eitle Naturen von Kindheit an immer wieder das Gemeinschaftsgefühl durchbrechen und ihren eigenen Weg zu gehen versuchen. Sie gleichen einem Menschen, der sich nach eigener Phantasie den Plan einer Stadt zurechtgelegt hat und nun damit in dieser Stadt herumgeht und alles dort sucht, wo *er* es auf diesem eigensinnigen Plan eingezeichnet hat. Natürlich findet er nie, was er sucht und beschuldigt dafür die Wirklichkeit. Ungefähr so ist das Los des eitlen, eigensinnigen Menschen. In allen seinen Beziehungen zum Mitmenschen versucht er, sein Prinzip entweder gewaltsam oder mit List und Hinterlist durchzusetzen. Immer lauert er auf die Gelegenheit, andere ins Unrecht zu setzen und ihnen Fehler nachzuweisen. Er ist glücklich, wenn es ihm einmal gelingt zu zeigen – wenigstens sich selbst zu zeigen – dass er klüger oder besser sei als die anderen, während diese darauf nicht achten und doch den Kampf aufnehmen, der nun eine Weile anhält, bald mit dem Sieg, bald mit der Niederlage des Eitlen endet, immer aber für ihn mit dem Bewusstsein seiner Überlegenheit und seines Rechtes.

Das sind billige Kunststücke. Kann sich doch auf diese Weise jeder einbilden was ihm beliebt. So kann es, wie in unserem Fall, dazu kommen, dass ein Mensch, plötzlich in die Notwendigkeit versetzt, zu studieren, sich der Klugheit eines Buches zu unterwerfen oder gar einer Prüfung, bei der sich der wahre Bestand seiner Tüchtigkeit herausstellen müsste, sich seiner ganzen Mangelhaftigkeit bewusst wird. Mit der falschen Perspektive, unter der er die Dinge sieht, überschätzt er nun die Situation und fasst sie so auf, als ob jetzt sein ganzes Lebensglück, seine ganze Bedeutung auf dem Spiel stehe. Er gerät mit Notwendigkeit in eine Spannung, die kein Mensch zu ertragen imstande ist.

Auch jede andere Begegnung wird ihm zu einem großen, besonderen Ereignis. Jede Ansprache, jedes Wort wird von ihm vom Standpunkt des eigenen Sieges oder der eigenen Niederlage gedreht oder bewertet. Es ist ein ununterbrochener Kampf, der natürlich denjenigen, der Eitelkeit, Ehrgeiz und Hoffart zu seiner Lebensschablone gemacht hat, fortwährend in neue Schwierigkeiten drängt und ihm die wahren Freuden des Lebens raubt. Denn diese sind nur zu haben, wenn die Bedingungen dieses Lebens bejaht werden. Wenn aber jemand sie zur Seite stößt, versperrt er sich alle Wege zu Freude und Glückseligkeit und wird finden, dass ihm alles, was für andere Zufriedenheit und Lebensglück bedeutet, versagt ist. Im besten Fall kann er sich in Gefühle der Erhabenheit, der Überlegenheit über die andern hineinträumen, sie aber nirgends in irgendeiner Weise verwirklicht finden. Selbst wenn er sie einmal hätte, würden sich genug Leute finden, denen es ein Vergnügen wäre, ihm seine Geltung streitig zu machen. Dagegen gibt es kein Mittel. Zur Anerkennung einer Überlegenheit kann niemand gezwungen werden. Ihm bleibt nur sein eigenes, dünkelhaftes, völlig unsicheres Urteil über sich selbst. Auf diese Art in Anspruch genommen, ist es schwer, reale Erfolge zu erzielen oder Mitmenschen zu fördern. Kein Mensch gewinnt dabei, alle sind immer der Angriffspunkt und fortwährend der Zerstörung ausgesetzt. Es ist, wie wenn diese Menschen einer Fleißaufgabe obliegen würden, immer groß und überlegen zu erscheinen.

Etwas anderes ist es, wenn sich der *Wert eines Menschen* dadurch rechtfertigt, dass er die anderen fördert. Dann kommt ihm Wert ganz von selbst zugeflogen, und selbst wenn dieser bestritten wird, hat das gar keine Kraft. Der Mensch selbst kann dabei ganz ruhig bleiben, weil er eben nicht alles auf seine Eitelkeit gesetzt hat. Entscheidend ist der auf die *eigene* Person gerichtete Blick, das fortwährende Suchen nach Erhöhung der eigenen Persönlichkeit. Die Rolle des Eitlen ist immer die eines Erwartenden und Nehmenden. Stellt man ihm scharf jenen Typus gegenüber, der ein entwickeltes Gemeinschaftsgefühl zeigt, der umhergeht wie mit der stummen Frage: Was kann ich geben?, dann wird man sofort den ungeheuren Wertunterschied erkennen.

So gelangt man zu einem Standpunkt, den die Völker schon vor Jahrtausenden mit unheimlicher Sicherheit geahnt haben, und der sich in dem weisen Bibelwort äußert: *Geben ist seliger, denn nehmen.* Wenn wir uns heute den Sinn dieser Worte überlegen, die der Ausdruck einer ungeheuer alten Menschheitserfahrung ist, so erkennen wir, dass es die *Stimmung* ist, die hier gemeint ist, die Stimmung des Gebens, Förderns, Helfens, die von selbst eine Ausgeglichenheit, eine Harmonie des Seelenlebens mit sich bringt, wie ein Geschenk der Götter, das sich beim Gebenden von selbst einstellt, während derjenige, der mehr auf das Nehmen eingestellt ist, meist zerfahren, unzufrieden und fortwährend mit dem Gedanken beschäftigt ist, was er eigentlich noch erreichen und sich aneignen müsste, um ganz glücklich zu sein. Da sein Blick nie auf die Bedürfnisse und Notwendigkeiten der andern gerichtet ist, fremdes Unglück ihm als eigenes Glück erscheint, hat bei ihm der Gedanke eines Versöhnungsfriedens, keinen Raum. Er verlangt unerbittlich Beugung des andern unter die Gesetze, die sein Eigensinn geschaffen hat, er verlangt einen anderen Himmel als den, den es gibt, ein anderes Denken und Fühlen. Kurz, seine Unzufriedenheit und Unbescheidenheit ist ebenso ungeheuerlich, wie alles, was wir an ihm finden.

Anderen, rein äußerlichen und primitiveren Erscheinungsformen der Eitelkeit begegnen wir bei Menschen, die sich mit einer gewissen Wichtigkeit oder übertrieben kleiden, sich wie die Zieraffen schmücken und sich dadurch in auffälliger Weise dem andern in Erscheinung setzen wollen, ähnlich wie in früheren Tagen Menschen zu glänzen versucht haben oder wie es primitive Völker noch heute versuchen, indem es z. B. irgendeinem primitiven Menschen zum Stolz seines Lebens gereicht, eine recht lange Feder im Haar zu tragen. Es gibt eine Unzahl Menschen, welche die höchste Befriedigung darin empfinden, immer schön und nach der neuesten Mode gekleidet zu gehen. Bildnisse und verschiedene Schmuckstücke, die Menschen dieser Art tragen, weisen ebenso auf ihre Eitelkeit hin, wie zuweilen stramme Wahlsprüche, kriegerische Embleme oder Waffen, die in Wirklichkeit gehandhabt, den Feind wohl erschrecken würden. Manchmal sind es Figuren erotischen Ursprungs, besonders bei Männern, und andere Zeichnungen, wie Tätowierungen u. dgl., die uns frivol anmuten.

Bei einem solchen Anblick haben wir immer das Empfinden einer Streberei, eines Imponierenwollens, sei es auch nur mit Schamlosigkeit. Denn manchen Menschen verleiht es die Empfindung einer Art von Größe und Überlegenheit, wenn sie sich schamlos benehmen. Andere bekommen diese Empfindung wieder dann, wenn sie sich hart, gefühllos, geben, Unnachgiebigkeit oder Verschlossenheit an den Tag legen. Auch das kann manchmal nur Schein sein, während es in Wirklichkeit nur Menschen sind, die eigentlich der Rührung viel näherstehen als der Rohheit und dem rauen Rittertum. Besonders bei Knaben findet man oft eine Art Unempfindlichkeit, eine feindselige Haltung gegen Regungen des Gemeinschaftsgefühls. Bei dieser Art von Eitelkeit getriebener Menschen, die gern eine Rolle spielen, bei der andere leiden, wäre ein Appell an ihr Gefühl das Schlechteste, was man tun kann. Denn das wird sie meist nur weiter reizen, ihre Haltung zu versteifen. Gewöhnlich sieht man in einem solchen Fall, wie sich jemand, z.B. die Eltern, bittend nahen, wobei sie ihren Schmerz enthüllen, während ihnen ein Mensch gegenübersteht, der aus der Enthüllung fremden Schmerzes geradezu ein Gefühl seiner Überlegenheit bezieht.

Es wurde bereits erwähnt, dass sich die Eitelkeit gern maskiert. Eitle Menschen sind, um andere beherrschen zu können, meist genötigt, dieselben einzufangen, um sie an sich zu fesseln. Wir dürfen uns daher durch *Liebenswürdigkeit, freundliches Wesen und Entgegenkommen* eines Menschen noch nicht gleich gefangen nehmen und uns nicht darüber täuschen lassen, dass es sich hier trotzdem um einen Kämpfer handelt, einen Angreifer, der über die andern hinauswill und ihre Beherrschung anstrebt. Denn die erste Phase eines solchen Kampfes muss wohl die sein, den Gegner sicher zu wiegen und ihn so weit zu bringen, dass dieser seine Vorsicht aufgibt. In dieser ersten Phase, der des freundlichen Entgegenkommens, ist man leicht versucht, zu glauben, das sei ein Mensch mit viel Gemeinschaftsgefühl. Der zweite Akt aber, der nun folgt, zeigt uns den Irrtum. Das sind dann die Menschen, von denen man so gern sagt, dass sie einen *enttäuscht* haben, dass sie zwei Seelen besitzen. Es ist aber nur eine Seele, die einen liebenswürdigen Anfang und eine kämpferische Fortsetzung hat. Diese einschmeichelnde Anfangsattitüde kann so weit gehen, dass daraus eine Art *Seelenfängerei* wird. Diese Menschen tragen oft Züge äußerster Hingebung zur Schau, die allein ihnen schon nahezu Triumph sind. Sie können das reinste Menschentum im Munde führen und durch Handlungen scheinbar beweisen. Meist tun sie das aber in so demonstrativer Weise, dass der Kenner vorsichtig wird. Ein italienischer Kriminalpsychologe hat einmal gesagt: »Wenn die ideale Haltung eines Menschen ein gewisses Maß überschreitet, wenn seine Güte und Menschlichkeit Formen annimmt, die schon auffällig sind, dann ist Misstrauen vollständig am Platz.« Man wird natürlich auch mit dieser Auffassung behutsam vorgehen, sich aber nicht der Erkenntnis verschließen können, dass dieser Gesichtspunkt theoretisch und praktisch begründet ist. Auch *Goethe* kommt diesem Gedanken in einem seiner Venezianischen Epigramme nahe, wo er sagt:

> Jeglichen Schwärmer schlagt mir ans Kreuz im dreißigsten Jahre,
> Kennt er nur einmal die Welt, wird der Betrog'ne zum Schelm.

Im Allgemeinen wird dieser Typus meist leicht erkannt. Man liebt das Einschmeichelnde nicht, es wird widerwärtig, und man nimmt sich vor diesen Menschen bald in Acht.

Ehrgeizigen Menschen wäre dieses Mittel daher eher zu widerraten. Es ist besser, man geht diesen Weg nicht und bleibt bei einer schlichteren Gangart.

Wir kennen bereits aus dem allgemeinen Teil die Situationen, aus denen sich seelische Fehlschläge entwickeln können. Die *erzieherischen Schwierigkeiten* bestehen darin, dass man es in solchen Fällen mit Kindern zu tun hat, die in einer Kampfstellung zur Umgebung stehen. Während höchstens der Erzieher seine in der Logik des Lebens begründeten Verpflichtungen kennt, haben wir keine Möglichkeit, diese Logik auch für das Kind verpflichtend zu machen. Der einzige Weg wäre, die Kampfsituation möglichst zu vermeiden, was man am besten wohl dann erreichen wird, wenn man das Kind nicht als Objekt, sondern als Subjekt, als völlig gleichberechtigten Mitmenschen, als Kameraden betrachtet und behandelt. Dann wird es weniger leicht vorkommen, dass Kinder durch ein Gefühl der Bedrücktheit und Zurückgesetztheit in die Kampfstellung geraten, aus der sich dann in unserer Kultur dieser falsche Ehrgeiz automatisch entwickelt, der allen unseren Gedanken, Handlungen und Charakterzügen in verschiedenen Graden und Mengen beigemengt ist und regelmäßig zu einer Erschwerung des Lebens Anlass gibt und der manchmal zu den schwersten Verwicklungen, Niederlagen und zum Zusammenbruch der Persönlichkeit führt.

Sehr charakteristisch ist es, dass jene Quelle, aus der wir alle eigentlich zuerst Menschenkenntnis schöpfen, das Märchen, über eine Fülle von Beispielen verfügt, die uns die Eitelkeit und deren Gefährlichkeit zeigen. Besonders ein Märchen soll hier Erwähnung finden, das in drastischer Weise die zügellose Entfaltung der Eitelkeit und den automatischen Zusammenbruch, der damit verbunden ist, vor Augen führt. Es ist das Märchen »Der Essigkrug« von Andersen. Ein Fischer schenkt einem Fisch die Freiheit wieder, der ihm zum Dank gestattet, einen Wunsch auszusprechen. Der Wunsch geht in Erfüllung. Aber die unzufriedene, ehrgeizige Frau des Fischers, die lieber Gräfin, dann Königin und schließlich Gott selbst werden wollte, schickt den Mann immer wieder zurück zu dem Fisch, der endlich, ob des letzten Wunsches erzürnt, den Fischer für immer entlässt.

In der Fortbildung des Ehrgeizes gibt es keine äußerste Grenze. Es ist interessant zu beobachten, wie sowohl im Märchen, wie in der Wirklichkeit, sowie im überhitzten Seelenleben des eitlen Menschen, die Steigerung des Strebens nach Macht in eine Art *Gottheitsideal* münden kann. Man braucht oft nicht lange zu forschen und man findet, dass sich solch ein Mensch – wie in den schwersten Fällen dieser Art – entweder direkt so benimmt, als ob er ein Gott oder an Gottes Stelle wäre, oder dass er derartige Wünsche und Ziele hat, bei deren Erfüllung er geradezu ein Gott wäre. Diese Erscheinung, das *Gottähnlichkeitsstreben*, ist der äußerste Punkt der bei ihm auch sonst vorhandenen Neigung, über die Grenzen seiner Persönlichkeit hinauszugreifen. Gerade in unseren Tagen wird dies außerordentlich oft offenbar. Alle Bestrebungen und Interessen, die sich um *Spiritismus* und *Telepathie* gruppieren, deuten auf Menschen, die nicht erwarten können, über die ihnen gegebenen Grenzen hinauszukommen, die sich Kräfte beimessen, welche Menschen nicht besitzen, die manchmal geradezu die Zeit aufheben wollen, indem sie sich über Zeit und Raum hinweg z. B. mit Geistern von Verstorbenen in Verbindung zu setzen suchen. Wenn wir tiefer schürfen, finden wir, dass ein Großteil der Menschen die Neigung hat, sich wenigstens in Gottes Nähe ein Plätzchen zu sichern. Es gibt noch eine Menge Schulen, deren Erziehungsideal es ist, die Menschen zur Gottähnlichkeit zu bringen. Früher war das überhaupt der Inbegriff aller Religionserziehung. Wir können nur mit Schaudern feststellen, was daraus geworden ist, und verstehen, dass wir uns schon um ein tragfähigeres Ideal umsehen müssen. Es ist aber begreiflich, dass diese Neigung so stark im Menschen wurzelt. Abgesehen von psychologischen Gründen spielt hier auch der Umstand eine große Rolle, dass ein großer Teil der Menschheit nahezu seine ersten Erkenntnisse über das Wesen des Menschen aus jenen Worten der Bibel schöpft, die erklären, dass der Mensch nach dem *»Ebenbild Gottes«* geschaffen sei, was bedeutsame, oft folgenschwere Eindrücke in der kindlichen Seele hinterlässt. Die Bibel ist natürlich ein herrliches Werk, das man, sobald man zum Verständnis herangereift ist, immer mit Bewunderung lesen wird. Will man aber damit auch bei Kindern beginnen, so muss man ihnen dabei wenigstens einen Kommentar geben, damit sie lernen, sich zu bescheiden, sich nicht allerlei Zauberkräfte zuzumuten und zu verlangen, dass ihnen alles untertan werde, angeblich, weil sie nach dem Ebenbild Gottes geschaffen wären.

Nahe verwandt und sehr häufig anzutreffen ist das Ideal vom *Schlaraffenland*, wo alle Wünsche in Erfüllung gehen. Die Kinder rechnen wohl fast nie mit der Wirklichkeit solcher Märchenbilder. Wenn man aber an das ungeheure Interesse der Kinder für *Zauberei* denkt, dann steht es außer Zweifel, dass sie zumindest verlockt werden, in dieser

Richtung nachzugrübeln und sich da zu vertiefen. Die Idee des Zauberns und der zauberhaften Einflussnahme auf den andern ist bei den Menschen sehr stark vertreten und verlässt sie oft bis in das höchste Alter nicht. In einem Punkt ist vielleicht noch kein Mensch von ähnlichen Gedanken frei. Das sind die Erwägungen und Empfindungen über einen zauberhaften Einfluss, den das weibliche Geschlecht auf den Mann ausübt. Man kann noch genug Menschen finden, die sich so gebärden, als ob sie Zauberkräften ihres Geschlechtspartners ausgesetzt wären. Bei diesem Gedanken kommt uns die Erinnerung an eine Zeit, wo dieser Glaube noch viel mehr verbreitet war, wo ein Weib aus den banalsten Anlässen in die Gefahr kommen konnte, als Zauberin oder Hexe angesehen zu werden, was wie ein Alpdruck auf ganz Europa lastete und teilweise seine Geschicke bestimmte. Denn wenn man bedenkt, dass eine Million Frauen diesem Wahn zum Opfer gefallen ist, dann kann man nicht einfach nur von belanglosen Verirrungen sprechen, sondern sie höchstens mit den Inquisitionsprozessen oder mit dem Weltkrieg vergleichen.

Auf den Spuren des Gottähnlichkeitsstrebens begegnet man auch der Erscheinung, dass jemand die *Befriedigung religiöser Bedürfnisse* in missbräuchlicher Weise dadurch sucht, dass er darin nur Erfüllung seiner Eitelkeit sucht. Man bedenke, wie bedeutsam es z. B. besonders für einen seelisch zusammengebrochenen Menschen sein kann, wenn er sich über alle andern hinweg mit seinem Gott verbindet und mit ihm Zwiesprache hält, wie er sich in der Lage fühlt, durch fromme Handlungen und Gebete den Willen desselben in Bahnen zu lenken, die er selbst benötigt, wie er mit ihm auf Du und Du verkehren kann und sich auf diese Weise ganz in Gottes Nähe gerückt fühlt. Manchmal liegen solche Erscheinungen weitab von dem, was man echte Religiosität nennen könnte, so dass sie schon einen krankhaften Eindruck machen. So, wenn einer z. B. erzählt, dass er nicht einschlafen könne, wenn er vorher nicht irgendwelche Gebete gesprochen habe; denn wenn er das nicht täte, könnte es geschehen, dass irgendeinem Menschen in der Ferne ein Unglück widerfahre. Man versteht das Ganze als Schaumschlägerei erst, wenn man eine solche Mitteilung positiv fasst und sie so versteht: Wenn ich diese Formel spreche, dann kann ihm nichts geschehen. Das sind Wege, auf denen einer leicht zur Empfindung eigener Zaubergröße gelangen kann. Denn diesem Menschen ist es in der Tat gelungen, ein Unglück für den andern bis zur angegebenen Stunde zu verhindern! Auch in den Tagesphantasien solcher Menschen kann man finden, dass sie weit über alles menschliche Maß hinausschweifen. Es enthüllen sich uns da leere Griffe, Tätigkeiten, die am wirklichen Wesen der Dinge nichts zu ändern vermögen, nur in der Einbildung etwas ausmachen und ihren Träger verhindern, sich mit der Wirklichkeit zu befreunden.

In unserer Kultur spielt nun eine Sache eine Rolle, die man allerdings manchmal als zaubergewaltig empfinden könnte. Das ist das *Geld.* Viele meinen, dass man mit Geld alles machen kann, und da ist es nicht zu verwundern, wenn sich Ehrgeiz und Eitelkeit in irgendeiner Weise auch mit Geld und Eigentum beschäftigen. So ist jenes restlose Streben nach Besitz zu verstehen, dass man fast meinen könnte, es sei pathologisch oder rassenmäßig begründet. Es ist aber auch diese Erscheinung nichts als Eitelkeit, die bewirkt, dass einer immer mehr zusammenraffen will, um auch von dieser Zauberkraft etwas in der Hand zu haben und sich dadurch erhaben zu fühlen. Einer dieser sehr reichen Menschen, der, obwohl er eigentlich schon genug haben sollte, immer mehr dem Geld nachjagte, gestand nach anfänglicher Verwirrung schließlich: »Ja, wissen Sie, das ist eben die Macht, die einen immer wieder von neuem anzieht.« Dieser Mann hat es gewusst, aber viele dürften es nicht wissen. Der Besitz von Macht ist heute so sehr mit Geld und Eigentum verknüpft, das Streben nach Reichtum und Besitz erscheint vielen so natürlich, dass man es gar nicht mehr merkt, wie so viele, die dem Geld nachjagen, von nichts anderem als von ihrer Eitelkeit getrieben werden.

Zum Schluss sei noch ein Fall berichtet, der uns alle Einzelheiten noch einmal zeigen kann und uns gleichzeitig dem Verständnis einer anderen Erscheinung, bei der die Eitelkeit eine große Rolle spielt, näherbringt, das ist der Zustand der *Verwahrlosung*. Es handelt sich dabei um ein Geschwisterpaar, von dem der jüngere Bruder als unfähig galt, während die ältere Schwester im Ruf äußerster Tüchtigkeit stand. Als der Bruder die Konkurrenz mit ihr nicht mehr bestehen konnte, gab er das Rennen auf. Er war von Anfang an immer zurückgesetzt worden, und obwohl man jetzt versuchte, ihm die Schwierigkeiten aus dem Weg zu räumen, so lag doch auf ihm noch immer eine große Last, die für ihn die *scheinbare* Erkenntnis bedeutete, unfähig zu sein. Man hatte ihm nämlich von Kindheit an beigebracht, dass seine Schwester die Schwierigkeiten des Lebens immer werde leichter überwinden können, während er selbst nur für die geringeren Dinge der Welt bestimmt sei. So hatte man ihm durch eine günstigere Position der Schwester eine Unzulänglichkeit vorgetäuscht, die in keiner Weise zutraf. Mit dieser großen Last kam er in die Schule, machte dort den Lauf eines pessimistisch gerichteten Kindes durch, das ein Bekenntnis seiner Unfähigkeit um jeden Preis zu vermeiden sucht. Mit zunehmendem Alter wuchs auch die Sehnsucht, nicht mehr den dummen Jungen abgeben zu müssen, sondern wie ein Erwachsener behandelt zu werden. Er brachte es schon mit 14 Jahren dahin, dass er öfters an der Gesellschaft von Erwachsenen teilnahm. Das tiefe Minderwertigkeitsgefühl war für ihn ein ewiger Stachel, der ihn fortwährend dazu trieb, nachzusinnen, wie er schon jetzt den großen Herrn spielen könnte. Da führte ihn eines Tages sein Weg in den Kreis der Prostitution, wo er seitdem verblieb. Da nun damit Geldausgaben verbunden waren, seine Großmannssucht aber nicht duldete, vom Vater Geld zu verlangen, kam er dazu, die Gelegenheit auszukundschaften, ihm das Geld zu entwenden. Diese Diebstähle schmerzten ihn durchaus nicht, er kam sich dabei, wie er erzählte, wie ein großer Mann vor, der die Verfügung über die Kasse des Vaters erhalten hat. Das ging so fort, bis er einmal in der Schule von einer schweren Niederlage bedroht war. Durchzufallen wäre für ihn ein Beweis seiner Unfähigkeit gewesen, den er auf keinen Fall zulassen durfte. Da traten bei ihm folgende Erscheinungen auf. Er bekam plötzlich *Gewissensbisse*, die ihn schließlich so sehr bedrängten, dass sie ihn völlig am Studium hinderten. Dadurch hatte sich für ihn die Situation gebessert. Denn falls er jetzt durchfallen sollte, hatte er für sich und vor den anderen die Entschuldigung, er sei durch seine Gewissensbisse derart gefoltert worden, dass jeder andere in einer solchen Lage auch durchgefallen wäre. Beim Studium hinderte ihn noch eine hochgradige Zerstreutheit, die ihn zwang, fortwährend an andere Dinge zu denken. So verrann die Tageszeit, es wurde Nacht, und er ging ermüdet schlafen mit dem Bewusstsein, er habe studieren wollen, in Wirklichkeit aber war er einer, der sich um seine Aufgaben gar nicht gekümmert hatte. Auch was weiter folgte, half ihm, seine Rolle durchzuführen. Er musste zeitig aufstehen, so dass er den ganzen Tag über schläfrig und müde war und schließlich überhaupt keine Aufmerksamkeit mehr aufbringen konnte. Von so einem Menschen könne man, wie er dachte, doch nicht verlangen, er solle mit der tüchtigeren Schwester konkurrieren. Nicht seine Unfähigkeit war daran schuld, sondern die fatalen Begleitumstände, seine Reue, seine Gewissensbisse, die ihm keine Ruhe ließen. So war er eigentlich für alles gerüstet und gegen alle Seiten geschützt, es konnte ihm nichts geschehen. Fiel er durch, so hatte er mildernde Umstände, und niemand durfte behaupten, dass er unfähig sei. Kam er aber durch, so war das nur ein Beweis für die Tüchtigkeit, die man ihm nicht zuerkennen wollte.

Zu solchen Sprüngen verleitet den Menschen die Eitelkeit. Man sieht an diesem Fall, wie der Mensch so weit gelangen kann, dass er in die Gefahr kommt, der Verwahrlosung anheimzufallen, nur um der Aufdeckung einer vermeintlichen, gar nicht bestehenden Unfähigkeit auszuweichen. Derartige Verwicklungen und Abwege tragen Ehrgeiz und Eitelkeit in das Leben des Menschen hinein, rauben ihm seine Unbefangenheit und bringen ihn um die wahren menschlichen Genüsse, um Lebensfreude und Glückseligkeit. Sieht man näher zu, dann steckt nichts anderes dahinter als ein banaler Irrtum.

2. Eifersucht. Ein Charakterzug, der unser Augenmerk durch seine außerordentliche Häufigkeit fesselt, ist die Eifersucht. Gemeint ist nicht nur Eifersucht in Liebesbeziehungen, sondern jene, die auch in allen anderen menschlichen Beziehungen anzutreffen ist, besonders in der Kinderzeit, wo ein Geschwister, um dem andern überlegen zu sein, mit seinen Regungen des Ehrgeizes zugleich auch solche der Eifersucht in sich entwickelt und damit seine gegnerische, kämpferische Stellungsnahme bekundet. Aus einem Gefühl der Zurückgesetztheit hat sich eine andere Form des Ehrgeizes entwickelt, die Eifersucht, ein Zug, der dem Menschen oft sein Leben lang anhaftet.

Bei Kindern findet sich Eifersucht fast regelmäßig, besonders wenn ein jüngeres Geschwister ankommt, das nun die Aufmerksamkeit der Eltern mehr auf sich zieht, so dass sich das ältere Kind wie ein entthronter König vorkommt. Besonders solche Kinder werden leicht eifersüchtig, die früher in behaglicher Wärme gesessen sind. Wie weit ein Kind darin gehen kann, soll der Fall eines Mädchens zeigen, das in seinem achten Jahre schon drei Morde begangen hatte.

Sie war ein etwas zurückgebliebenes Kind, dem man infolge seiner Zartheit jede Arbeit abnahm, so dass es sich in einer verhältnismäßig günstigen Situation befand. Das änderte sich plötzlich, als sie in ihrem sechsten Lebensjahr eine Schwester bekam. In ihr ging eine völlige Wandlung vor sich, sie verfolgte die Schwester mit einem wütenden Hass. Die Eltern, die sich keinen Rat wussten, griffen strenge ein und versuchten, dem Kind seine Haftbarkeit für jede Untat klarzumachen. Da ereignete es sich eines Tages, dass in dem Bach, der am Dorf vorbeifloss, ein kleines Mädchen tot aufgefunden wurde. Nach kurzer Zeit wiederholte sich dieser Fall, und endlich ertappte man dieses Mädchen in dem Augenblick, da es wieder ein kleines Mädchen ins Wasser gestoßen hatte. Sie gestand auch ihre Mordtaten ein, kam zur Beobachtung in eine Irrenanstalt und wurde schließlich einem Erziehungsheim übergeben.

In diesem Fall war die Eifersucht des Mädchens von der eigenen Schwester auf andere, jüngere Mädchen abgelenkt worden. Es war aufgefallen, dass sie gegen Knaben keinerlei feindselige Gefühle empfand. Es war so, als ob sie in den getöteten Mädchen das Bild ihrer Schwester erblickt hätte und durch deren Tötung ihr Rachegefühl für die ihr zuteilgewordene Zurücksetzung hatte befriedigen wollen.

Noch leichter können Regungen der Eifersucht wach werden, wenn Geschwister verschiedenen Geschlechtes vorhanden sind. Bekanntlich ist es in unserer Kultur nicht sehr verlockend für ein Mädchen, das leicht in Unmut gerät, wenn, wie es heute vielfach üblich ist, ein Knabe mit besonderer Freude begrüßt, mit mehr Sorgfalt und Liebe behandelt wird und noch allerhand andere Vorzüge gegenüber dem Mädchen genießt, von denen sich dieses ausgeschlossen sieht.

Aus einem solchen Verhältnis muss natürlich nicht immer eine heftige Feindseligkeit entstehen. Es kann auch sein, dass das ältere Geschwister starke Gefühle der Hinneigung für das jüngere empfindet und für dasselbe wie eine Mutter sorgt, was aber psychologisch vom ersten Fall nicht immer verschieden zu sein braucht. Wenn ein älteres Mädchen Mutterstelle am jüngeren Geschwister einnimmt, dann ist ja das wieder eine Position, wo sie die Überlegene ist, sie kann frei schalten und walten. Es ist ihr gelungen, aus einer gefährlichen Situation etwas Wertvolles zu schaffen.

Eine andere häufige Form dieses Verhältnisses, bei der sich ebenfalls leicht eifersüchtige Regungen einstellen können, ist eine Art gesteigertes Wettrennen zwischen Geschwistern. Das Mädchen empfindet im Gefühl seiner Zurücksetzung einen Stachel, der es unaufhörlich vorwärtstreibt, so dass es ihr nicht selten gelingt, durch Fleiß und Energie den Bruder weit zu überflügeln, wobei ihr oft die eigentümliche Begünstigung der Natur zu Hilfe kommt, die darin liegt, dass sich Mädchen in der Pubertätszeit körperlich wie geistig um vieles rascher entwickeln als Knaben, ein Unterschied, der dann langsam wieder eingeholt wird.

Die Eifersucht tritt nun unter den verschiedensten Formen in Erscheinung. Man erkennt sie an Zügen des Misstrauens; des Lauerns, des Messens und an der steten Furcht, dass man verkürzt werde. Welche Form mehr hervortritt, ist Sache der bis dahin gediehenen Vorbereitung für das gesellschaftliche Leben. Es kann eine Eifersucht sein, die sich selbst verzehrt, oder eine, die in ein waghalsiges, energisches Verhalten ausmündet. Sie kann erscheinen in der Spielverderberin, die versucht, den Rivalen herabzusetzen, oder im Bestreben, jemanden zu fesseln, seine Freiheit einzuschränken, um sich zum Herrn über ihn zu machen. Es ist eine überaus beliebte Methode, die Eifersucht in den Beziehungen der Menschen so zu platzieren, dass der andere dadurch gewisse Gesetze bekommt. Es ist eine eigne seelische Linie, auf der sich ein Mensch bewegt, wenn er einem andern z. B. ein Gesetz der Liebe aufzwingen will, wenn er den andern abschließen will, wenn er ihm vorschreibt, wie er seine Blicke zu lenken, seine Handlungen, ja sein ganzes Denken einzurichten habe. Die Eifersucht kann auch dem Zweck dienstbar gemacht werden, den anderen herabzusetzen, ihm Vorwürfe zu machen u. dgl. Alles aber sind

Mittel, um dem anderen seine Willensfreiheit zu nehmen, um ihn zu bannen und zu fesseln. Eine wundervolle Schilderung dieses Verhaltens findet sich in dem Roman Netotschka Njeswanowa von Dostojewski, wo es ein Mann auf diese Weise zustande bringt, seine Frau durch ein ganzes Leben hindurch zu drücken und seine Herrschaft über sie festzuhalten.

Somit ist Eifersucht eine besondere Form des Strebens nach Macht.

3. Neid. In dem Streben nach Macht und Überlegenheit gelangt der Mensch vielfach zu Charakterzügen des Neides. Die Distanz, in der ein Mensch zu seinem überlebensgroßen Ziel steht, macht sich ihm bekanntlich in der Form eines Minderwertigkeitsgefühls fühlbar. Sie drückt auf ihn und erfüllt ihn so sehr, dass man aus seiner Haltung und aus seinen Lebensformen den Eindruck gewinnt, dieser Mensch hat noch sehr weit zu seinem Ziel. In seiner niedrigen Selbsteinschätzung und Unzufriedenheit verfällt er meist auch in ein fortwährendes Messen, wie ein anderer zu ihm steht, was andere erreicht haben, und wird sich verkürzt fühlen. Das kann selbst dann der Fall sein, wenn er mehr hat als andere. Alle diese Erscheinungsformen des Gefühles der Verkürztheit sind Anzeichen einer verkappten, nicht befriedigten Eitelkeit, eines Immer-mehr-haben-Wollens, eines Alles-haben-Wollens. Solche Menschen sagen wohl nicht, dass sie alles haben wollen, weil sie ja meist durch die Instanz des Gemeinschaftsgefühls daran gehindert sind so zu denken, aber sie handeln so, als ob sie alles haben wollten.

Es ist begreiflich, dass Gefühle des Neides, die sich bei diesem fortwährenden Messen regen, auf Glücksmöglichkeiten nicht fördernd einwirken können. Aber sosehr uns allen, kraft des Gemeinschaftsgefühls, Neidregungen widerwärtig sind, so unbeliebt der Neid im Allgemeinen ist, es wird wenig Menschen geben, die nicht irgendwelcher Neidregungen fähig wären. Wir müssen bekennen, dass wir alle nicht frei von Neid sind. Im gleichmäßigen Strom des Lebens tritt dies wohl nicht immer deutlich hervor. Wenn aber ein Mensch leidet und sich bedrängt fühlt, wenn er Mangel an Geld, Nahrung, Kleidung, Wärme empfindet, wenn sich seine Aussichten für die Zukunft verringern und er keinen Ausweg aus seiner bedrängten Lage sieht, dann wird uns verständlich, dass ein Menschengeschlecht wie das heutige, das erst im Anfange einer Kultur steht, Neidregungen empfinden wird, auch wenn es ihm Moral und Religion verbieten. So verstehen wir auch den Neid der Besitzlosen. Er wird uns erst dann unverständlich sein, wenn jemand den Beweis erbrächte, dass andere Menschen in solcher Situation nicht auch von Neidregungen befallen würden. Damit soll nur festgestellt sein, dass bei der heutigen seelischen Konstitution des Menschen mit diesem Faktor gerechnet werden muss. Es ist nicht zu vermeiden, dass er beim Einzelnen oder bei der Masse aufflammt, wenn man die Beschränkungen zu weit führt. Wenn wir aber auch den abstoßenden Formen, in denen der Neid auftritt, nicht unsere Billigung geben können, so müssen wir sagen, wir wissen eigentlich kein Mittel, um in *solchen* Fällen den Neid und auch den oft damit verbundenen Hass auszuschalten. Eines ist wohl jedem, der in unserer Gesellschaft lebt, im Vorhinein klar, dass man solche Regungen nicht auf die Probe stellen, nicht provozieren soll, dass man so viel Taktgefühl haben muss, um diese sicher zu erwartende Erscheinung nicht hervorzurufen oder zu steigern. Obwohl damit noch nichts gebessert ist, ist es das wenigste, was man von einem Menschen verlangen kann: seine augenblickliche Überlegenheit über den anderen nicht zur Schau zu tragen, weil er dadurch jemand verletzen könnte.

An diesem Charakterzug sehen wir den unzerreißbaren Zusammenhang des Einzelnen mit der Gesamtheit. Niemand kann sich aus der Gemeinschaft hervorheben und seine Macht über die anderen ausbreiten, ohne dass gleichzeitig auch auf der Gegenseite dadurch Kräfte wachgerufen werden, die sein Beginnen wieder zu verhindern trachten. Neid drängt immer zu Handlungen und Maßregeln, die wieder auf die Parität, auf die Gleichwertigkeit der Menschen hinzielen. So kommen wir gedanklich wie durch unsere Einfühlung einem Grundsatz der menschlichen Gesellschaft nahe, der an keiner Stelle verletzt werden kann, ohne dass sich anderswo sofort Gegenkräfte rühren, nämlich dem *Gesetz der Gleichheit alles dessen, was Menschenantlitz trägt*.

Die Ausdrucksform des Neides ist schon mimisch, besonders am Blick, leicht zu erkennen. Auch physiologisch kommt eine Neidregung zum Ausdruck, was sich auch in gewissen Redewendungen äußert. Man spricht von gelbem oder blassem Neid, wodurch darauf hingewiesen ist, dass Gefühle des Neides unsere Blutzirkulation beeinflussen. Organisch äußert sich der Neid nicht anders als durch eine Zusammenziehung der äußeren Blutgefäße.

Was die pädagogische Erkenntnis betrifft, so müssen wir bemüht sein, Neidregungen, wenn wir sie schon nicht aus der Welt schaffen können, wenigstens dem allgemeinen

Nutzen dienstbar zu machen und zu versuchen, ihnen einen Weg zu bahnen, auf dem sie ohne zu große Erschütterungen des Seelenlebens fruchtbar werden können. Das gilt sowohl für den Einzelnen wie auch für die Masse. Im Leben des Einzelnen müssen wir versuchen, solchen Kindern Betätigungen zu verschaffen, die ihr Selbstbewusstsein heben. Im Leben der Völker wird kaum etwas anderes übrigbleiben als jenen, die sich zurückgesetzt fühlen und vielleicht ebenfalls mit unfruchtbarem Neid zusehen, wie sich der Wohlstand anderer Völker hebt, Wege zur Entfaltung brachliegender Kräfte zu weisen und zu ermöglichen. Ein zeitlebens von Neid erfüllter Mensch ist für ein Zusammenleben unfruchtbar. Er wird immer den Wunsch zeigen, dem andern etwas wegzunehmen, ihn irgendwie zu verkürzen, zu stören und wird die Neigung haben, für das, was er nicht erreicht hat, Ausreden geltend zu machen und andere zu beschuldigen. Er wird das Bild eines Kämpfers abgeben, eines Spielverderbers, eines Menschen, der für gute Beziehungen zu andern nicht viel übrighat, der keine Vorbereitungen trifft, sich für ein Zusammenleben mit ihnen tauglich zu machen. Da er sich kaum die Mühe nehmen wird, sich in die Seele anderer einzufühlen, wird er auch stets ein schlechter Menschenkenner sein und mit seinem Urteil andere verletzen. Es wird ihn nicht berühren, wenn ein anderer unter seiner Handlungsweise leidet. Der Neid kann den Menschen sogar so weit bringen, dass er im Leid seines Nächsten eine Art von Genugtuung empfindet.

4. Geiz. Mit Neid eng verwandt, meist damit verbunden, ist der Geiz. Damit ist nicht nur jene Art des Geizes gemeint, die sich darauf beschränkt, Geldstücke zu sammeln, sondern jene allgemeine Form, die sich im Wesentlichen darin ausdrückt, dass es jemand nicht über sich bringt, dem andern eine Freude zu machen, der also mit seiner Hingebung an die Gesamtheit oder an Einzelne geizt, eine Mauer um sich auftürmt, um nur selber seiner armseligen Schätze sicher zu sein. Man erkennt hier leicht den Zusammenhang mit dem Ehrgeiz und der Eitelkeit einerseits, sowie mit dem Neid anderseits. Es ist nicht zu viel gesagt, wenn man behauptet, dass alle diese Charakterzüge bei einem Menschen gleichzeitig vorhanden sind, so dass jemand durchaus noch nicht als Gedankenleser erscheint, wenn er einmal eine dieser Eigenschaften festgestellt hat, um zu behaupten, dass auch die anderen vorhanden seien.

Züge des Geizes wird auch der heutige Kulturmensch wenigstens spurenweise aufweisen. Er kann sie höchstens überbauen oder verschleiern durch eine auf die Spitze getriebene Freigebigkeit, die vielleicht auch nichts anderes als ein *Gnadenspenden*, ein Versuch, durch freigebige Gesten das eigene Persönlichkeitsgefühl auf Kosten des andern zu heben. Unter Umständen kann es scheinen, wie wenn der Geiz, auf gewisse Formen des Lebens angewendet, sogar eine wertvolle Eigenschaft wäre. So, wenn z. B. ein Mensch mit seiner Zeit oder mit seiner Arbeitskraft geizt und dabei vielleicht ein großes Werk zustande bringt. Es gibt eine wissenschaftliche und moralische Richtung der Gegenwart, die gerade das Geizen mit der Zeit so sehr in den Vordergrund schiebt, dass sie verlangt, dass jeder Mensch mit Zeit und Arbeitskraft (auch mit »Arbeitskräften«) »ökonomisch« vorgehe. Das hört sich in der Theorie sehr schön an. Sobald man aber diesen Grundsatz irgendwo praktisch angewendet findet, kann man sehen, wie darin nur das Ziel der Macht und Überlegenheit schaltet und waltet. Mit diesem theoretisch gewonnenen Grundsatz wird meist nur Missbrauch getrieben und derjenige, der mit Zeit und Arbeitskraft geizt, wird versuchen, die Lasten, die damit verbunden sind, von sich ab auf andere zu überwälzen. Wir können aber einen derartigen Standpunkt nur daran messen und bewerten, inwiefern er der Allgemeinheit nützt. Es gehört die ganze Entwicklung unseres technischen Zeitalters dazu, um den Menschen wie eine Maschine zu behandeln und ihm Grundsätze für sein Leben aufzuzwingen, wie sie in der Technik vielleicht bis zu einem gewissen Grade berechtigt sind, die aber in Bezug auf das menschliche Zusammenleben zu einer Verödung, Vereinsamung, und zu einer Verkürzung des Nächsten führen müssen. Es wird daher besser sein, es so einzurichten, dass wir lieber geben als sparen, ein Grundsatz, den man durchaus nicht verzerren muss, mit dem man nicht Missbrauch treiben darf und auch nicht kann, wenn man den Nutzen des Mitmenschen im Auge behält.

5. Hass. Bei kämpferisch eingestellten Menschen sind nicht selten Züge von Hass vorzufinden. Hassregungen, die oft schon in der Kindheit auftreten, erreichen manchmal ganz außerordentlich hohe Grade, die man bei Zornausbrüchen oder dann feststellen kann, wenn sie sich in milderer Form als *Nachträglichkeit* äußern. Dadurch wird die Einstellung eines Menschen sehr scharf charakterisiert, und es ist für seine Beurteilung sehr viel gewonnen, zu wissen, bis zu welchem Grade er solcher Regungen fähig ist. Sie verleihen ihm eine individuelle, charakteristische Tönung.

Der Angriffspunkt für Hassregungen kann ein verschiedener sein. Hass kann sich auf die Aufgaben beziehen, vor die ein Mensch gestellt ist, auf einzelne Personen, auf ein Volk oder eine Klasse, auf das andere Geschlecht oder auf eine Rasse. Man darf auch nicht vergessen, dass Hassregungen nicht immer geradlinig und offenkundig zutage treten, sondern sich mitunter sehr gut verschleiern, dass sie z. B. die feinere Form der *kritischen Haltung* annehmen können. Sie können sich auch vollständig darin erschöpfen, dass ein Mensch Anschlussregungen jeder Art ablehnt. Zuweilen wird wie mit einem Blitzstrahl erhellt, welcher Hassregungen ein Mensch fähig ist. So in dem Fall eines Patienten, der erzählte, mit welcher Freude er, der vom Kriegsdienst befreit war, die Nachrichten von den ungeheuren Verlusten und grausamen Verstümmelungen gelesen habe.

Vieles von diesen Erscheinungen ist in der Sphäre des *Verbrechens* vorzufinden. In abgeschwächtem Grade können diese Dinge aber in der Gesellschaft eine große Rolle spielen, dabei in Formen auftreten, die gar nicht zu verletzen und abzustoßen brauchen. Das gilt insbesondere auch von jener Form, die einen der höchsten Grade von Hassgefühl verrät, der *Menschenfeindschaft*. Es gibt sogar philosophische Richtungen, die von Feindseligkeit und Menschenhass derart durchtobt sind, dass sie den viel gröberen und unverhüllt feindseligen Akten von Rohheit und Grausamkeit, die man gelegentlich findet, ebenbürtig an die Seite gestellt werden können. In Biographien bedeutender Menschen ist zuweilen an einer Stelle der Schleier fortgezogen, und wenn z. B. Grillparzer einmal sagt, in der Dichtkunst lebe sich die Grausamkeit eines Menschen aus, so muss man weniger an eine unverbrüchliche Wahrheit denken, die hier gesagt ist, als vielmehr auch daran, dass in einem Künstler, der doch der Menschheit nahestehen muss, wenn er einer künstlerischen Leistung fähig sein will, außerdem noch Hass- und Grausamkeitsgefühle bestehen können.

Verzweigungen von Hassgefühlen sind ungemein zahlreich. Wenn sie hier nicht weiterverfolgt werden, so geschieht das aus dem Grund, weil es zu weit führen würde, alle Zusammenhänge einzelner Charakterzüge mit Menschenhass aufzuzeigen. Es lässt sich leicht nachweisen, dass insbesondere bestimmte Berufe ohne eine gewisse Feindseligkeit nicht ergriffen werden, was nicht gleichbedeutend ist mit der Behauptung, sie könnten ohne eine gewisse Feindseligkeit nicht *betrieben* werden. Im Gegenteil. In dem Augenblick, wo ein menschenfeindlich gerichteter Sinn sich entschließt, einen solchen Beruf, z. B. den militärischen Beruf, zu ergreifen, werden durch die Organisation des Ganzen, durch die Darstellung des Berufes und durch die Notwendigkeit, den Zusammenhang mit den andern dieses Berufes herzustellen, alle feindseligen Regungen so gewendet, dass sie äußerlich doch in die Gemeinschaft hineinpassen.

Eine Erscheinungsform, unter der Gefühle der Feindseligkeit besonders gut verdeckt sind, sind Handlungen und Schädigungen eines Menschen oder Sachwertes, die durch *Fahrlässigkeit* zustande kommen, dadurch, dass der Täter alle Rücksichten, die ihm das Gemeinschaftsgefühl auferlegt, außer Acht lässt. In der Jurisprudenz herrscht darüber eine weitgehende Diskussion, die bis heute keine Klarheit in diese Frage gebracht hat. Es ist selbstverständlich, dass ein Vergehen, eine fahrlässige Handlung nicht so zu werten ist wie ein Verbrechen, dass es nicht dasselbe ist, ob jemand z. B. einen Blumentopf so weit an den Fensterrand stellt, dass er bei der geringsten Erschütterung einem Passanten auf den Kopf fällt, oder ob er ihn demselben gleich auf den Kopf wirft. Es ist aber nicht zu verkennen, dass der Handlungsweise von fahrlässigen Menschen oft die gleiche Feindseligkeit zugrunde liegen kann, wie einem Verbrechen, so dass uns auch die nur fahrlässige Handlungsweise einen Anhaltspunkt zum Verständnis eines Menschen zu geben vermag. Die Jurisprudenz anerkennt hier als mildernden Umstand, dass dem Täter die *bewusste* Absicht gefehlt hat. Es besteht aber kein Zweifel, dass einer unbewusst-feindseligen Handlungsweise derselbe Grad von Gehässigkeit zugrunde liegen kann, wie es bei einer bewussten böswilligen Handlung der Fall ist. In beiden Fällen handelt es sich um Menschen, die einen Mangel an Gemeinschaftsgefühl aufweisen. Wenn man den Spielen von Kindern zusieht, kann man immer beobachten, dass einzelne von ihnen auf die andern weniger achtgeben, und es ist der Schluss wohl gerechtfertigt, dass sie nicht die besseren Menschenfreunde sind. Wohl soll man immer warten, bis man auch von anderswoher Bestätigungen für seine Annahmen erhalten hat. Wenn man aber jedes Mal findet: Sooft sich eines dieser Kinder beteiligt, geschieht ein Unglück, dann muss man sagen, dass ein solcher Mensch nicht das Gefühl für die anderen bereit hat und nicht gewohnt ist, Wohl und Wehe des Nächsten im Auge zu behalten.

Ein besonderes Augenmerk verdient in dieser Hinsicht vielfach unser *wirtschaftliches Leben*. Es ist nicht sonderlich geneigt, uns von dieser Fahrlässigkeit als von einer Feindseligkeit zu überzeugen. Denn Handlungen, die im wirtschaftlichen Leben Platz greifen, zeigen meist überhaupt keine Spur von einer Rücksicht auf die Mitmenschen, welche wir als so wünschenswert ansehen. Es gibt eine ganze

Reihe von Maßnahmen und Unternehmungen in unserem Wirtschaftsleben, bei denen es sich sehr deutlich zeigt, wie einer, der diese einschlägigen Handlungen vollführt, damit immer einen andern benachteiligt. In der Regel sind darauf überhaupt keine Strafen gesetzt, auch wenn ihnen eine bewusste böse Absicht zugrunde liegt. Da aber immer zumindestens jener Mangel an Gemeinschaftsgefühl vorhanden ist, wie bei der Fahrlässigkeit, so wird unser ganzes gesellschaftliches Leben vergiftet, weil auch jene, die vielleicht guten Willens sind, mit der Überzeugung erfüllt werden, in solchen Situationen bleibe nichts anderes übrig als der persönliche Schutz bis auf das Äußerste. Wobei man meist übersieht, dass dieser persönliche Schutz regelmäßig wieder mit einer Verletzung des andern verbunden ist. Gerade die letzten Jahre haben uns oft von diesen Tatsachen und ihren Verwicklungen überzeugen können. Es ist nur von Vorteil, seine Aufmerksamkeit auf diese Erscheinungen zu richten, denn man kann daraus ersehen, wie schwer es dem Einzelnen gemacht wird, in solchen Situationen Forderungen zu genügen, die er kraft seines Gemeinschaftsgefühls als selbstverständlich und richtig erkannt hat. Auch hier wird es nötig sein, Auswege zu finden, um dem Einzelnen seine Mitarbeit, die nur in der Förderung des Allgemeinwohles bestehen darf, eher zu erleichtern, statt, wie es heute meist der Fall ist, zu erschweren. Zuweilen geschieht so etwas ganz automatisch, denn die Massenseele ist immer am Werk und wehrt sich so gut sie kann. Aber auch die Psychologie muss diese Erscheinungen begleiten, nicht nur um wirtschaftliche Zusammenhänge zu verstehen, sondern auch um des seelischen Apparates willen, der hier mitwirkt, und um zu wissen, was man dem Einzelnen oder der

Allgemeinheit überhaupt zumuten darf und was man dabei zu erwarten hat.

Fahrlässigkeit ist in Familie, Schule und im Leben stark verbreitet. In allen Formen unseres Lebens kann man sie vorfinden. Immer wieder drängt sich irgendwo ein Typus in den Vordergrund, der auf seine Mitmenschen gar keine Rücksicht nimmt. Das bleibt natürlich nicht ungestraft, und die Handlungsweise eines rücksichtslosen Menschen wird meist eine Wendung zur Folge haben, die ihn nicht freut. Manchmal dauert es lange – Gottes Mühlen mahlen langsam – so lange, dass einer dann den Zusammenhang nicht mehr überblicken kann, weil er ihn nicht kennt, nicht kontrollierend begleitet und daher meist nicht versteht. Klagen, die über ein unverdientes Schicksal laut werden, sind meist dem Umstand zuzuschreiben, dass andere, welche die Rücksichtslosigkeiten eines solchen Partners zu erdulden hatten, nach einiger Zeit ihre persönlich gut gemeinten Bemühungen aufgeben und von ihm abrücken.

Obwohl fahrlässige Handlungen manchmal ihre scheinbare Rechtfertigung finden, kann man in ihnen bei näherem Zusehen dennoch die ganze Fülle von Feindseligkeit gegen die andern wahrnehmen. So etwa, wenn sich ein Chauffeur, der zu schnell gefahren ist und dadurch jemand überfahren hat, damit verteidigt, dass er durch eine Verabredung gebunden war. Wir können in solchem Verhalten nur sehen, wie es Menschen gibt, die ihre persönlichen, kleinlichen Forderungen so hoch über Wohl und Wehe des andern setzen, dass sie die Gefahren, die denselben aus diesem Verhalten erwachsen, übersehen. An dem Unterschied zwischen ihren eigenen Forderungen und dem Wohl der Allgemeinheit lässt sich der Grad ihrer Feindseligkeit deutlich erkennen.

III. Kapitel: Charakterzüge nicht aggressiver Natur

Zu dieser Gruppe von Charakterzügen gehören alle jene Erscheinungsformen, bei denen die feindliche Aggression gegen den Mitmenschen sich nicht auf einer geraden und deutlich sichtbaren Linie bewegt, sondern dem außenstehenden Betrachter den Eindruck einer *feindseligen Isoliertheit* vermitteln. Hier ist es so, *als ob* sich der ganze Strom von Feindseligkeit umgebogen und einen Umweg eingeschlagen hätte. In solchen Fällen entsteht meist das Bild eines Menschen, der wohl niemand etwas zuleide tut, sich aber vom Leben und von den Menschen zurückzieht, jeden Anschluss vermeidet und in seiner Einsamkeit den andern seine Mitarbeit versagt. Da aber die Aufgaben der Menschheit zum größten Teil nur in gemeinsamer Arbeit gelöst werden können, ist ein Mensch, der sich isoliert, derselben Feindseligkeit verdächtig wie einer, der die Gemeinschaft offen und gradlinig angreift und schädigt und ihr auf diese Weise die zu ihrer Erhaltung notwendigen Mittel vorenthält. Hier öffnet sich ein ungeheuer weites Gebiet der Betrachtung, auf dem wir einige auffallende Erscheinungen einer näheren Erörterung unterziehen wollen. Als ersten Zug betrachten wir:

1. Zurückgezogenheit. Zurückgezogenheit kann in verschiedener Weise zutage treten. Menschen, die sich zurückziehen, reden wenig oder nichts, sehen einen nicht an, hören nicht zu oder sind nicht aufmerksam, wenn man zu ihnen spricht. In allen Beziehungen, schon in den einfachsten, findet man eine Kälte, welche die Menschen voneinander scheidet. Man spürt sie in der Art und Weise, wie sie einem die Hand reichen, an dem Ton, in dem sie etwas sagen, in der Art, wie sie den andern grüßen oder seinen Gruß erwidern. Immer fällt es auf, wie sie zwischen sich und die andern eine *Distanz* legen. Bei allen diesen Erscheinungen von Isolierung findet man wieder den bekannten Charakterzug des Ehrgeizes und der Eitelkeit, der hier die besondere Form angenommen hat, sich von den andern abheben, seine Andersartigkeit dadurch dartun zu wollen, dass man sich zurückzieht. Damit haben aber diese Menschen höchstens gewonnen, dass ihnen ihre Einbildungskraft eine Höhe vorgaukelt, die nicht besteht. Man sieht, wie der kämpferische Zug der Feindseligkeit in die scheinbar harmlose Haltung des Einzelnen umschlagen kann. Die Zurückziehung kann auch größere Gruppen betreffen. Jeder wird bereits die Bekanntschaft von ganzen Familien gemacht haben, die dadurch charakterisiert sind, dass sie sich gegen die anderen hermetisch abschließen. Betrachtet man sie genauer, dann vermisst man nie die Feindseligkeit und den Hang zu der Einbildung, höhere, bessere Wesen zu sein als die andern. Die Isolierungstendenz kann ferner auf Klassen, Religionen, Rassen und Nationen übergehen, und es gibt oft ein außerordentlich aufklärendes Bild ab, in einer fremden Stadt, z. B. auf Promenaden, manchmal sogar an der Bauart der Häuser, wahrzunehmen, wie sich einzelne Schichten gegeneinander abschließen. Es ist eine in unserer Kultur vorläufig noch tiefwurzelnde Erscheinung, dass sich Menschen leicht verleiten lassen, sich auf diese Weise zu isolieren, sich in Nationen, Konfessionen und Klassen zu scheiden, wobei meist nichts anderes herauskommt als gegenseitiger Kampf, der sich nach einiger Zeit in ein Nichts auflöst, in eine veraltete, kraftlose Tradition. So kommt es, wie es meist zu geschehen pflegt, dass einzelnen Menschen dadurch die Möglichkeit geboten wird, latente Gegensätze auszunutzen und diese Gruppen aufeinanderzuhetzen zu keinem anderen Zweck, als um dadurch umso leichter selbst befehlen und lenken zu können und persönliche Eitelkeiten zu befriedigen. Dem Zug der Feinseligkeit ermangelt auch nie, dass eine solche Klasse oder ein solches Volk sich als besonders ausgezeichnet empfindet, seinen Geist als den auserlesenen preist und von den andern meist nur das Schlechte weiß. Die Möglichkeit und Gefahr einer Steigerung der Feindseligkeit liegt darin, dass man in der Regel nur gewisse Wortführer hört, die in der eigenen feindseligen Gesinnung und im eigenen Interesse die Feindseligkeit der anderen schüren und zu steigern versuchen. Wenn dann unglückliche Ereignisse eintreten, wie der Weltkrieg und seine Folgen, dann will es niemand gewesen sein. Es ist der Typus von Menschen, die in ihrer eigenen Unsicherheit nach Überlegenheit und Unabhängigkeit streben, die sie auf Kosten der andern zu verwirklichen trachten.

In der Zurückziehung liegt das Schicksal und die ganze Welt eines solchen Individuums. Dass diese Menschen nicht geeignet sind, voranzugehen und Kulturfortschritte zu fördern, liegt auf der Hand.

2. Angst. Bei der feindseligen Haltung eines Menschen zu seiner Umwelt finden wir nicht selten Züge von Ängstlichkeit, die dem Charakter dieser Menschen eine besondere Färbung verleihen. Ängstlichkeit ist eine außerordentlich weit verbreitete Erscheinung, die den Menschen von den frühesten Kindheitstagen oft bis in sein hohes Alter begleitet und ihm in einem unerhörten Maß das Leben verbittert, ihn auch recht ungeeignet macht, sich anzuschließen und dadurch die Basis für ein friedliches Leben und für fruchtbare Leistungen zu gewinnen. Denn die Furcht kann sich auf alle Beziehungen menschlichen Lebens erstrecken. Es kann einer die Außenwelt fürchten oder vor seiner eigenen Innenwelt erschrecken. Und wie er die Gesellschaft meidet, weil er sie fürchtet, so kann er auch das Alleinsein fürchten. In den ängstlichen Menschen wird man wieder jenen bekannten Typus antreffen, der sich genötigt fühlt, mehr an sich zu denken und der infolgedessen für den Mitmenschen wenig übrighat. Hat er einmal den Standpunkt gewonnen, vor den Schwierigkeiten des Lebens auszukneifen, dann kann dieser Standpunkt durch Hinzutreten von Angst außerordentlich vertieft und gesichert werden. In der Tat gibt es Menschen, bei denen die erste Regung immer Angst ist, wenn sie etwas unternehmen sollen, ob sie nun das Haus verlassen, sich von einem Begleiter trennen, ob sie eine Stelle bekleiden sollen oder ob ihnen die Liebe winkt. Sie hängen so wenig mit dem Leben und mit den Mitmenschen zusammen, dass ihnen jede Änderung ihrer gewohnten Situation Furcht bereitet.

Dabei bleibt jede Entwicklung ihrer Persönlichkeit und Leistungsfähigkeit gehemmt. Es ist wohl nicht immer so, dass einer gleich zu zittern beginnt und davonläuft. Aber seine Schritte verlangsamen sich, und er findet allerlei Vorwände und Ausreden. Manchmal wird er gar nichts davon wissen, dass seine ängstliche Haltung unter dem Druck einer neuen Situation zustande gekommen ist.

Interessant ist es, wenn man oft, wie zur Bestätigung dieser Auffassung, findet, dass diese Menschen gern an die Vergangenheit oder an den Tod denken, was ungefähr die gleiche Wirkung hat. Das Denken an die Vergangenheit ist ein unauffälliges und daher sehr beliebtes Mittel, um sich zu »drücken«. Auch Furcht vor dem Tode oder vor Krankheiten ist nicht selten bei Menschen zu finden, die nach einer Ausrede suchen, um sich jeder Leistung zu entschlagen. Oder sie betonen, dass ja doch alles eitel sei, dass das Leben so kurz sei oder dass man nicht wissen könne, was geschehen werde. In derselben Weise kann auch die *Vertröstung der Religion auf ein Jenseits wirken*, die den Menschen sein eigentliches Ziel erst im Jenseits sehen und das Erdendasein als ein höchst überflüssiges Bestreben, als eine wertlose Phase seiner Entwicklung betrachten lässt. Weicht der erstere Typus deshalb allen Leistungen aus, weil ihm der Ehrgeiz nicht gestattet, sich auf die Probe stellen zu lassen, so finden wir beim letzteren, wie zur Belehrung und Beleuchtung, dass es auch hier wieder derselbe Gott ist, zu dem sie hinstreben, dasselbe Ziel der Überlegenheit über die andern, derselbe Ehrgeiz, der sie lebensunfähig macht.

In ihrer ersten und primitivsten Form tritt uns die Angst bei Kindern entgegen, die jedes Mal Zeichen von Angst von sich geben, wenn man sie allein lässt. Die Sehnsucht eines solchen Kindes ist aber durchaus nicht befriedigt, wenn man dann zu ihm kommt, sondern es nutzt das Zusammensein wieder zu anderen Zwecken aus. Lässt es die Mutter z. B. wieder allein, so wird es sie unter deutlichen Erscheinungen der Angst zurückrufen, was nichts anderes heißt, als dass sich nichts geändert hat, ob nun die Mutter da ist oder nicht. Dass die Sehnsucht des Kindes vielmehr darauf ausgeht, sie in seinen Dienst zu stellen, sie zu beherrschen. Solche Erscheinungen sind gewöhnlich Anzeichen dafür, dass man ein solches Kind seine Haltung nicht auf dem Weg der Verselbständigung suchen lässt, sondern ihm durch eine fehlerhafte Behandlung nahelegt, auf andere Personen zu greifen, um sie in Kontribution zu ziehen.

Die Äußerungen der kindlichen Angst sind allgemein bekannt. Besonders deutlich werden sie dann, wenn dem Kind durch Entziehung des Lichtes, z. B. bei Nacht, der Zusammenhang mit der Außenwelt oder der gewünschten Person schwierig wird. Dann stellt der Angstschrei sozusagen die Verbindung her, die durch die Nacht zerrissen wurde. Eilt nun jemand herbei, so spielt sich der Fall gewöhnlich in der oben geschilderten Art ab. Das Kind äußert noch weitergehende Wünsche, verlangt, man solle Licht machen, bei ihm bleiben, mit ihm spielen u. dgl. Solange man folgt, ist die Angst wie weggeblasen. In dem Augenblick aber, wo dieses Herrschaftsverhältnis bedroht erscheint, tritt sie wieder auf und befestigt die Herrschaft des Kindes von neuem.

Auch im Leben der Erwachsenen gibt es solche Erscheinungen. Es sind die Fälle, wo Menschen nicht allein ausgehen wollen. Sie stellen Typen dar, welche man oft auf der Straße bemerken kann, wie sie ängstlich zusammengezogen und umhersehend, sich nicht von der Stelle rühren, oder die wie auf der Flucht vor einem bösen Feind über die Straße laufen. Manchmal wird man von einer solchen Gestalt sogar darum angegangen, man möge ihr herüberhelfen. Das sind nicht etwa schwächliche, kranke Menschen, sondern solche, die sonst ganz gut gehen können, sich meist einer viel besseren Gesundheit erfreuen als so mancher andere, aber, vor eine unbedeutende Schwierigkeit gestellt, sofort einen Angstanfall erleiden. Das geht manchmal so weit, dass solche Menschen schon beim Verlassen des Hauses von Unsicherheit und Angst ergriffen werden.

Die Erscheinungsformen dieser *Platzangst* sind deshalb so interessant, weil wir bald entdecken, dass in der Seele solcher Menschen nie das Gefühl stumm wird, sie seien der Zielpunkt irgendwelcher feindlicher Verfolgung. Sie meinen, irgendetwas unterscheide sie ganz besonders von den anderen. Manchmal drückt sich das in phantastischen Ideen aus, wenn sie z. B. glauben, sie könnten fallen, was für uns nichts anderes heißt, als dass sie sich recht hoch oben stehend fühlen. In den Krankheitserscheinungen, in den Ausartungen der Angst schwingt also wieder dasselbe Ziel der Macht und Überlegenheit, und man sieht, wie auch hier das Leben unter Druck gerät und ein trauriges Schicksal bedrohlich in die Nähe rückt. Denn bei vielen Menschen bedeutet die Angst nichts anderes, als dass jemand da sein muss, der sich mit ihnen beschäftigt. Wenn nun gar jemand das Zimmer nicht mehr verlassen kann, muss sich *alles* seiner Angst unterordnen. Durch das den andern auferlegte Gesetz, dass alle andern zu ihm kommen müssen, während er zu niemand zu kommen braucht, wird er zu einem König, der die andern beherrscht.

Aufgehoben kann die Menschenangst nur durch das Band werden, welches den Einzelnen mit der Gemeinschaft verknüpft. Nur der wird ohne Angst durchs Leben gehen können, der sich seiner Zugehörigkeit zu den anderen bewusst ist.

Hierzu noch ein interessantes Beispiel aus den Tagen des Umsturzes von 1918. Eine Anzahl Patienten erklärten nämlich plötzlich, sie wären verhindert, in die Ordination zu kommen. Um die Gründe befragt, antwortete jeder mit Worten, die ungefähr Folgendes besagten: Es sind jetzt so unruhige Zeiten, man kann nicht wissen, was für einem

Menschen man jetzt begegnen kann; und wenn man dann noch besser gekleidet ist, kann man sich leicht Unannehmlichkeiten zuziehen.

Der Unmut von damals war natürlich groß. Es ist aber doch auffallend, warum gerade nur *gewisse* Menschen diese Folgerungen gezogen haben. Warum haben gerade *sie* daran gedacht? Das ist kein Zufall und hängt damit zusammen, dass diese Menschen nicht den Kontakt hatten, sich daher nicht so sicher fühlten, während andere, die sich mehr als zugehörig betrachteten, keine Angst empfanden und ihren Arbeiten wie gewöhnlich nachgingen.

Eine harmlosere, wenn auch nicht weniger beachtenswerte Form der Angst ist die *Schüchternheit*, für die dasselbe gilt, was über die Angst gesagt wurde. Mögen die Beziehungen, in die Kinder gestellt sind, noch so einfach sein, ihre Schüchternheit wird ihnen immer die Möglichkeit geben, den Kontakt mit den andern zu vermeiden oder abzubrechen, während in ihnen das Gefühl der Minderwertigkeit und Andersartigkeit lebendig ist, die ihre Anschlussfreudigkeit hemmt.

3. Zaghaftigkeit. Den Charakterzug der Zaghaftigkeit weisen jene auf, die eine bevorstehende Aufgabe als besonders schwer empfinden und sich die zur Bewältigung derselben nötige Kraft nicht zutrauen. In der Regel wird dieser Charakterzug in der Form von langsamen Vorwärtsbewegungen in Erscheinung treten, bei denen die Entfernung zwischen dem Menschen und der vorliegenden Lebensfrage nicht allzu schnell geringer wird, manchmal sogar konstant bleibt. Hierher gehören die Fälle, wo ein Mensch, der irgendeiner Lebensfrage näher rücken sollte, nun plötzlich ganz woanders zu finden ist. Er entdeckt z. B. plötzlich, er sei für den Beruf, den er ergreifen soll, eigentlich gar nicht geeignet. Er findet an ihm allerhand Schattenseiten, so dass er nun auch seine Logik derart vergewaltigt, dass ihm die Ergreifung dieses Berufes wirklich unmöglich erscheint. Die Ausdrucksformen der Zaghaftigkeit sind also außer verlangsamten Bewegungen noch sichernde Maßnahmen, Vorbereitungen u. dgl., die gleichzeitig den Zweck haben, die Verantwortung für das Nichtzustandekommen einer Aufgabe abzuwälzen.

Die Individualpsychologie hat den ganzen Komplex von Fragen, die diese ungeheuer verbreitete Erscheinung betreffen, das *Problem der Distanz* genannt. Sie hat einen Standpunkt geschaffen, von dem aus wir unerschütterlich über die Stellungsnahme eines Menschen urteilen, die Entfernung messen können, in der er vor der Lösung der drei großen Fragen des Lebens steht. Es handelt sich um die Lösung der Frage seiner sozialen Aufgaben, der Beziehung des Ich zum Du und darum, ob er den Kontakt zwischen sich und den anderen Menschen in einer annähernd richtigen Art hergestellt hat oder ihn verhindert. Die zweite Lebensfrage ist die Berufsfrage und die dritte die erotische Frage, die Frage von Liebe und Ehe. Aus der Größe der Verfehlung, aus der *Distanz*, in der ein Mensch zur Lösung dieser drei Fragen steht, können wir auf seine Individualität, auf seine Persönlichkeit Schlüsse ziehen und sind somit in der Lage, auch aus diesen Erscheinungen etwas für unsere Menschenkenntnis zu gewinnen.

Der Grundzug, der in solchen Fällen zutage tritt, ist im Allgemeinen der, dass ein Mensch zwischen sich und seine Aufgabe eine mehr oder weniger große Distanz gelegt hat. Fasst man die Situation näher ins Auge, so kommt man dahinter, dass die ganze Angelegenheit neben dieser Schattenseite auch eine Lichtseite hat. Es ist anzunehmen, dass dieser Mensch nur wegen der Lichtseite diese Stellungnahme gewählt hat. Tritt man nämlich ganz unvorbereitet an eine Aufgabe heran, dann hat man mildernde Umstände, das Selbstgefühl und die persönliche Eitelkeit bleiben unberührt. Die Situation ist viel sicherer, und man arbeitet wie ein Seiltänzer, der weiß, dass unter ihm ein Netz gespannt ist. Fällt man, dann fällt man weich, und geht man unvorbereitet an seine Aufgabe und besteht sie nicht, dann ist das Persönlichkeitsgefühl nicht in Gefahr, denn man kann sich sagen, man habe aus verschiedenen Gründen nicht viel tun können, es sei schon zu spät oder man habe zu spät angefangen u. dgl., sonst wäre die Leistung glänzend gelungen. Es ist dann nicht ein Mangel der eigenen Persönlichkeit schuld, sondern irgendein kleiner, nebensächlicher Umstand, für den der Betreffende keine Verantwortung übernimmt. Gelingt aber die Leistung trotzdem, dann gilt sie viel mehr. Denn wenn einer fleißig seinen Aufgaben obliegt, findet niemand etwas Besonderes daran, wenn sie gelingen, das ist eigentlich selbstverständlich. Fängt aber einer zu spät an, arbeitet nur wenig oder ist ganz unvorbereitet und löst die Arbeitsaufgabe dennoch, was ja möglich ist, dann steht er ganz anders da, er ist sozusagen ein doppelter Held, denn er hat mit einer Hand das vollbracht, wozu andere zwei Hände brauchen.

Das sind also die Lichtseiten dieses Bogengängertums. Eine solche Haltung verrät sowohl den Ehrgeiz wie auch die Eitelkeit eines Menschen, sie zeigt die Tatsache, dass das ein Mensch ist, der sich wenigstens vor sich selbst in Szene setzen will. Alles geschieht um den Preis der *Plusma-*

cherei, um den Schein zu erwecken, dass er über besondere Kräfte verfüge.

Dadurch nähern wir uns dem Verständnis aller jener, die um die Fragen, die vor ihnen liegen, herumkommen wollen, sich selber Schwierigkeiten schaffen und sich ihnen gar nicht oder nur zögernd nähern. Auf dem Umweg, den sie um diese Aufgaben machen, liegen jene Dinge, die als Besonderheiten des Lebens auffallen, wie Faulheit, Indolenz, Berufswechsel (»Umsatteln«), Verwahrlosung usw. Es gibt auch Menschen, die diese Stellungsnahme schon in ihrer äußeren Haltung zur Schau tragen, die manchmal eine so biegsame Art zu gehen haben, dass sie sich bei allen Gelegenheiten schlangenähnlich wenden. Das ist sicherlich kein Zufall, und mit einiger Zurückhaltung kann man sie dahin einschätzen, dass das fast lauter Menschen sind, die die Neigung haben, wichtigen Fragen, die sie zu lösen haben, aus dem Weg zu gehen.

Ein aus dem Leben gegriffener Fall soll das deutlich zeigen. Es handelt sich um einen Mann, der eine große Verdrossenheit an den Tag legte, Lebensüberdruss empfand und Selbstmordgedanken hatte. Nichts freute ihn mehr, und er gab in seiner ganzen Haltung zu verstehen, dass er mit dem Leben eigentlich schon abgeschlossen hatte. Aus dem Gespräch mit ihm ging hervor, dass er von drei Brüdern der älteste war, das Kind eines überaus ehrgeizigen Vaters, der im Leben mit ungestümer Verve vorwärtsgegangen war und es ziemlich weit gebracht hatte. Der Patient war sein Lieblingskind gewesen, das einst in seine Fußtapfen treten sollte. Die Mutter war früh gestorben. Mit der Stiefmutter stand er auf gutem Fuße, vielleicht auch, weil er die Protektion seines Vaters in hohem Grade genoss.

Als Erstgeborener war er begeisterter Anbeter der Macht und Gewalt. Alles, was man an ihm sah, trug einen imperialistischen Zug. In der Schule gelang es ihm bald, an die Spitze der Klasse vorzurücken. Nach Beendigung der Schule übernahm er das Geschäft seines Vaters und gebärdete sich nun für die Außenstehenden als Gnadenspender. Er sprach immer mit freundschaftlichen Worten, seine Arbeiter hatten es nicht schlecht, er zahlte ihnen die höchsten Löhne und war für Bitten eigentlich immer zugänglich.

In seinem Wesen war nun seit dem Umsturz von 1918 eine Änderung vor sich gegangen. Er kam aus den Klagen nicht heraus, wie sehr er durch das unbotmäßige Verhalten seiner Angestellten verbittert sei. Was sie früher erbeten und auch erhalten hatten, das forderten sie jetzt. Seine Verbitterung stieg so sehr, dass er sich mit dem Gedanken trug, das Geschäft aufzugeben.

Er bog also in Bezug auf seine Aufgabe knapp vor einer neuen Situation ab. Sonst war er ein wohlwollender Chef. In dem Moment aber, wo seine Machtverhältnisse angetastet wurden, kam er nicht mehr mit und seine Weltanschauung erwies sich nicht nur für den ganzen Fabriksbetrieb als störend, sondern auch insbesondere für ihn selbst. Wäre er nicht so ehrgeizig zeigen zu wollen, dass er der Herr im Haus sei, dann könnte er von dieser Seite aus unbehelligt bleiben. Ihm ist es aber um nichts anderes zu tun, als um die Demonstration seiner persönlichen Macht. Das ist ihm durch die logische Entwicklung der Verhältnisse erschwert, und jetzt freut ihn der ganze Beruf nicht mehr. Seine Neigung, sich zurückzuziehen, ist somit ein Angriff, eine Anklage gegen die unbotmäßigen Angestellten.

Er konnte also mit seiner Eitelkeit nur bis zu einem gewissen Punkt gelangen. Der Widerspruch der ganzen Situation, der plötzlich zutage trat, traf zunächst ihn selbst. Seine Prinzipien erwiesen sich als nicht mehr tragfähig. Durch seine einseitige Entwicklung hatte er die Möglichkeit verloren, abzulenken und einem anderen Prinzip zur Geltung zu verhelfen. Er war entwicklungsunfähig geworden, weil er sich Macht und Überlegenheit zum einzigen Ziele gesetzt hatte, so dass er dementsprechend den Charakterzug der Eitelkeit übermächtig werden ließ.

Wenn wir in seinem übrigen Leben Umschau halten, so erfahren wir, dass seine gesellschaftlichen Zusammenhänge recht dürftig sind. Es ist auch klar, dass er bei dieser Gesinnung nur Menschen um sich sammeln konnte, die seine Überlegenheit anerkannten, die ihm zu Willen waren. Dabei war er auch ein scharfer Kritiker, und da es ihm an Verstand nicht mangelte, konnte er gelegentlich recht treffende, herabsetzende Bemerkungen machen. Das vertrieb ihm seine Bekannten, und er war die ganze Zeit über ohne wirklichen Freund. Was ihm auf diese Weise an Kontakt mit den Menschen fehlte, ersetzten ihm Vergnügungen aller Art.

Wirklich gescheitert ist er aber erst bei der Liebes- und Ehefrage. Dort wurde ihm das Schicksal zuteil, das man ihm schon lange hätte voraussagen können. Da die Liebe die tiefste kameradschaftliche Bindung darstellt, verträgt sie die Herrschsucht des Einzelnen am allerwenigsten. Da er aber Herrscher sein wollte, so musste er auch in der Wahl des Ehepartners darauf Bedacht nehmen. Der herrschsüchtige, überlegenheitslüsterne Typus wird seine Liebeswahl immer auf einen Partner lenken, der selbst nicht schwach ist, dessen Eroberung ihm selbst wieder als ein Triumph erscheinen muss. So kommen dann zwei gleichgeartete Menschen zusammen, deren Zusammenleben eine ununterbrochene Kette schwerster Kämpfe ist. Auch die Liebeswahl dieses Menschen erfolgte in der Richtung auf eine Frau, die in manchen Punkten noch herrschsüchtiger als er selbst war. Beide mussten zu den mannigfachsten Mitteln greifen, um, getreu ihren Prinzipien, ihre Herrschaft aufrechtzuerhalten. Dabei entfernten sie sich natürlich immer mehr voneinander, allerdings ohne sich je ganz verlassen zu können, weil solche Menschen immer wieder auf ihren Sieg hoffen und sich daher von diesem Kriegsschauplatz schwer trennen können.

Er erzählte auch einen Traum aus dieser Zeit. Ihm träumte, dass er mit einem Mädchen sprach, das wie ein Dienstbote aussah und seiner Buchhalterin auffallend ähnelte. Dabei sprach er (im Traum): »Ich bin doch aus fürstlichem Geblüt.« –

Es ist nicht schwer zu verstehen, welche Gedankengänge sich in diesem Traumbild widerspiegeln. Einmal ist es die Art, wie er auf Menschen herabsieht. Jeder erscheint ihm zunächst als Dienstbote, ungebildet und minder, umso mehr, wenn es eine Frau ist. Dabei erinnern wir uns, dass er mit seiner Frau im Kampf steht, so dass die Annahme naheliegt, dass sich hinter der Traumgestalt seine Frau verbirgt.

So versteht ihn niemand und er sich selbst am allerwenigsten, weil er mit einer Hochnäsigkeit sondergleichen ein eitles Ziel im Auge hat. Seine Entfernung von den Mitmenschen läuft parallel mit seiner Arroganz, mit der er für sich eine Hoheit beansprucht, die durch nichts gerechtfertigt ist, während er den andern alle Werte abspricht, eine Lebensanschauung und eine Einstellung, bei der weder Freundschaft noch Liebe Platz finden können.

Die Argumente, die zur Rechtfertigung derartiger Ausbiegungen vorgebracht werden, sind oft sehr charakteristisch. Meist sind es Gründe, die ganz richtig und selbstverständlich klingen, nur dass sie anderswo herkommen und auf die vorliegende Situation nicht passen. So findet der eine z. B., er müsse die Gesellschaft pflegen und macht nun den Versuch so, dass er etwa in eine Kneipgesellschaft eintritt, sich dort mit Trinken, Kartenspiel und ähnlichem Zeug die Zeit vertreibt und auf diese Weise Freunde und Bekannte sammeln zu müssen glaubt. Dann kommt er spätnachts nach Hause, ist in der Früh nicht ausgeschlafen und verweist nun darauf: Da man doch Gesellschaft pflegen müsse, könne man nicht immer … usw. Es ginge noch an, wenn er dabei seinen Aufgaben näherkäme. Wenn er aber stattdessen, in der Pflege der Gesellschaftlichkeit begriffen, auf einmal ganz anderswo zu finden ist, als wir erwarten müssen, dann hat er natürlich unrecht, auch wenn er richtige Argumente anführt. Ein anderer wieder findet, wie das besonders bei jungen Leuten der Fall ist, die vor einer Berufswahl stehen, plötzlich eine Neigung zum Politisieren. Politik ist allerdings eine wichtige Angelegenheit. Es geht aber nicht an, dass einer sich und die anderen zum Narren hält und nun, statt seine Berufswahl zu treffen oder sich für seinen künftigen Beruf vorzubereiten, nun nichts anderes tut als politisieren.

Wir sehen an diesem Fall deutlich, wie es nicht unsere objektiven Erfahrungen sind, die uns vom geraden Weg abbringen, sondern unsere *persönliche Anschauung* von den Dingen, die Art, wie wir die Tatsachen abwägen und einschätzen. Das ganze große Gebiet des menschlichen Irrtums liegt da vor uns. In solchen Fällen handelt es sich um eine ganze Kette von Irrtümern und Irrtumsmöglichkeiten. Wir müssen versuchen, durch ein Eingehen auf die Argumente, auf den ganzen Lebensplan eines solchen Menschen, dieser Irrtümer habhaft zu werden und sie durch Belehrung zu überwinden. Damit ist auch die Tätigkeit dieser Art von Erziehung näher gekennzeichnet. Erziehen heißt nichts anderes als Irrtümer beseitigen. Dazu ist es aber notwendig, diese Zusammenhänge zu kennen, die zeigen, wie eine durch Irrtümer in die Wege geleitete fehlerhafte Entwicklung eines Menschen zu einer Tragödie werden kann. Wir müssen mit Bewunderung und nie versagender Anerkennung die Weisheit alter Völker betrachten, die diese Zusammenhänge noch gekannt oder wenigstens geahnt haben, indem sie von einer *Nemesis*, von einem rächenden Gott sprachen. Eine solche Entwicklung zeigt immer, wie selbstverständlich die Schädigungen ausfallen, die sich ein Mensch zufügt, wenn er, statt im Sinne und zum Nutzen der Allgemeinheit vorzugehen, sich in der Richtung des Machtkultus der eigenen Person einen Weg sucht, der ihn meist zwingt, seinem Ziel auf Umwegen, unter Außerachtlassung der Interessen der Mitmenschen und unter ständigem Zittern vor der Niederlage nachzugehen. Meist stellen sich auch *nervöse Erscheinungen* ein, die ihren besonderen Zweck und ihre besondere Bedeutung haben, vor allem die, den Menschen von irgendeiner Aktion zurückzuhalten, weil ihm seine Erfahrung sagt, dass für ihn jeder Schritt in der Nähe dieses Abgrundes mit außerordentlichen Gefahren verbunden ist.

Die Gesellschaft hat für Ausreißer keinen Platz. In ihr handelt es sich um eine gewisse Fügsamkeit und Anpassung, um die Fähigkeit, mitzuspielen und den anderen eine

Hilfe zu sein, nicht darum, die Führung an sich zu reißen, um anderen überlegen zu werden. Wie sehr dies zutrifft, haben viele schon an sich selbst oder an einem Menschen aus der Umgebung bemerkt. So ein Mensch wird wohl seine Besuche machen, sich sehr nett benehmen, nicht stören. Er wird aber nicht warm werden können, weil ihn sein Streben nach Macht daran hindert, und auch die anderen werden nicht warm werden. Oft wird er still bei Tische sitzen und nicht das Äußere eines froh bewegten Menschen zeigen, auch wenig dazu tun, um die Gesellschaft zu fördern. Er wird mehr den Dialog vorziehen als das Sprechen in einer größeren Versammlung. Auch in oft unauffälligen Dingen wird sich seine Eigenart zeigen, wie z. B. darin, dass er immer recht behalten will, selbst in Dingen, die für alle belanglos sind. Dabei wird sich zeigen, dass es ihm im Grunde gleichgültig ist, womit er argumentiert, dass es ihm vielmehr darum zu tun ist, den anderen ins Unrecht zu setzen. Oder er zeigt an der Abbiegungsstelle rätselhafte Erscheinungen, ist müde, ohne zu wissen wovon, gerät in eine Hast, die ihn nicht vorwärtsbringt, kann nicht schlafen, kommt nicht zu Kräften, hat allerlei Beschwerden, kurz, man hört eine Anzahl von Klagen, über die er meist keine rechte Auskunft geben kann. Er ist scheinbar ein kranker Mensch, er ist *nervös*. In Wirklichkeit sind aber diese Erscheinungen hinterlistige Mittel, um die eigene Aufmerksamkeit vom wahren Sachverhalt abzulenken. Es ist kein Zufall, wenn solche Mittel gewählt werden. Und wenn man bedenkt, was für ein Rebellentrotz darin steckt, wenn sich ein Mensch z. B. durch Angst gegen die natürliche Erscheinung der Nacht auflehnt, dann versteht man, dass das kein Mensch sein kann, der mit dem irdischen Leben verwachsen ist. Denn seinem Gehaben liegt nichts anderes zugrunde, als die Nacht abzuschaffen. Das verlangt er so eigentlich als Bedingung für seine Einfügung in ein normales Leben. Da er aber eine derartige unerfüllbare Bedingung stellt, verrät er gleichzeitig seine böse Absicht. Er ist ein Neinsager.

Alle nervösen Erscheinungen dieser Art sind an dem Punkt entstanden, an dem ein solcher Mensch vor seiner Aufgabe erschrickt und nach einem Vorwand sucht, um sie entweder langsamer und mit mildernden Bedingungen anzugehen oder ganz aus ihrem Bereich zu flüchten. Dadurch entzieht er sich gleichzeitig auch den für die Erhaltung der menschlichen Gesellschaft notwendigen Aufgaben, schädigt zunächst seine nähere Umgebung, in einer weiteren Beziehung aber auch alle anderen. Diese Dinge wären schon längst aus der Welt geschafft, wenn wir alle mehr Menschenkenntnis hätten und imstande wären, immer jene furchtbare Kausalität ins Auge zu fassen, die zwischen einem Angriff auf die logischen, immanenten Spielregeln der menschlichen Gesellschaft und dem tragischen Schicksal, das sich oft in viel späterer Zeit daraus entwickelt, besteht. Da die Zeitläufte oft groß sind und meist eine Unzahl von Komplikationen hinzutreten, sind wir in der Regel oft nicht in der Lage, diese Zusammenhänge genauer zu fixieren, um daraus zu lernen und andere darüber zu belehren. Erst wenn wir eine ganze Lebenslinie abrollen lassen und uns in die Geschichte eines Menschen vertiefen, sind wir mit viel Mühe imstande, den Zusammenhang zu überblicken und zu sagen, wo der Fehler gemacht wurde.

4. Ungezähmte Triebe als Ausdruck verminderter Anpassung. Es gibt Menschen, bei denen bestimmte

Ausdrucksformen ganz besonders hervortreten, die dadurch charakterisiert sind, dass wir sie als *Unerzogenheit* empfinden. Hierher gehören z. B. Menschen, die das Nägelbeißen nicht lassen können oder solche, die, durch eine innere Gewalt getrieben, fortwährend in der Nase bohren, ferner Menschen, die sich mit einer solchen Gier auf das Essen stürzen, dass ihr Verhalten den Eindruck einer ungezähmten Leidenschaft erweckt. Dass solche Erscheinungen etwas bedeuten müssen, wird uns sofort klar, sobald wir einem Menschen zusehen, der sich wie ein hungriger Wolf auf sein Essen stürzt und keinerlei Hindernisse, keine Scham kennt, um seiner Gier genugzutun. Das ist ein Schlürfen, Kauen und Klatschen. Die größten Bissen verschwinden fast ungekaut wie in einem Abgrund und ebenso erstaunlich ist die Schnelligkeit, mit der sie vertilgt werden. Aber nicht nur äußere Formen sind es, die uns auffallen, sondern auch die Quantität, die Häufigkeit der Mahlzeiten. Es ist nicht zu viel gesagt, wenn man behauptet, es gibt Menschen, die man sich gar nicht vorstellen kann, ohne dass sie gleichzeitig Nahrung zu sich nehmen.

Ein weiterer Typus von Unerzogenheit äußert sich durch eine auffallende *Schmutzigkeit.* Es gibt nicht etwa die Formlosigkeit, die wir bei Menschen finden, die viel zu arbeiten haben, auch nicht die natürliche Unordentlichkeit, die man bei schwer arbeitenden Menschen zuweilen findet. Unser Typus ist gewöhnlich nicht schwer arbeitend, bleibt sogar oft der Arbeit fern. Dennoch wird er von äußerer Unordentlichkeit und Beschmutzung nie frei. Es liegt darin fast etwas Gesuchtes, eine Zerzaustheit und Anstößigkeit, die man nicht leicht nachmachen könnte, und die etwas so Charakteristisches für den Menschen ist, dass man ihn gar nicht erkennen könnte, wenn er einmal anders daherkäme.

Diese Ausdrucksformen sind es, die den unerzogenen Menschen äußerlich charakterisieren. Er gibt uns durch sie einen verständlichen Wink, dass er nicht recht mitspielt und sich von den anderen abheben will. Wir werden von allen Menschen, die diese und andere Unarten begehen, immer den Eindruck empfinden, dass sie für den Mitmenschen wenig übrighaben. Nicht die Erscheinung ist es, die uns wundert, sondern die Tatsache, dass solche Unarten meist in der Kindheit ihren Ursprung haben. Denn es gibt fast keine Kinder, die sich ganz schnurgerade entwickeln. Unsere Aufmerksamkeit wird vielmehr von dem Umstand gefesselt, dass es Menschen gibt, die davon nicht loskommen.

Wenn wir nach den Gründen solcher Erscheinungen forschen, so stoßen wir auf eine mehr oder weniger ablehnende Haltung dieser Menschen zu ihren Mitmenschen und zu ihren Aufgaben. Es sind Menschen, die sich eigentlich vom Leben fernhalten wollen, die eine Mitarbeit ablehnen. Dadurch wird auch verständlich, warum sie durch moralische Auseinandersetzungen nicht bewogen werden können, von ihrer Unart zu lassen. Denn bei dieser Einstellung zum Leben hat ein Mensch eigentlich ganz recht, wenn er z. B. Nägel beißt. Es gibt kaum eine bessere Art auszuweichen, es kann für einen Menschen, der der Gesellschaft fernbleiben will, kein besseres, wirksameres Mittel geben, als wenn er z. B. regelmäßig mit einem schmutzigen Kragen oder in einem schadhaften Rock erscheint. Was kann ihm sicherer und besser von der Erlangung eines Amtes, bei dem er der Aufmerksamkeit, Kritik und Konkurrenz der andern unterworfen ist, bewahren oder ihm auf der Flucht vor Liebe und Ehe vollkommener behilflich sein, als wenn er sich in dieser Weise präsentiert? Er fällt so von selbst aus der Konkurrenz heraus und hat dabei noch die gute Ausrede, indem er sich auf seine Unart beruft: Was alles könnte ich erreichen, wenn ich nicht diese Unart hätte; ich *habe* aber diese Unart.

Ein Fall soll zeigen, wie sich eine solche Unart zum Selbstschutz eignet und wie sie verwendet wird, um ein Herrschaftsverhältnis über die Umgebung herzustellen. Es handelt sich um ein 22-jähriges Mädchen, das an *Bettnässen* litt. Sie war das vorletzte Geschwister und hatte sich als schwaches Kind der besonderen Sorgfalt der Mutter erfreut, an die sie eine auffallende Anhänglichkeit zeigte. Anderseits fesselte sie dieselbe Tag und Nacht an sich, sowohl durch ihre Unart, wie auch durch Angstzustände und nächtliches Aufschreien. Es war im Anfang sicher ein Triumph für sie, ein Balsam für ihre Eitelkeit, dass es ihr mehr als den anderen Geschwistern gelang, die Mutter auf ihre Seite zu bringen. Gekennzeichnet war dieses Mädchen auch dadurch, dass sie für andere Beziehungen, wie Schule, Freundschaft und Gesellschaft nicht zu haben war. Besonders ängstlich zeigte sie sich, wenn sie das Haus verlassen sollte, und auch als sie älter wurde und damit öfter in die Lage kam, abends Besorgungen machen zu müssen, war ihr ein Weg am Abend eine Qual. Sie kam immer erschöpft und voller Angst nach Hause und erzählte schreckliche Dinge von allerhand Gefahren, in denen sie sich befunden hatte.

Man versteht schon, wie alle diese Erscheinungen darauf hindeuten, dass sich dieses Mädchen darauf einrichtet, ständig um ihre Mutter zu bleiben. Da aber die materiellen

Verhältnisse nicht darnach waren, musste auch für sie der Plan erwogen werden, sich um einen Verdienst umzusehen. Man brachte sie schließlich dazu, eine Stelle anzunehmen. Aber schon nach zwei Tagen stellte sich wieder ihr altes Übel, das Bettnässen, ein, welches bewirkte, dass die Leute, bei denen sie in Stellung war, in höchste Aufregung gerieten und ihr die Stelle kündigten. Die Mutter, die den wahren Sinn dieses Leidens nicht kannte, machte ihr heftige Vorwürfe. Da unternahm das Mädchen einen Selbstmordversuch und kam ins Spital. Nun schwur ihr die Mutter in höchster Verzweiflung, nicht mehr von ihrer Seite zu weichen.

Alle drei Erscheinungen, das Bettnässen, die Angst vor der Nacht und dem Alleinsein sowie der Selbstmordversuch sind also auf das gleiche Ziel gerichtet. Sie haben für uns Sprache gewonnen und sagen uns gleichsam: »Ich muss bei der Mutter bleiben«, oder: »Die Mutter muss fortwährend auf mich achtgeben.« So erhält eine Unart einen tief begründeten Sinn und wir erkennen, dass man einen Menschen einerseits darnach beurteilen kann, anderseits wieder, wie eine Beseitigung solcher Fehler nur möglich ist, wenn man den Menschen *ganz* versteht.

Im Großen und Ganzen wird man finden, dass Unarten bei Kindern meist darauf hinzielen, die Aufmerksamkeit der Umgebung auf sich zu lenken, eine besondere Rolle zu spielen, den Erwachsenen ihre Schwäche und Unfähigkeit zu zeigen, die sich dann oft keinen Rat wissen, um so sich selbst, als den Stärkeren, in ein besseres Licht zu rücken. Im gleichen Sinn ist die häufig anzutreffende Unart zu verstehen, sich bei Besuchen Fremder in auffälliger, meist unangenehmer Weise bemerkbar zu machen. Die sonst bravsten

Kinder können zuweilen wie vom Teufel besessen sein, sobald ein fremder Gast die Stube betritt. Das Kind will eine Rolle spielen und lässt von seinen Versuchen nicht ab, bis es seinen Zweck in irgendeiner ihm genügend erscheinenden Weise erreicht hat. Solchen Menschen wird, wenn sie größer werden, nie ein Zug fehlen, wo sie sich den Forderungen der Allgemeinheit mit Hilfe solcher Unarten zu entziehen oder ihnen Schwierigkeiten entgegenzusetzen suchen. Herrschsucht und Eitelkeit sind es, die sich unter diesen Erscheinungen verbergen, die aber unter so sonderbaren Formen auftreten, dass sie vielfach unerkannt bleiben.

IV. Kapitel: Sonstige Ausdrucksformen des Charakters

1. Heiterkeit. Es wurde bereits hervorgehoben, dass die Messung des Gemeinschaftsgefühls eines Menschen leicht gelingt, wenn wir darauf ausgehen zu prüfen, wie groß seine Bereitschaft ist zu helfen, zu fördern und zu erfreuen. Diese Fähigkeit, Freude zu bringen, bewirkt, dass solche Menschen schon zufolge ihrer äußeren Erscheinung größerem Interesse begegnen. Sie kommen uns leicht näher, und wir beurteilen sie schon rein gefühlsmäßig viel sympathischer als andere Menschen. Ganz instinktiv empfinden wir ihre Züge als Kennzeichen des Gemeinschaftsgefühls. Es sind Menschen, die ein heiteres Wesen haben, nicht immer bedrückt und besorgt einhergehen, auch die anderen nicht immer zum Objekt oder Träger ihrer eigenen Sorgen machen, die es über sich bringen, im Zusammensein mit anderen Heiterkeit auszustrahlen, das Leben zu verschönern und lebenswerter zu machen. Man spürt den guten Menschen nicht nur in ihren Handlungen, in der Art, wie sie sich uns nähern, mit uns sprechen, auf unsere Interessen eingehen und für dieselben wirksam sind, sondern auch in ihrem ganzen äußeren Wesen, in ihren Mienen und Gebärden, in freudigen Affekten und in ihrem *Lachen*. Ein tiefblickender Psychologe, Dostojewski, sagt, dass man einen Menschen am Lachen viel besser erkennen und verstehen könne, als aus langwierigen psychologischen Untersuchungen. Denn das Lachen hat sowohl verbindende Nuancen, wie auch feindliche, angreifende Untertöne, wie z. B. in der *Schadenfreude*. Es gibt sogar Menschen, die des Lachens überhaupt nicht fähig sind und einer tieferen Beziehung von Mensch zu Mensch so fernstehen, dass ihnen die Neigung, Freude zu machen und eine heitere Stimmung zu erzeugen, fast völlig abgeht. Gar nicht zu sprechen von jener nicht allzu kleinen Gruppe von Menschen, von denen man nichts anderes feststellen kann, als dass sie nicht nur ungeeignet sind, anderen Freude zu bereiten, sondern die im Gegenteil die Neigung haben, in jeder Situation, in die sie eintreten, andern das Leben zu verbittern, und die so herumgehen, als ob sie alle Lichter auslöschen wollten. Diese Menschen werden entweder gar nicht oder nur gezwungenerweise lachen können, somit nur einen *Schein* von Lebensfreude bekundend. Jetzt wird auch klar, warum ein Gesicht *Sympathie* erwecken kann: Wenn es imstande ist, den Eindruck eines Freudenbringers zu erwecken. Die Dunkelheiten der Gefühle von Sympathie und Antipathie sind damit klar beleuchtet und unserem Verständnis nähergebracht.

Als Gegensatz zu diesem Typus erscheinen uns jene

Menschen, die man als Friedensstörer bezeichnen könnte, die ununterbrochen bestrebt sind, die Welt als ein Jammertal darzustellen, und die in Schmerzen wühlen. Dieses Unterfangen geht so weit, dass uns eine bewusste Erkenntnis davon in die größte Verwunderung versetzt. Zunächst, was die eigene Person betrifft. Es gibt Menschen, die unablässig bestrebt sind, wie mit einer ungeheuren Last beschwert durchs Leben zu gehen. Jede kleine Schwierigkeit wird aufgebauscht, sie haben für die Zukunft nichts als nur traurige Ausblicke und lassen bei jedem freudigen Anlass ihre Kassandrarufe ertönen. Sie sind pessimistisch durch und durch, nicht nur für sich, sondern auch für die andern, werden unruhig, wenn sich irgendwo in ihrer Umgebung Freude regt und suchen in jede menschliche Beziehung die Schattenseiten des Lebens hineinzutragen. Sie tun das nicht nur mit Worten, sondern stören auch durch ihre Handlungen und Forderungen das frohe Leben und die Entwicklung des Mitmenschen.

2. Denk- und Ausdrucksweise. Die Denk- und Ausdrucksweise mancher Menschen macht zuweilen einen so plastischen Eindruck, dass wir darüber nicht hinweggehen können. Denken und Sprechen ist bei diesen Menschen »in spanische Stiefel eingeschnürt«, sie denken und sprechen fortwährend in bekannten Schablonen, so dass man immer schon im Vorhinein weiß, wie sie sich ausdrücken werden. Man kennt diesen Ton aus oberflächlichen Zeitungsberichten und schlechten Romanen. Es ist eine Phrasenhaftigkeit, vergleichbar einem Strauß von nicht sehr schönen Blüten. Man hört die Ausdrücke wie »Abrechnung halten«, »Leviten lesen« oder von einem »Dolchstoß«, der einen getroffen hat, Fremdworte aller Art u. dgl.

Diese Art der Ausdrucksweise ist ebenfalls geeignet, uns einen Beitrag zum Verständnis eines Menschen zu liefern. Denn es gibt Denkformen und Redensarten, die man nicht gebrauchen soll oder darf. Die ganze Banalität des schlechten Stils klingt darin wider und erschreckt manchmal sogar den Redner selbst. Es zeugt daher von wenig Einfühlung in Urteil und Kritik des andern, wenn man ihm ununterbrochen etwa Sprichworte vorsetzt oder für alles, was man denkt und sagt, ein Zitat zur Hand hat. Es gibt viele Menschen, die von dieser Art zu sprechen nicht loskommen können und dadurch ihre Rückständigkeit bezeugen.

3. Schülerhaftigkeit. Sehr häufig trifft man auch Menschen an, die den Eindruck machen, als wären sie an einem Punkt ihrer Entwicklung stecken geblieben und könnten über das Schülerstadium nicht hinauskommen. Sie sind im Haus, im Leben, in der Gesellschaft, im Beruf immer schülermäßig, lauern und spitzen immer die Ohren, wie wenn sie, um etwas sagen zu dürfen, ein Zeichen geben wollten. Man findet sie immer bestrebt, rasch eine Antwort zu haben auf eine Frage, die irgendwo in der Gesellschaft fällt, als ob sie jemand zuvorkommen und zeigen wollten, dass auch sie etwas darüber wüssten und eine gute Note erwarten würden. Es liegt im Wesen solcher Menschen, dass sie nur in bestimmten Formen ihres Lebens Sicherheit fühlen und sich nicht mehr wohl befinden, wenn sie in eine Situation geraten, auf die sie ihre Schülerschablone nicht anwenden können. Auch dieser Typus zeigt verschiedene Niveauunterschiede. In weniger sympathischen Fällen wird er trocken, nüchtern und wenig umgänglich anmuten oder er kann den Grundgelehrten spielen wollen, der entweder alles weiß oder alles nach Regeln und Formeln einzuteilen versucht.

4. Prinzipienmenschen und Pedanten. Ein Typus, der zwar nicht immer etwas Schulmäßiges an sich hat, aber daran erinnert, sind jene Menschen, die alle Lebenserscheinungen in irgendein Prinzip einzufangen suchen, in jeder Situation nach einem Prinzip vorgehen wollen, das sie sich ein für alle Mal zurechtgelegt haben, von dem sie nicht abzubringen sind, die glauben, sie könnten sich im Leben nicht wohl fühlen, wenn nicht alles seinen gewohnten, richtigen Gang hat. Sie sind meist auch Pedanten. Wir haben bei ihnen den Eindruck von Menschen, die sich so unsicher fühlen, dass sie das Leben in seiner ganzen Unendlichkeit in ein paar Regeln und Formeln hineinzuzwängen versuchen, einfach deshalb, weil sie sonst nicht weiterkönnen und erschrecken. Sie sind bereit nur dann mitzuspielen, wenn sie vorher die Regeln wissen. Vor einer Situation, für die sie keine Regel haben, laufen sie davon. Sie sind gekränkt und beleidigt, wenn ein Spiel gespielt wird, das sie nicht auch treffen. Dass mit dieser Methode auch sehr viel Macht ausgeübt werden kann, liegt auf der Hand. Man denke z. B. an alle die unzähligen Fälle der *unsozialen Gewissenhaftigkeit*. Wir werden immer auch finden können, dass diese Menschen von einer unbändigen Herrschsucht und Eitelkeit beseelt sind.

Selbst wenn sie fleißige Arbeiter sind, haftet ihnen die Pedanterie und Trockenheit immer an. Oft hemmen diese Erscheinungen in ihnen jede Initiative, machen aus ihnen abgezirkelte Wesen und rufen schrullenhafte Eigenschaften hervor. Der eine wird etwa die Gewohnheit entwickeln, immer am Rand des Gehsteiges zu gehen, oder sich bestimmte Steine suchen, auf die er seinen Fuß setzt. Ein anderer wird wieder kaum zu bewegen sein, einen anderen Weg zu gehen als den, welchen er gewohnt ist. Für die große Breite des Lebens haben diese Typen alle nicht viel übrig. Ihr Wesen in seinen Auswirkungen bringt oft eine ungeheure Zeitvergeudung mit sich und ist von einer Missstimmung für sich und für ihre Umgebung begleitet. In dem Moment, wo sie in eine neue Situation kommen sollen, die sie nicht gewohnt sind, versagen sie, weil sie dafür nicht vorbereitet sind und glauben, sie ohne Regel, ohne Zauberformel nicht bestehen zu können. Daher werden sie trachten, eine Veränderung möglichst zu vermeiden. Solchen Menschen wird z. B. schon der Übergang zum Frühjahr Schwierigkeiten bereiten, weil sie sich schon so lange für den Winter eingerichtet haben. Der Weg ins Freie, der mit der warmen Jahreszeit erscheint, die dadurch bedingten, vermehrten Beziehungen zu den Menschen erschrecken sie und sie werden sich schlecht befinden. Es sind jene Menschen, die klagen, dass sie sich im Frühjahr regelmäßig unwohl fühlen. Da sie sich einer veränderten Situation so schlecht anpassen können, wird man sie meist nur an Stellen finden, die nicht viel Initiative erfordern, und man wird sie auch nur an solche Stellen setzen, solange sie sich nicht geändert haben. Denn immer ist zu bedenken, dass das keine angeborenen Eigenschaften, keine unabänderlichen Erscheinungen sind, sondern irrtümliche Haltungen zum Leben, die aber mit solcher Gewalt von der Seele Besitz ergriffen haben, dass sie einen Menschen ganz erfüllen, so dass er sich selbst kaum je davon befreien kann.

5. Unterwürfigkeit. Ein Typus, der sich ebenfalls wenig für Stellen eignet, die Initiative erfordern, sind jene Menschen, die von einer Art *Dienerhaftigkeit* erfüllt sind und sich nur dort wohl fühlen, wo es Befehle auszuführen gibt. Für einen Dienenden gibt es nur Gesetze und Regeln. Dieser Typus nun sucht eine dienende Stellung mit einem gewissen Gefühlsüberschwang. Man kann das in den verschiedensten Beziehungen des Lebens wahrnehmen, schon in der äußeren Haltung eines solchen Menschen, der gewöhnlich eine etwas gebückte Haltung einnehmen und immer geneigt sein wird, sich eher noch etwas tiefer zu bücken, der immer auf das Wort des anderen achtgibt, nicht um zu überlegen, was er da hört, sondern um zuzustimmen und es zu erfüllen. Es sind Menschen, die Wert darauf legen, sich immer unterwürfig zu zeigen. Diese Neigung findet man manchmal in den unglaublichsten Graden. Es gibt Menschen, die sich mit einem wahren Genuss unterordnen. Es soll damit nicht gesagt werden, dass das Ideal in jenen Menschen zu suchen wäre, die sich immer nur *über*ordnen wollen. Es sollen aber die Schattenseiten des Lebens jener beleuchtet werden, die *nur* in der Unterordnung die wahre Lösung der Aufgaben des Lebens erblicken.

Da fällt uns ein, dass es eine ungeheure Menge Menschen gibt, für die Unterordnung ein Lebensgesetz zu sein scheint. Gemeint sind nicht die dienenden Klassen, sondern es handelt sich um das weibliche Geschlecht. Dass sich die Frau unterzuordnen habe, ist wie ein ungeschriebenes, aber allen eingeprägtes Gesetz, an dem noch unendlich viele Menschen wie an einem Dogma festhalten. Sie glauben, dass die Frau nur dazu da sei, damit sie sich unterordne. Gewöhnlich ist die Folge davon die, dass sie sich überzuordnen versucht. Obwohl man mit solchen Anschauungen alle Beziehungen der Menschen vergiftet und zerstört hat, ist es immer noch wie ein unausrottbarer Aberglaube, der sogar unter den Frauen viele Anhänger hat, die sich unter ein ewiges Gesetz gestellt glauben. Es ist aber noch kein Fall bekannt, wo jemand von solcher Anschauung einen Nutzen gehabt hat. Es kommt sogar immer wieder die Zeit, wo der eine oder andere darüber klagt: Wenn die Frau sich nicht so untergeordnet hätte, wäre alles viel besser gekommen.

Abgesehen davon, dass es keine Menschenseele gibt, die die Unterordnung glatt verträgt, wird eine solche Frau meist veröden und unselbständig werden, wie ein kleiner Fall zeigen soll. Es war die Frau eines bedeutenden Mannes, die aus Liebe geheiratet hatte, aber sich streng an oben erwähntes Dogma hielt, an das auch ihr Mann glaubte. Sie war mit der Zeit zu einer kompletten Maschine geworden, für die es nichts anderes gab als Pflicht, Dienst und wieder Dienst. Jede selbständige Regung war aus ihr verschwunden. Die Umgebung, die daran gewöhnt war, hat allerdings nicht viel Anstoß daran genommen, was aber auch kein Vorteil ist. Dieser Fall ist nur deshalb nicht zu größeren Schwierigkeiten ausgeartet, weil er sich unter verhältnismäßig hochstehenden Menschen abspielte. Bedenkt man aber, dass ein großer Teil der Menschen in der Unterordnung der Frau ein selbstverständliches Schicksal derselben sieht, so erkennt man die Unmasse von Konfliktstoff, die darin liegt. Denn wenn der Mann diese Unterordnung für selbstverständlich hält, dann kann er ja immer Anstoß nehmen, sooft er nur will, weil eine solche Unterwerfung in der Tat unmöglich ist.

Manchmal findet man Frauen, die den Geist der Unterwerfung in einem solchen Maß in sich tragen, dass sie gerade solche Männer suchen, die herrschsüchtig oder brutal auftreten. Nach kurzer Zeit geht dieses unnatürliche Verhältnis in einen großen Konflikt über. Man hat dann manchmal den Eindruck, als ob diese Frauen die Unterordnung der Frau ins Lächerliche ziehen und beweisen wollten, was das für ein Unsinn ist.

Wir kennen bereits den Weg, der aus dieser Schwierigkeit herausführt. Ein Zusammenleben von Mann und Frau muss eine Kameradschaft, eine Arbeitsgemeinschaft sein, in der niemand untergeordnet ist. Und wenn das vorläufig noch ein Ideal ist, so wird es uns immer wenigstens einen Maßstab dafür abgeben, wieweit ein Mensch einen kulturellen Fortschritt aufweist, bzw. wie weit er noch davon entfernt ist, und wo Fehler begangen werden.

Die Frage der Unterwerfung spielt nicht nur in das Verhältnis der Geschlechter hinein, sie belastet nicht nur den Mann mit einer Unsumme von Schwierigkeiten, denen er nicht gewachsen sein kann, sondern sie spielt auch im Völkerleben eine große Rolle. Wenn man bedenkt, dass einst das ganze Altertum in seiner ökonomischen Situation, in seinen Herrschaftsverhältnissen auf der *Sklaverei* aufgebaut war, wenn man bedenkt, dass vielleicht die meisten der jetzt lebenden Menschen aus einer Sklavenfamilie stammen, wenn man sich vorstellt, dass Jahrhunderte verflossen sind, in denen zwei in so krassem Widerspruch zueinander stehende Klassen gelebt haben und dass auch heute noch bei gewissen Völkern der Kastengeist noch ganz prinzipiell durchgeführt ist, dann kann man schon verstehen, dass das Prinzip der Unterordnung und die Forderung danach noch immer in den Gemütern der Menschen rege ist und einen Typus zu formen vermag. Bekanntlich bestand im Altertum die Anschauung, dass die Arbeit als ein verhältnismäßig schmähliches Gewerbe von Sklaven zu verrichten sei, dass sich der Herr durch Arbeit nicht beschmutzen dürfe, dass er ferner nicht nur Befehlshaber war, sondern alle guten Eigenschaften in sich vereinige. Die herrschende Klasse bestand aus den »Besten« und das griechische Wort »aristos« bedeutet beides. Aristokratie war die Herrschaft der Besten. Entschieden wurde das aber natürlich nur durch Machtmittel, nicht etwa durch eine Prüfung der Tugenden und Vorzüge. Eine Prüfung und Klassifikation fand höchstens bei Sklaven, also bei Dienenden statt. Der Beste war aber derjenige, der die Macht ausübte.

Bis in unsere Zeit hinein sind die Anschauungen durch dieses Zusammenklingen von zwei Erscheinungsformen des menschlichen Wesens beeinflusst, die für unsere Zeit der Bestrebungen, die Menschen einander näherzubringen, jeden Sinn und jede Bedeutung verloren haben. Man erinnere sich, dass sogar der große Denker *Nietzsche* die Herrschaft der Besten und die Unterwerfung der anderen verlangt hat. Es ist heute noch immer schwer, sich die Einteilung der Menschen in dienende und herrschende aus dem Kopf zu schlagen und uns völlig als gleich und gleich zu fühlen. Und es bedeutet schon der Besitz dieses Gesichtspunktes einen Fortschritt, der geeignet ist uns zu helfen und vor schwerwiegenden Irrtümern zu bewahren. Denn es gibt Menschen, die so dienerhaft geworden sind, dass sie immer froh sind, dass sie sich bei jemand für ein Nichts bedanken dürfen und sich ununterbrochen geradezu dafür entschuldigen, dass sie auf der Welt sind, wobei man natürlich nicht annehmen darf, dass sie diese Haltung gut vertragen; sie fühlen sich dabei oft recht unglücklich.

6. Überheblichkeit. Ein Typus von Menschen, der das Gegenteil des früheren bedeutet, sind jene, die sich überheben, immer eine erste Rolle spielen wollen, denen das Leben nichts anderes darstellt als die ewige Frage: »Wie kann ich allen überlegen sein?« Diese Rolle ist im menschlichen Leben von allerhand Fehlschlägen begleitet. Bis zu einem gewissen Ausmaß, wenn nicht zu viel feindselige Aggression und Aktivität darin steckt, kann man sie noch einigermaßen hinnehmen. Gewöhnlich wird man diese Menschen dort vorfinden, wo eine Direktive erforderlich ist, wo es sich um eine Befehlshaberstelle, um Organisation handelt. An diesen Stellen werden sie nahezu von selbst emporgetrieben. In unruhigen Zeiten, wo das Volk in Wallung gerät, tauchen solche Naturen auf und es ist eigentlich selbstverständlich, dass gerade sie es sind, die an die Oberfläche kommen. Denn sie haben die Geste, die Haltung, die Sehnsucht, meist auch die nötige Vorbereitung und Überlegung. Es sind jene Menschen, die schon zu Hause immer kommandiert haben, denen kein Spiel gefiel, in dem sie nicht Kutscher, Schaffner oder General sein konnten. Oft sind unter ihnen solche, die sofort in Leistungsunfähigkeit verfallen, wenn ein anderer diktiert, und die Aufregungszustände bekommen, wenn sie einmal einen Befehl ausführen sollen. Andere, deren Vorbereitung vielleicht besser ist, bringen es nicht so weit, dass sie Führerrollen innehaben. Auch in ruhigen Zeiten findet man solche Menschen immer an der Spitze irgendeiner kleineren Gruppe, sei es im Beruf oder in der Gesellschaft. Sie sind immer im Vordergrund, weil sie sich vordrängen, und führen das große Wort. Sofern sie die Spielregeln des menschlichen Zusammenlebens nicht allzu sehr stören, ist weiter nichts dagegen einzuwenden, wenngleich die Überschätzung, die solchen Naturen heute noch zuteilwird, nicht am Platz ist. Denn auch sie sind Menschen, die vor Abgründen stehen, die sicher nicht ganz in Reih und Glied stehen und nicht die besten Mitspieler sind. Sie werden sich auf das äußerste anspannen, keine Ruhe finden und immer ihre Überlegenheit im Großen wie im Kleinen erweisen wollen.

7. Stimmungsmenschen. Auch bezüglich jener Menschen, deren Einstellung zum Leben und zu seinen Aufgaben allzu sehr von einer Stimmung abhängig ist, befindet sich die Psychologie auf einem Irrweg, wenn sie meint, dass das angeborene Erscheinungen sind. Sie fallen alle in den Kreis der überaus ehrgeizigen und daher empfindlichen Naturen, die in ihrer Unzufriedenheit mit dem Leben nach verschiedenen Auswegen suchen. Ihre *Empfindlichkeit* ist wie ein vorgestreckter Fühler, mit dem sie die Situationen des menschlichen Lebens im Voraus abzutasten suchen, bevor sie Stellung nehmen.

Nun gibt es Menschen, die andauernd von einer heiteren Stimmung, also bestrebt sind, mit einer gewissen Ostentation und einem gewissen Nachdruck dem Leben die heitere Seite abzugewinnen, sich in Freude und Heiterkeit die notwendige Basis des Lebens zu schaffen. Auch hier finden wir alle möglichen Niveau-Unterschiede. Es gibt unter ihnen solche, die stets ein *kindlich heiteres Verhalten* an den Tag legen und in ihrer kindlichen Art geradezu etwas Herzerquickendes haben, die ihren Aufgaben nicht ausweichen, sondern sie in einer gewissen spielerisch-künstlerischen Art angehen und erledigen. Es gibt vielleicht keinen Typus, der diese Menschen an Schönheit und sympathischer Haltung überragt.

Unter ihnen gibt es aber auch solche, die mit ihrer heiteren Lebensauffassung zu weit gehen, da sie auch jene Situationen, die verhältnismäßig ernst zu nehmen wären, heiter behandeln und hierbei ein kindisches Wesen an den Tag legen, das dem Ernst des Lebens so fernsteht, dass wir keinen guten Eindruck davontragen. Man hat immer ein Gefühl der Unsicherheit, wenn man diese Menschen am Werk sieht, einen Eindruck der Unverlässlichkeit, weil diese Menschen doch etwas zu leicht über Schwierigkeiten hinwegkommen wollen. Meist wird man sie, entsprechend dieser Erkenntnis, von schwierigeren Aufgaben fernhalten, wenn sie denselben nicht schon von selbst ausweichen, was meist der Fall ist. Selten wird man sie bei einer wirklich schwierigen Aufgabe antreffen. Trotzdem können wir aber von diesem Typus nicht Abschied nehmen, ohne ihm auch einige sympathische Worte zu zollen. Denn gegenüber dem ungeheuren Ausmaß von Griesgram, der sonst in der Welt herrscht, müssen wir sagen, dass dieser Typus immer noch angenehm berührt, dass wir ihn leichter gewinnen können als den, der im Gegensatz zu ihm immer traurig und missmutig herumgeht und jeder Sache, die ihm begegnet, nur die düstere Seite abgewinnen kann.

8. Pechvögel und Unglücksraben. Es ist eine psychologische Selbstverständlichkeit, dass derjenige, der mit der absoluten Wahrheit des gesellschaftlichen Lebens in Widerspruch gerät, an irgendeiner Stelle seines Lebens auch den Gegenstoß zu spüren bekommt. Meist verstehen diese Menschen nicht, daraus zu lernen, sondern fassen das ganze Unglück als ein ungerechtes, persönliches Missgeschick auf, als ein Pech, das sie verfolgt. Sie verbringen ein ganzes Leben damit, festzustellen, welches Pech sie immer haben, dass ihnen gar nichts gelinge, dass alles missglücke, wenn sie Hand daran legen. Manchmal trifft man sogar auf eine

Neigung, sich mit Niederlagen zu brüsten, als ob es eine unheimliche Macht gerade auf sie abgesehen hätte. Wenn man diesen Standpunkt ein wenig überlegt, so kommt man darauf, dass auch bei dieser Betrachtung wieder die Eitelkeit ihr böses Spiel treibt. Es sind Menschen, die so tun, *als ob* sich eine finstere Gottheit nur mit ihnen beschäftigen würde, bei einem Gewitter keine anderen Gedanken haben, als dass der Blitz gerade *sie* aufsuchen müsse, die sich allmählich mit der Furcht abquälen, dass sich gerade bei ihnen ein Dieb einschleichen könnte, kurz, die bei jeder Schwierigkeit des Lebens immer nur den einen Eindruck gewinnen, *als ob sie* diejenigen wären, die das Unglück sich aussuchen werde.

Solche Übertreibungen kann nur ein Mensch begehen, der sich in irgendeiner Weise als den Mittelpunkt der Geschehnisse betrachtet. Manchmal sieht es recht bescheiden aus, wenn sich jemand immer als vom Unglück verfolgt hinstellt, während sein Wesen in Wirklichkeit von schwerster Eitelkeit strotzt, wenn solche Menschen meinen, dass alle feindlichen Gewalten immer nur für sie Interesse haben und nie für andere. Es sind jene Menschen, die sich schon als Kinder immer ihre Zeit verbitterten und sich von Einbrechern, Mördern und anderen unheimlichen Gesellen verfolgt sahen und noch immer glauben, die Gespenster und Geister hätten nichts anderes zu tun, als sich um sie zu kümmern. Oft drückt sich ihre Stimmung in der äußeren Haltung aus. Sie gehen gedrückt einher, immer etwas gebückt, wie um nicht verkennen zu lassen, welch ungeheure Last sie tragen. Sie erinnern unwillkürlich an Karyatiden, die während ihres ganzen Daseins eine schwere Last stützen müssen. Es sind Menschen, die alles übermäßig ernst nehmen und alles mit pessimistischem Blick beurteilen. Bei dieser Stimmung ist es erklärlich, dass ihnen immer etwas schiefgeht, sobald sie Hand daran legen, dass sie Unglücksraben sind, die nicht nur sich selbst das Leben vergällen, sondern auch anderen. Und doch steckt auch hier nichts anderes dahinter als ihre Eitelkeit. Es ist eine Art von Wichtigtuerei, wie im ersten Fall.

9. Religiosität. Solchen Menschen gelingt manchmal der Rückzug in die Religion. Hier tun sie eigentlich dasselbe wie früher. Sie jammern und klagen, belästigen fortwährend den lieben Gott mit ihren Schmerzen, sie wissen ihn mit nichts anderem zu beschäftigen als mit ihrer eigenen Person. Dabei haben sie meist das Bewusstsein, dieser so außerordentlich Verehrte und Angebetete stehe eigentlich in ihrem Dienst, habe für sie die ganze Verantwortung und sei außerdem noch durch künstliche Mittel heranzulocken, wie etwa durch ein besonders eifrig verbrachtes Gebet oder durch eine sonstige religiöse Hingebung. Kurz, der liebe Gott weiß gar nicht, was er sonst zu tun hätte, sondern muss erst durch sie besonders aufmerksam gemacht werden. Man muss zugeben, in dieser Art der religiösen Verehrung liegt eine so unheimliche Ketzerei, dass man fürchten muss, falls wieder die alten Zustände der Inquisition kämen, würden gerade diese Menschen zuerst verbrannt werden. Sie tun dem lieben Gott gegenüber auch nichts anderes, als was sie den anderen Menschen gegenüber tun, die sie immer nur anjammern und anraunzen, ohne dabei selber etwas zu tun, um die Verhältnisse zu bessern.

Das verlangen sie immer nur von andern. Wie weit das gehen kann, zeigt der Fall eines 18-jährigen Mädchens. Es war ein überaus braves und tüchtiges, allerdings sehr ehrgeiziges Mädchen, das sich auch in religiösem Belang hervortat, indem sie allen religiösen Pflichten gewissenhaft nachkam. Eines Tages begann sie sich *Selbstvorwürfe* zu machen, dass sie nicht genügend fromm gewesen sei, gegen religiöse Gebote verstoßen und öfters sündhafte Gedanken gehabt habe. Sie kam darin schließlich so weit, dass sie den ganzen Tag damit zubrachte, sich selbst anzuklagen, so dass ihre Umgebung bereits ernstlich für ihren Verstand zu fürchten begann. Denn man hätte ihr nicht das Mindeste vorwerfen können. Immer war sie in einer Ecke weinend anzutreffen und mit Selbstvorwürfen beschäftigt. Da kam ein Geistlicher auf den Einfall, ihr ihre ganze Sündenlast abzunehmen, indem er ihr erklärte, das seien keine Sünden und sie sei frei. Am nächsten Tag stellte sich ihm dieses Mädchen auf der Gasse entgegen und rief ihm laut zu, er sei nicht würdig, in die Kirche zu gehen, weil er eine so große Sündenlast auf sich genommen habe.

Der Fall soll nicht weiterverfolgt werden. Man sieht daraus, wie der Ehrgeiz auch in diesen Fragen durchbricht, wie die Eitelkeit ihren Träger zum Richter macht über Tugend und Laster, Reinheit und Unreinheit, über Gut und Böse.

V. Kapitel: Die Affekte

Die Affekte sind Steigerungen jener Erscheinungen, die wir als Charakterzüge bezeichnet haben. Es sind zeitlich abgegrenzte Bewegungsformen des seelischen Organs, die sich unter dem Druck einer uns bekannten oder unbekannten *Nötigung* wie eine plötzliche Entladung äußern und, wie die Charakterzüge, eine *Zielrichtung* besitzen. Sie sind keine rätselhaften, undeutbaren Erscheinungen; sie treten immer dort auf, wo sie einen Sinn haben, wo sie der Lebensmethode, der Leitlinie eines Menschen entsprechen. Auch sie haben zum Ziel, eine Änderung herbeizuführen, um die Situation eines Menschen zu seinen Gunsten zu ändern. Sie sind *verstärkte* Bewegungen, zu denen nur ein Mensch gelangen kann, der auf eine andere Möglichkeit, sich durchzusetzen, verzichtet hat, oder besser gesagt, der an andere Möglichkeiten, sich durchzusetzen, nicht oder nicht mehr glaubt.

Die eine Seite des Affektes ist also auch hier ein Minderwertigkeitsgefühl, ein Gefühl der Unzulänglichkeit, das seinen Träger zwingt, alle Kräfte zusammenzunehmen und größere Bewegungen als die sonst üblichen zu vollziehen. Durch eine erhöhte Kraftanstrengung soll die eigene Person in den Vordergrund gestellt und siegreich gemacht werden. Wie es z. B. keinen Zorn gibt, ohne einen Feind, so kann dieser Affekt auch nur den Sieg über denselben zum Ziel haben. Es ist eine beliebte, in unserer Kultur noch mögliche Methode, sich durch derartige vergrößerte Bewegungen durchzusetzen. Es gäbe viel weniger Zornausbrüche, wenn nicht die Möglichkeit gegeben wäre, sich auf diesem Weg Geltung zu verschaffen.

Bei Menschen also, die sich die Erreichung des Zieles der Überlegenheit nicht recht zutrauen und sich unsicher fühlen, werden wir oft finden, dass sie dieses Ziel nicht aufgeben, sondern sich mit verstärktem Nachdruck, unter Zuhilfenahme von Affekten demselben nähern wollen. Es ist eine Methode, bei welcher der durch ein Minderwertigkeitsgefühl aufgestachelte, wie zwangsläufig von einer Regung erfasste Mensch alle seine Kräfte zusammennimmt und sich nach Art roher, unkultivierter Völker sein wirkliches oder vermeintliches Recht, seine Geltung zu verschaffen sucht.

Auch die Affekte stehen mit dem Wesen der Persönlichkeit in engem Zusammenhang und sind durchaus nicht für einzelne Menschen charakteristisch, sondern mit einer gewissen Regelmäßigkeit bei vielen zu finden. Jeder Mensch ist ihrer teilhaftig, wofern er nur in die dazugehörige Lage gebracht wird. Wir nennen das die *Affektbereitschaft* des seelischen Organs. Es sind Vorgänge, die so tief mit allem Menschlichen verknüpft sind, dass wir sie alle mitzudenken vermögen. Und wenn man einen Menschen halbwegs kennt, wird man sich auch die zu seinem Wesen dazugehörigen Affekte vorstellen können, ohne sie je wahrgenommen zu haben.

Bei der innigen Verschmolzenheit zwischen Seele und Körper muss ein so eingreifender Vorgang im Seelenleben, wie es ein Affekt ist, seine Wirkungen auch auf den Körper äußern. Die physischen Begleiterscheinungen der Affekte sind Wirkungen auf die Blutgefäße und Atmungsorgane (erhöhter Puls, Erröten und Erblassen, Veränderung der Atmungstätigkeit).

A. Trennende Affekte.

1. Zorn. Ein Affekt, der das Machtstreben, die Herrschsucht eines Menschen geradezu versinnbildlicht, ist der Zorn. Diese Ausdrucksform verrät deutlich den Zweck, jeden Widerstand, der dem Zornigen entgegentritt, rasch und mit Gewalt niederzuwerfen. Auf Grund unseres bisherigen Wissens erkennen wir in dem Zornigen einen Menschen, der mit erhöhter Kraftentfaltung nach der Überlegenheit strebt. Das Geltungsstreben artet zuweilen in einen derartigen Machtrausch aus, dass es leicht erklärlich ist, wenn Menschen dieser Art auf die kleinste Beeinträchtigung ihres Machtgefühls mit einem Zornausbruch antworten. Sie tragen die Empfindung in sich, dass sie auf diese, vielleicht schon oft erprobte Weise am leichtesten über einen anderen Herr werden und ihren Willen durchsetzen können. Das ist wohl keine Methode, die auf einer hohen Stufe steht, aber in den meisten Fällen wirkt sie, und mancher wird sich erinnern, wie er sich in einer erschwerten Situation durch einen Zornausbruch wieder zur Geltung bringen konnte.

Es gibt außerdem Möglichkeiten, wo ein Zornausbruch ein gut Teil Berechtigung in sich enthalten kann. Um solche Fälle handelt es sich hier nicht. Wir meinen eine deutlich und stark in den Vordergrund tretende Affektivität, Personen, bei denen der Zorn *gewohnheitsmäßig* auftritt. Es gibt Menschen, die daraus geradezu ein System machen und dadurch auffallen, dass sie überhaupt keinen anderen Weg haben. Es sind hochfahrende, höchst empfindliche Leute, die niemand neben oder über sich dulden, die immer das Gefühl brauchen, dass sie überlegen sind, die daher auch immer lauern, ob man ihnen nicht irgendwie zu nahe getreten ist und ob sie hoch genug eingeschätzt werden. Gewöhnlich ist damit auch ein Zug von äußerstem Misstrauen verbunden, der bewirkt, dass sie sich auf niemand verlassen wollen. Wir werden bei ihnen meist auch andere Charakterzüge finden, die wir oben als angrenzende bezeichnet haben. In schwereren Fällen kommt es vor, dass solch ein überaus ehrgeiziger Mensch vor jeder ernsten Aufgabe zurückschreckt und sich schwer in die Gesellschaft einfügt. Wird ihm aber etwas versagt, so kennt er eigentlich nur eine Methode: Er schlägt Krach in einer Form, die für nahestehende Personen gewöhnlich sehr schmerzlich wird. Er zerschlägt z. B. einen Spiegel oder beschädigt kostbare Sachen. Man kann ihm aber nicht recht glauben, wenn er sich nachträglich ernstlich damit auszureden versucht, er habe nicht gewusst, was er tue. Denn die Absicht, seine Umgebung treffen zu wollen, ist zu deutlich. Er wird sich in diesem Affekt stets an etwas Wertvolles halten und nie an unbedeutende Gegenstände. Wir ersehen somit, dass ein *Plan* vorhanden sein muss bei solchem Vorgehen.

In einem kleinen Kreis gewährt diese Methode wohl eine gewisse Geltung, die aber sofort verlorengeht, wenn dieser Kreis verlassen wird. Dann muss solcher Mensch durch seinen Affekt mit der Umwelt leicht in Konflikt geraten.

Was die äußere Attitüde dieses Affektes betrifft, so tritt uns das Bild eines solchen Menschen sofort vor Augen, wenn wir nur den Namen dieses Affektes nennen hören. Es ist die feindliche Stellung gegen den anderen, die in ihrer vollen Stärke und Deutlichkeit in den Vordergrund tritt. Dieser Affekt zeigt die fast völlige Aufhebung des Gemeinschaftsgefühls. In ihn ist das Streben eines Menschen nach Macht hineingelegt, das bis zur Vernichtung des Gegners gehen kann. Insofern, als in den Affekten eines Menschen sein Charakter deutlich zutage tritt, bieten uns diese Erscheinungen ein leicht zu bewältigendes Problem, an dem wir unsere Menschenkenntnis üben können. Und so müssen wir zornige Menschen durchwegs als solche bezeichnen, die dem Leben feindlich gegenüberstehen. Um aber auch hier unsere Forderung nach einem System nicht außer Acht zu lassen, sei nochmals darauf hingewiesen, dass sich jedes Streben nach Macht auf einem Schwäche-, einem Minderwertigkeitsgefühl aufbaut. Zu derartig ausgreifenden Bewegungen, zu solchen Gewaltmaßnahmen kann ein Mensch, der über das Maß seiner Kräfte beruhigt ist, nicht gelangen. Diese Beziehung darf nie übersehen werden. Gerade in einem Zornausbruch stellt sich uns der ganze Aufstieg vom Schwächegefühl in der Richtung auf das Ziel der Überlegenheit mit besonderer Deutlichkeit dar. Es ist ein billiger Kunstgriff, sein Persönlichkeitsgefühl auf Kosten des anderen und zu dessen Ungunsten zu erhöhen.

Unter den Faktoren, die Zornausbrüche außerordentlich erleichtern, ist besonders der *Alkohol* zu nennen. Bei manchen Menschen genügen oft nur ganz geringe Mengen. Bekanntlich besteht die Wirkung des Alkohols darin, dass er in erster Linie die Kulturhemmungen schwächt oder aufhebt. Ein vom Alkohol vergifteter Mensch benimmt sich so, als ob er nie der Kultur teilhaftig geworden wäre. Er verliert die Beherrschung, die Rücksicht auf andere, und was er in Zeiten, wo er vom Alkohol frei ist, noch mühsam bändigen und verbergen kann, seine Feindseligkeit gegen die Mitmenschen, kommt im Rausche ungehemmt zum Ausdruck. Es ist kein Zufall, dass gerade Menschen, die mit dem Leben nicht im Einklang stehen, zum Alkohol greifen, in dem sie eine Art Trost und Vergessenheit, immer aber auch eine Ausrede für das suchen, was sie gern erreicht hätten, aber nicht erreichen konnten.

Bei Kindern findet man Zornausbrüche viel häufiger als

bei Erwachsenen. Oft genügt schon ein geringfügiger Anlass, um ein Kind in Zorn zu versetzen. Das rührt daher, weil bei Kindern infolge des erhöhten Schwächegefühls die Linie ihres Geltungsstrebens deutlicher hervortritt. Ein zornmütiges Kind zeigt immer an, dass es um seine Geltung ringt und dass ihm die Widerstände, auf die es stößt, wenn nicht als unüberwindlich, so doch als besonders groß erscheinen.

Manchmal gehen die Tätlichkeiten, die außer Beschimpfungen den gewöhnlichen Inhalt von Zornausbrüchen bilden, so weit, dass sie den Zornigen selbst schädigen. Hier ist auch die Linie, die zum Verständnis des *Selbstmordes* führt. Es liegt darin das Bestreben, den Angehörigen oder der übrigen Umgebung einen Schmerz zuzufügen, um sich auf diese Weise für erlittene Zurücksetzung zu rächen.

2. Trauer. Der Affekt der Trauer tritt ein, wenn einem Menschen eine Entziehung, ein Verlust widerfährt, worüber er sich nicht leicht zu trösten vermag. Auch die Trauer trägt Keime in sich, ein Unlust-, also ein Schwächegefühl zu beseitigen, um eine bessere Situation herzustellen. In dieser Hinsicht ist sie ebenso viel wert wie ein Zornausbruch, nur tritt sie bei anderen Anlässen auf, hat eine andere Attitüde und andere Methoden. Aber auch hier sehen wir dieselbe Linie zur Überlegenheit. Während beim Zorn die Bewegung *gegen* den anderen gerichtet ist und dem Zornigen rasch ein Gefühl der Erhöhung und dem Gegner eine Niederlage bringen soll, ist es bei der Trauer zunächst eine Einschränkung des seelischen Besitzstandes, die notwendig und in kurzer Zeit ebenfalls wieder zu einer Ausdehnung führt, indem der Traurige einem Gefühl der Erhöhung und Befriedigung zustrebt. Das kann aber ursprünglich in nichts anderem bestehen als in einer Entladung, in einer Bewegung, die wieder, wenn auch in anderer Weise, gegen die Umgebung gerichtet ist. Denn der Trauernde ist eigentlich ein *Ankläger*, und damit stellt er sich in Gegensatz zu seiner Umgebung. So natürlich die Trauer im Wesen des Menschen auch liegt, so ist in ihrer Überspannung doch etwas der Umgebung Feindseliges, Abträgliches enthalten.

Die Erhöhung ist für den Trauernden durch die Stellungsnahme der Umgebung gegeben. Es ist bekannt, wie trauernde Menschen oft dadurch Erleichterung finden, dass sich jemand in ihren Dienst stellt, sie bemitleidet, stützt, ihnen etwas gibt, ihnen zuspricht usw. Erfolgt die Entladung unter Tränen und Klagen, so erscheint dadurch nicht nur der Angriff auf die Umgebung eingeleitet, sondern auch die Erhebung des Trauernden über seine Umgebung nach Art eines Anklägers, Richters und Kritikers. Der Zug des Verlangens, des Heischens ist deutlich erkennbar. Immer wird die Umgebung in vermehrter Weise beansprucht. Die Trauer ist wie ein Argument, das für den andern bindend und unwiderstehlich sein soll, dem sich dieser beugen muss.

Auch dieser Affekt weist demnach die Linie auf, die von unten nach oben führt und den Zweck hat, den Halt nicht zu verlieren und das Gefühl der Machtlosigkeit und Schwäche auszugleichen.

3. Missbräuchliche Anwendungen. Die Erscheinung der Affekte war so lange unverständlich, bis es sich herausgestellt hatte, dass sie eine Möglichkeit bieten und einen Weg zeigen, der kurzerhand dazu führt, ein Gefühl der Minderwertigkeit zu überwinden, um die eigene Persönlichkeit zur Geltung zu bringen. Die Affektbereitschaft und ihre Attitüde findet im menschlichen Seelenleben daher eine überaus weitgehende Verwendung. Wenn ein Kind in Zorn gerät oder trauert und weint, weil es sich zurückgesetzt glaubt, und es hat Gelegenheit, diese Methode zu erproben, so kann es leicht auf den Weg geraten, mit dieser Stellungsnahme auch schon bei geringfügigen Anlässen einzusetzen, seine Affekte zu verwenden, um daraus Nutzen zu ziehen. Die Arbeit mit diesen Affekten kann zur Gewohnheit werden und eine Ausgestaltung erfahren, die man nicht mehr als normal empfindet. Man sieht dann später im Leben der Erwachsenen regelmäßig missbräuchliche Anwendungen dieser Affekte und es kommt jene wertlose und abträgliche Erscheinung zustande, wo in einer Art spielerischer Betätigung Zorn, Trauer oder andere Affekte in Szene gesetzt werden, nur um zum Ziel zu gelangen, um etwas durchzusetzen. Dann treten solche Zustände geradezu regelmäßig auf: so, wenn etwas verweigert wird, oder wenn der Herrschaft eines Menschen eine Beeinträchtigung droht. Oft wird z. B. Trauer so laut und aufdringlich geäußert, wie wenn sie einen Ruhmestitel bedeuten würde, so dass sie abstoßend wirkt. Es ist interessant zu beobachten, wie manchmal geradezu ein Wettstreit mit der Trauer vor sich geht.

Auch mit physischen Begleiterscheinungen kann derselbe Missbrauch getrieben werden. Es gibt bekanntlich Leute, welche die Wirkung des Zornes auf den Ernährungstrakt so weit gehen lassen, dass sie im Zorn erbrechen. Dadurch wird die Darstellung der Feindseligkeit noch drastischer. Das Erbrechen bedeutet eine Verurteilung und Erniedrigung des andern. Der Affekt der Trauer geht oft auch unter

Nahrungsenthaltung vor sich, so dass der Trauernde förmlich zusammenzuschrumpfen scheint und ein richtiges »Bild des Jammers« darbietet.

Solche Formen sind uns besonders deshalb nicht gleichgültig, weil durch sie das Gemeinschaftsgefühl der andern berührt wird. Die Äußerung desselben ist nämlich meist imstande, einen Affekt zu lindern. Nun gibt es aber Menschen, die ein so großes Bedürfnis haben, das Gemeinschaftsgefühl der andern auf sich zu lenken, dass sie z. B. aus dem Stadium der Trauer überhaupt nicht hinauswollen, weil ihre Persönlichkeit durch die vielen Beweise von Freundschaft und Teilnahme eine außerordentliche Erhöhung erfährt.

Zorn und Trauer sind, wenngleich unsere Sympathien durch sie in verschiedenem Grade in Anspruch genommen werden, trennende Affekte. Sie vereinen nicht, sondern rufen einen Gegensatz hervor, indem sie das Gemeinschaftsgefühl verletzen. Die Trauer bringt allerdings in ihrem weiteren Verlauf eine Bindung hervor, die aber nicht in jener normalen Weise vor sich geht, bei der beide Teile des Gemeinschaftsgefühls teilhaftig sind, sondern zu einer Verschiebung führt, bei der die Umgebung der ausschließlich gebende Teil ist.

4. Ekel. Das Trennende ist, obwohl dürftig ausgestaltet, auch im Affekt des Ekels zu finden. Physisch findet Ekel dann statt, wenn die Magenwände in bestimmter Weise gereizt werden. Nun gibt es aber auch Regungen, ein Bestreben, ebenfalls aus dem Bereich des seelischen Besitztums etwas auszustoßen. An dieser Stelle wird der trennende Faktor dieses Affektes sichtbar. Die nun folgenden Erscheinungen geben die Bestätigung. Es ist eine Gebärde der Wegwendung. Die Grimassen bedeuten eine Verurteilung der Umgebung, eine Erledigung der Situation im Sinne einer Verwerfung. In missbräuchlicher Weise kann dieser Affekt dazu verwendet werden, dass sich ein Mensch einer unangenehmen Situation unter Umständen durch Hervorrufen eines Ekelgefühls entziehen kann. Ekel kann vielleicht im Gegensatz zu allen anderen Affekten besonders leicht willkürlich hervorgerufen werden. Durch ein besonderes Training kann ein Mensch es so weit bringen, dass es ihm dann nicht mehr schwerfällt, auf diese Weise die Loslösung von der Umgebung oder einen Angriff auf sie zu bewerkstelligen.

5. Angst (Schreck). Eine überragende Bedeutung im Leben der Menschen hat die Angst. Dieser Affekt ist dadurch kompliziert, dass er nicht nur ein trennender Affekt ist, sondern in seiner Folge, ähnlich wie bei der Trauer, zu einer eigenartigen Bindung an die andern führt. Ein Kind reißt sich z. B. in seiner Angst aus einer Situation los, es läuft aber zu einem andern. Nun führt aber der Mechanismus der Angst nicht direkt zur Darstellung einer Überlegenheit über die Umgebung, sondern scheinbar zunächst zur Darstellung einer Niederlage. Die Attitüde ist hier die einer Verkleinerung. Von hier aus beginnt die verbindende Seite dieses Affektes, die gleichzeitig das Verlangen nach Überlegenheit in sich birgt: Der Ängstliche flüchtet in den Schutz einer anderen Situation und sucht sich auf diese Weise zu verstärken, um der Gefahr wieder gewachsen zu sein und über sie zu triumphieren.

Wir haben es bei diesem Affekt mit einem organisch tiefwurzelnden Vorgang zu tun. Es ist die *Urangst* aller Lebewesen, die sich darin widerspiegelt. Beim Menschen insbesondere hat sie ihren Grund in seiner allgemeinen Unsicherheit und Schwäche der Natur gegenüber. Die Erkenntnis von den Schwierigkeiten des Lebens ist so mangelhaft, dass sich z. B. das Kind allein nicht zurechtfindet, so dass andere für das eintreten müssen, was ihm mangelt. Dieser Schwierigkeiten wird das Kind gefühlsmäßig inne, sobald es ins Leben tritt und im Augenblicke, wo die Bedingungen der Außenwelt einsetzen. Immer ist die Gefahr vorhanden, dass es bei seinem Streben, aus seiner Unsicherheit herauszukommen, scheitert und eine pessimistisch gerichtete Lebensanschauung bekommt, wobei es Charakterzüge entwickelt, die mehr mit der Hilfe und Rücksicht der Umgebung rechnen. Die Vorsicht, die so entwickelt wird, ist ebenso groß, wie die Entfernung von den Lebensaufgaben. Sind solche Kinder aber einmal genötigt, doch vorzurücken, dann tragen sie in sich schon den Rückzugsplan, sind immer halb zur Flucht gewendet und einer ihrer häufigsten und auffallendsten Affekte ist die Angst.

Schon in den Ausdrucksbewegungen dieses Affektes, besonders in der Mimik, finden wir den Anfang einer Gegenaktion, die aber nicht geradlinig, aggressiv ist. Manchmal sind solche Erscheinungen in krankhafter Weise ausgeartet und ermöglichen uns in vielen Fällen einen besonders leichten Einblick in das seelische Getriebe. Wir haben dann die deutliche Empfindung, als griffe die Hand des Ängstlichen nach einem andern, um ihn an sich heranzuziehen und festzuhalten.

Die weitere Untersuchung dieser Erscheinung führt zu jenen Erkenntnissen, die wir schon bei der Erörterung des *Charakterzuges* der Angst kennengelernt haben. Es handelt sich immer um Menschen, die jemand zur Unterstützung für ihr Leben suchen; es soll immer jemand zu ihrer Verfügung stehen. In Wirklichkeit ist es nichts anderes, als ein Versuch der Herstellung eines Herrschaftsverhältnisses, *wie wenn* der andere nur dazu da wäre, um für den Ängstlichen eine Stütze abzugeben. Dringt man noch weiter vor, so findet man, dass diese Menschen mit dem Anspruch im Leben herumgehen, man müsse sich ihrer ganz besonders annehmen. Ihre Selbständigkeit ist mangels eines richtigen Kontaktes mit dem Leben so weit verlorengegangen, dass sie mit außerordentlicher Sehnsucht und Heftigkeit nach diesem Privileg verlangen. Wie sehr sie auch die Gesellschaft der anderen suchen, sie haben dennoch nur wenig Gemeinschaftsgefühl. So kann die Darstellung der Angst dazu führen, sich eine privilegierte Stellung zu verschaffen, Forderungen des Lebens auszuweichen und andere in den eigenen Dienst zu stellen. Schließlich nistet sich die Angst in alle Beziehungen des täglichen Lebens ein. Sie ist zum wirksamen Mittel geworden, die Umwelt zu beherrschen.

B. Verbindende Affekte.

1. Freude. Beim Affekt der Freude sehen wir deutlich die Verbindung. Sie verträgt die Isolierung nicht. In ihren Äußerungen: Aufsuchen der anderen, Umarmung usw., zeigt sich der Hang zum Mitspielen, zum Mitteilen und Mitgenießen. Auch die Attitüde ist verbindend, es ist sozusagen ein Händereichen, eine Wärme, die auf den andern ausstrahlt und ihn ebenfalls erheben soll. Alle Elemente zum Zusammenschluss sind in diesem Affekt vorhanden. Auch hier fehlt die aufsteigende Linie nicht, auch hier haben wir einen Menschen, der aus einem Gefühl der Unzufriedenheit zu einem Gefühl der Überlegenheit gelangt. Die Freude ist eigentlich der richtige Ausdruck für die Überwindung von Schwierigkeiten. Hand in Hand mit ihr geht das Lachen in seiner befreienden Wirkung, gleichsam den Schlussstein dieses Affektes darstellend. Es weist über die eigene Persönlichkeit hinaus und wirbt um die Sympathie des andern.

Auch hier gibt es Erscheinungen des Missbrauchs, die durch das Wesen eines Menschen bedingt sein können. Bei einem Patienten, der bei der Nachricht vom Erdbeben von Messina deutliche Zeichen von Freude äußerte und laut auflachte, zeigte es sich nach näherer Untersuchung, dass er eigentlich lachte, weil er das Gefühl der Kleinheit in der Trauer in sich nicht aufkommen lassen und der Trauer dadurch aus dem Weg gehen wollte, dass er versuchte, sich dem anderen Affekt zu nähern. Ein besonders häufiger Missbrauch ist die *Schadenfreude*, eine Freude, die am unrechten Ort auftritt, die sich über das Gemeinschaftsgefühl hinwegsetzt und es verletzt. Sie ist bereits ein trennender Affekt, mittels dessen jemand seine Überlegenheit über den andern sucht.

2. Mitleid. Das Mitleid ist der reinste Ausdruck für das Gemeinschaftsgefühl. Wenn wir es bei einem Menschen vorfinden, so dürfen wir im Allgemeinen über sein Gemeinschaftsgefühl beruhigt sein. Denn bei diesem Affekt zeigt sich, wie weit ein Mensch fähig ist, sich in die Lage seines Mitmenschen einzufühlen.

Vielleicht noch weiter verbreitet als dieser Affekt selbst, ist seine missbräuchliche Anwendung. Sie besteht entweder darin, sich als ein Mensch darzutun, der ein besonders starkes Gemeinschaftsgefühl hat, also zu übertreiben. Das sind Menschen, die sich bei einem Unglück immer vordrängen, ohne aber etwas zu tun, die nur genannt sein wollen, um auf diese Weise billig den Ruhm in der Öffentlichkeit zu erlangen. Oder es sind Menschen, die mit einer wahren Wollust im Unglück anderer herumspüren und kaum davon loszubringen sind. Diese geschäftig wohltuenden Leute wollen sich durch ihre Tätigkeit in erster Linie das befreiende Gefühl der Überlegenheit über die Armen und Elenden verschaffen. Mit Bezug auf diesen Typus von Menschen sagt einmal der große Menschenkenner La Rochefoucauld: »Wir sind immer bereit, im Unglück unserer Freunde eine Art Genugtuung zu empfinden.«

Man hat auf diese Erscheinung irrtümlich unsere Lustempfindung bei tragischen Schauspielen zurückzuführen versucht. Man hat es so dargestellt, als ob die Menschen das Gefühl hätten, in einer besseren Haut zu stecken. Für die Mehrzahl der Menschen dürfte das nicht zutreffen. Denn unser Interesse an den Vorgängen in der Tragödie stammt meist aus unserer Sehnsucht nach Selbsterkenntnis und Selbstbelehrung. Der Gedanke, dass es sich nur um ein Spiel handelt, verlässt uns nicht und wir erwarten daraus eine Förderung in unseren Vorbereitungen für das Leben.

3. Scham. Ein Affekt, der sowohl verbindend wie trennend ist, ist die Scham. Auch sie ist ein Gebilde des Gemeinschaftsgefühls und als solches aus dem menschlichen Seelenleben nicht zu bannen. Die menschliche Gesellschaft wäre ohne diesen Affekt unmöglich. Er tritt in solchen Situationen auf, wo infolge eines Eingriffes in die seelische Sphäre eines Menschen der Wert der eigenen Persönlichkeit zu sinken, wo insbesondere von der Würde, deren sich jeder Mensch bewusst ist, etwas verlorenzugehen droht.

Dabei greift dieser Affekt äußerst stark auf das Körperliche über. Der Vorgang besteht physisch in einer Erweiterung der peripheren Blutgefäße, wodurch eine Blutüberfüllung zustande kommt, die meist im Gesicht erkennbar ist. Es gibt Menschen, die sogar auf der Brust rot werden.

Die äußere Haltung ist die der Loslösung von der Umgebung. Es ist eine Gebärde der Zurückziehung verbunden mit einer Verstimmung, die eher eine Geste zur Flucht ist. Die Abwendung, die niedergeschlagenen Augen sind Fluchtbewegungen, die uns deutlich das Trennende in diesem Affekt zeigen.

Hier setzt auch gleich wieder der Missbrauch ein. Es gibt Menschen, die auffallend leicht erröten. Bei ihnen wird man finden können, dass sie auch sonst in ihren Beziehungen zu den Mitmenschen das Trennende schärfer hervorheben als das Verbindende. Ihr Erröten ist ein Mittel, sich der Gesellschaft zu entziehen.

Anhang

Allgemeine Bemerkungen zur Erziehung

Wir möchten an dieser Stelle noch einiges zu einem Thema nachtragen, das bisher nur gelegentlich gestreift werden konnte. Es betrifft die Wirkung der Erziehung im Hause, in der Schule und im Leben auf die Entwicklung des seelischen Organs.

Es ist kein Zweifel, dass die gegenwärtige Erziehung in der Familie dem Streben nach Macht, der Entwicklung zur Eitelkeit außerordentlich Vorschub leistet. Jeder wird sich darüber an seinen eigenen Erfahrungen Rat holen können. Die Familie hat allerdings unleugbare Vorzüge, und man kann sich kaum eine Einrichtung vorstellen, bei der Kinder *unter richtiger Führung* besser aufgehoben wären als die Familie. Gerade bei Erkrankungen erweist sich die Familie als die geeignetste Schöpfung zur Erhaltung des Menschengeschlechtes. Und könnte man sich vorstellen, dass die Eltern jedes Mal auch gute Erzieher sind, welche über den nötigen Scharfblick verfügen, um bei ihren Kindern seelische Fehlschläge schon im Keim zu erkennen und durch eine geeignete Behandlung zu bekämpfen, dann würden wir gern bekennen, dass für die Aufzucht einer tauglichen Menschenrasse keine Institution so geeignet wäre wie die Familie.

Leider können wir aber nicht leugnen, dass die Eltern weder gute Psychologen, noch auch gute Pädagogen sind. Was heute in der Familienerziehung die Hauptrolle spielt, ist ein in verschiedene Grade ausartender *Familienegoismus*. Dieser verlangt scheinbar mit Recht, dass die eigenen Kinder besonders gehegt, als etwas Besonderes angesehen werden, wenn auch auf Kosten anderer. So kommt es, dass gerade die Familienerziehung dadurch die schwersten Fehler begeht, dass sie den Kindern die Meinung sozusagen einimpft, als müssten sie sich den andern gegenüber immer überheben und sich als etwas Besseres betrachten. Dazu kommt noch die Organisation der Familie selbst, welche sich von den Gedanken eines Führertums des Vaters, einer *väterlichen Autorität*, nicht trennen will. Damit nimmt das Unheil seinen Lauf. Diese nur zum geringsten Grad auf dem Gefühl der Gemeinschaft beruhende Autorität verführt nur allzu bald zu einem offenen oder geheimen Widerstand. Glatte Anerkennung findet sie wohl nie. Ihr schwerster Nachteil liegt darin, dass sie dem Machtstreben des Kindes ein Vorbild abgibt, indem sie ihm den Genuss zeigt, der mit dem Besitz der Macht verbunden ist, sie machtlüstern, ehrgeizig und eitel macht. Jetzt wollen sie alle so weit kommen, wollen sie alle angesehen sein und verlangen bei andern dieselbe Folgsamkeit und Unterwerfung, wie sie sie bei der stärksten Person ihrer Umgebung zu sehen gewohnt waren und kommen so in eine gegnerische Stellungsnahme zu den Eltern und zur übrigen Umgebung.

Auf diese Weise ist es in unserer Familienerziehung fast unvermeidlich, dass dem Kind immer ein Ziel der Überlegenheit vorschwebt. Man sieht schon bei den ganz Kleinen, wie sie den Gernegroß spielen, und wir finden es bis in die späteste Zeit der Erwachsenen hinein wieder, dass sie in Gedanken, manchmal in der unbewussten Erinnerung an ihre Familiensituation, die ganze Menschheit so behandeln, als ob sie noch immer ihre Familie wäre, oder, wenn sie mit ihrer Haltung Schiffbruch gelitten haben, die Neigung zeigen, sich aus dieser ihnen nun missliebig gewordenen Welt zurückzuziehen und ein isoliertes Dasein zu führen.

Die Familie ist allerdings auch geeignet, Gemeinschaftsgefühl zu entwickeln, aber, wenn wir uns auf das über das Machtstreben und über die Autorität Gesagte erinnern, doch nur bis zu einem gewissen Punkt. Die ersten Zärtlichkeitsregungen erfolgen im *Verhältnis zur Mutter*. Diese ist für das Kind das wichtigste Erlebnis des Mitmenschen, an ihr lernt es den *verlässlichen* Mitmenschen, das »Du« erkennen und empfinden. *Nietzsche* sagt, dass sich jeder das Idealbild seiner Geliebten aus seinen Beziehungen zur Mutter schafft. Schon *Pestalozzi* hat gezeigt, wie die Mutter dem Kind für seine Beziehungen zu den anderen Menschen den Leitstern abgibt, dass überhaupt die Beziehungen zur Mutter den Rahmen für alle seine Äußerungen bilden. In der Funktion der Mutter ist die Möglichkeit gegeben, im Kinde Gemeinschaftsgefühl zu entwickeln. Aus diesem Verhältnis zur Mutter gehen die merkwürdigen Persönlichkeiten schon unter den Kindern hervor, die uns nach der Richtung hin auffallen, dass wir an ihnen gewisse soziale Mängel finden. Da sind es besonders zwei Fehler, die Platz greifen können: Der eine ist der, dass die Mutter dem Kinde gegenüber diese Funktionsaufgabe nicht erfüllt und dadurch sein Gemeinschaftsgefühl nicht entwickelt. Dieser Mangel ist sehr bedeutsam und hat eine Unzahl Unannehmlichkeiten zur Folge. Das Kind wächst auf, als wenn es sich in Feindesland befände. Will einer ein solches Kind bessern, dann geht es nicht anders, als dass er die Funktion übernimmt, die einst an ihm versäumt wurde. Das ist sozusagen der Weg, um einen Mitmenschen aus ihm zu machen. – Der andere Hauptfehler, der meist gemacht wird, besteht darin, dass die Mutter wohl ihre Funktion übernimmt, aber so stark, in so übertriebener Weise, dass eine *Weiterleitung* des Gemeinschaftsgefühls nicht möglich ist. Die Mutter lässt das Gemeinschaftsgefühl, das sich im Kind entwickelt hat, bei sich münden. Das heißt, das Kind hat nur für die Mutter Interesse und die übrige Welt ist ausgeschaltet. Auch diesen Kindern fehlt daher die Grundlage zum sozialen Menschen.

Außer dem Verhältnis zur Mutter gibt es noch viele andere wichtige Momente in der Erziehung, welche zu beachten sind. So ermöglicht insbesondere eine *behagliche Kinderstube* dem Kind, sich in diese Welt gern und mit Leichtigkeit hineinzufinden. Bedenkt man, mit welchen Schwierigkeiten die meisten Kinder zu kämpfen haben, wie wenig leicht es ihnen meist wird, sich in ihren ersten Lebensjahren die Welt als einen angenehmen Aufenthaltsort zu Gemüte zu führen, dann begreift man, dass die *ersten Kindheitseindrücke* außerordentlich bedeutsam sind, weil sie dem Kinde eine Richtung geben, in der es weiterforscht und weitergeht. Wenn man zudem hinzunimmt, wie viele Kinder kränklich zur Welt kommen und hier nur Jammer und Leid erfahren, dass eine Kinderstube für die meisten Kinder gar nicht vorhanden ist, oder in einer Gestalt, die Lebensfreude nicht gerade wecken kann, so wird es klar, dass die meisten Kinder nicht als Freunde des Lebens und der Gesellschaft aufwachsen, nicht erfüllt sind von jenem Gemeinschaftsgefühl, das in einer richtigen Menschengemeinschaft heranblühen und sich entfalten könnte. Ferner muss man in Betracht ziehen, dass Erziehungsfehler überaus schwer ins Gewicht fallen können. Dass sowohl eine strenge, harte Erziehung imstande ist, die Lebensfreude und das Mitspielen der Kinder zu unterbinden, wie auch eine Erziehung, die dem Kind jede Kleinigkeit aus dem Weg räumt und es mit einer tropischen Wärme umgibt, die bewirken kann, dass es sich später dem rauen Klima des Lebens, das außerhalb der Familie herrscht, nicht gewachsen zeigt.

Die Familienerziehung ist somit heutzutage in unserer Gesellschaft ungeeignet, das zu leisten, was wir von einem vollwertigen, kameradschaftlichen Mitspieler der menschlichen Gesellschaft erwarten. Sie erfüllt ihn zu sehr mit Eitelkeitsbestrebungen.

Fragen wir uns nun, welche Instanz noch in Betracht käme, welche die Fehlschläge in der Entwicklung der Kinder ausgleichen und eine Besserung herbeiführen könnte, dann wird unsere Aufmerksamkeit zunächst auf die *Schule* gelenkt. Bei einer genauen Prüfung zeigt sich nun aber, dass auch die Schule in ihrer heutigen Form zu dieser Aufgabe nicht geeignet ist. Es gibt wohl kaum einen Lehrer, der sich bei der heutigen Situation der Schule rühmen könnte, die Fehler eines Kindes in ihrem Wesen zu erkennen und auszumerzen. Er ist dafür in keiner Weise vorbereitet, auch nicht in der Lage dazu, weil er einen Lehrplan in der Hand hat, den er den Kindern vermitteln muss, ohne sich darum kümmern zu dürfen, mit welchem Material von Menschen er zu arbeiten hat. Auch die viel zu große Anzahl von Kindern in einer Schulklasse macht es ihm unmöglich, diese Aufgabe zu erfüllen.

Wir müssen uns daher noch weiter umsehen, ob es nicht dennoch eine Instanz gibt, die imstande wäre, diesen Mangel der Familienerziehung, der verhindert, dass wir zu einem einigen Volk zusammengeschweißt werden, zu beheben. Manche werden vielleicht meinen, das *Leben.* Damit hat es aber seine eigene Bewandtnis. Schon aus dem bisher Gesagten allein geht zur Genüge hervor, dass das Leben nicht geeignet ist, einen Menschen zu ändern, wenn es auch zuweilen den Anschein hat. Schon die Eitelkeit des Menschen, sein Ehrgeiz lässt das nicht zu. Denn auch wenn er noch so sehr in die Irre gegangen ist, wird er immer das Gefühl haben, dass entweder die anderen die Schuld daran tragen, oder dass es gar nicht anders sein kann. Dass jemand, der sich angeschlagen hat, über die Fehler, die er begangen hat, nachdenkt, findet man sehr selten. (Wir erinnern auch an unsere Ausführungen über die Verwertung von Erlebnissen.)

Auch das Leben kann somit keine wesentliche Änderung herbeiführen, und psychologisch ist das begreiflich, weil das Leben schon fertige Menschen übernimmt. Menschen, die alle schon ihren festgerichteten Blick haben und nach einem Ziel der Überlegenheit streben. Das Leben ist im Gegenteil sogar ein schlechter Lehrer, denn es hat keine Nachsicht, es ermahnt uns nicht, belehrt uns nicht einmal, sondern weist uns kalt ab und lässt uns durchfallen.

Soweit wir nun diese Frage überblicken, bleibt uns nichts anderes übrig als festzustellen: Eine einzige Instanz wäre imstande, abzuhelfen: die Schule. Sie wäre dazu imstande, wenn sie nicht immer missbraucht würde. Denn bisher war es immer so, dass der, der die Schule in die Hände bekam, aus ihr ein Werkzeug für seine eigenen, meist eitlen, ehrgeizigen Pläne gemacht hat. Auf die Dauer kann das zu keinem ersprießlichen Ende führen. Und wenn man in neuester Zeit wieder Rufe hört, dass die alte Autorität in der Schule wieder aufgerichtet werden soll, so muss man sich nur fragen, was denn diese Autorität früher eigentlich so Gutes geleistet hat. Wie soll eine Autorität von Nutzen sein, von der wir erkannt haben, wie schädlich sie immer gewesen ist, von der wir gesehen haben, wie sie schon in der Familie, wo die Situation günstiger ist, nur das eine zuwege bringt, dass sich alle dagegen empören. Und außerdem: eine Autorität, deren Anerkennung sich nicht einmal von selbst einstellen will, die daher aufgezwungen werden muss. Schon in der Schule ist es selten, dass eine Autorität, wenn sie überhaupt vorhanden ist, restlos anerkannt wird. Und in die Schule kommt das Kind ohnehin mit dem deutlichen Bewusstsein, dass der Lehrer ein Beamter des Staates ist. Es ist unmöglich, dem Kind ohne nachteilige Folgen für seine seelische Entwicklung eine Autorität aufzuzwingen. Das Autoritätsgefühl darf sich nicht auf eine gewaltsame Einflussnahme gründen, sondern muss auf dem Gemeinschaftsgefühl beruhen.

Die Schule ist eine Situation, in die jedes Kind auf seinem Weg, den seine seelische Entwicklung nimmt, eintritt. Sie muss daher den Forderungen einer günstigen seelischen Entwicklung genügen. Von einer guten Schule wird es daher nur dann möglich sein zu sprechen, wenn sie mit den Entwicklungsbedingungen des seelischen Organs im Einklang steht. Erst eine solche Schule können wir eine *soziale Schule* nennen.

Schlusswort

Wir haben in dieser Arbeit auseinanderzusetzen versucht, dass das seelische Organ aus einer angeborenen, seelisch und körperlich funktionierenden Substanz hervorgeht, dass seine Entfaltung völlig unter soziale Bedingungen gestellt ist, was bedeutet, dass einerseits die Forderungen des Organismus, anderseits die der menschlichen Gesellschaft Erfüllung finden müssen. Das ist der Rahmen, in dem sich das seelische Organ entwickelt und in dem ihm sein Weg angewiesen wird.

Wir haben diese Entwicklung weiterverfolgt, haben die Fähigkeit der Wahrnehmung, Vorstellung, Erinnerung, des Fühlens und Denkens erörtert und sind schließlich zur Besprechung der Charakterzüge und Affekte übergegangen. Wir haben festgestellt, dass alle diese Erscheinungen miteinander in einem untrennbaren Zusammenhang stehen, dass sie einerseits einem Gesetz der Gemeinschaft unterworfen sind, anderseits durch das Streben des einzelnen Individuums nach Macht und Überlegenheit in eine bestimmte, eigenartige Bahn gelenkt und ausgestaltet werden. Wir haben gesehen, dass die Überlegenheitsziele des Menschen im Verein mit seinem Gemeinschaftsgefühl je nach der gradweisen Abstufung der Entwicklung im konkreten Fall zu bestimmten Charakterzügen führen, die somit gleichfalls nicht angeboren sind sondern sich dergestalt entwickeln, dass sie vom Ursprung der seelischen Entwicklung bis zu dem Ziel, das jedem Menschen mehr oder weniger bewusst vorschwebt, wie in einer Leitlinie angeordnet sind.

Eine Anzahl solcher Charakterzüge und Affekte, die uns wertvolle Wegweiser zum Verständnis des Menschen sind, haben wir ausführlich besprochen, andere haben wir gestreift. Der letztgebotene Ausblick war der, dass entsprechend dem Machtstreben jedes Einzelnen in jedem Menschen Ehrgeiz und Eitelkeit aufgespeichert sind, an deren Erscheinungsformen man dieses Streben und seine Wirkungsweise klar erkennen kann. Wir haben gezeigt, wie gerade die übergroße Entwicklung des Ehrgeizes und der Eitelkeit das ordnungsmäßige Fortschreiten des Einzelnen hindert, die Entwicklung des Gemeinschaftsgefühls drosselt, ja unmöglich macht, wie sie regelmäßig in einer die menschliche Gemeinschaft störenden Weise eingreift, gleichzeitig aber auch den Einzelnen und sein Streben zum Scheitern bringt.

Dieses Gesetz der seelischen Entwicklung erscheint uns unwiderleglich und als der wichtigste Wegweiser für jeden, der nicht dunklen Regungen verfallen will, sondern bewusst sein Schicksal aufzubauen bestrebt ist. Wir treiben mit diesen Untersuchungen Menschenkenntnis, eine Wissenschaft, die kaum sonst irgendwie gepflegt wird, die uns aber als die wichtigste und für alle Schichten der Bevölkerung unerlässliche Beschäftigung erscheint.

Zu dieser Ausgabe

Der Text dieser Ausgabe folgt dem Erstdruck:

Menschenkenntnis. Von Alfred Adler. Leipzig: Verlag von S. Hirzel, 1927.

Die Orthographie wurde behutsam modernisiert; die Interpunktion folgt der Druckvorlage. Sprachliche und grammatikalische Eigenheiten wurden beibehalten. Offensichtliche Satzfehler wurden stillschweigend korrigiert. Gesperrt gesetzter Text in der Vorlage wird hier kursiv wiedergegeben. Die französische Schreibung »Bureau« wurde geändert in die heute geläufige Schreibung »Büro« (S. 160); die Schreibung »La Rochefoucault« in »La Rochefoucauld«.

An wenigen Stellen wurde – der 2., verbesserten Auflage (Hirzel, 1928) folgend – in den Wortlaut eingegriffen (links der eckigen Klammer der hier abgedruckte Wortlaut nach der Ausgabe 1928, rechts die Originalversion 1927):

9,1 Ergebnisse] Ereignisse
53,14 f. unvermitteltsten] unvermittelsten
60,26 Vorstellungsvermögen] Verstellungsvermögen
61,17 die Vorstellung] die Leistung die Vorstellung
64,10 ähnlicher Bewegungsprozess] ähnlicher
67,18 begleiten] begleitet
88,15 Erziehungsmethoden] Erziehungsperioden
96,9 Spannung] »Wirtschaft«
105,11 seines] ihres
119,1 die Brüche] Brüche
145,1 bietet] bieten
145,7 Kant: »In der Kultur] »In der Kultur
185,24 Unbildung] Umbildung
201,18 *Choleriker*] Choleriker
240,10 positiv] negativ
246,14 verkürzt] nicht verkürzt
266,20 zweite] erste
266,21 dritte] zweite
269,17 f. einer neuen Situation] der Front

Anmerkungen

5,7 *Volksheim:* Im Volksheim in Wien wurde 1905 die erste Abend-Volkshochschule Europas errichtet. Nach dem Ersten Weltkrieg wurde das Volksbildungswesen im »Roten Wien« der 1920er Jahre intensiv gefördert, was Alfred Adler und seinen Zielen entgegenkam. Nach Schiferer (1995, S. 128) begann Adler die Kurse über »Menschenkenntnis« im Jahr 1918, »mit ständig wachsenden Zuhörerzahlen«.

5,28 *Dr. med. Ali Adler:* Alexandra (Ali) Adler wurde am 24. September 1901 als zweites von vier Kindern von Alfred Adler und seiner Frau Raissa geboren. Sie starb am 4. Januar 2001. Genaueres zu ihrem Leben und Werk findet sich zum Beispiel in: Erdmenger 1992.

15,1 *Lebenslinie:* Mit »Lebenslinie« ist die Einmaligkeit des Individuums mit seinen bewussten und unbewussten Anteilen und mit seiner Zielgerichtetheit gemeint. Manchmal verwendete Adler dafür auch Begriffe wie »Leitbild«, »Lebensplan«, »Lebensschablone«, »Gesamtpersönlichkeit« oder ab 1929 oft »Lebensstil« (vgl. dazu Ansbacher 1995, S. 281 ff.).

19,10 f. *aus dem Sumpf:* Die hier verwendete Formulierung »aus dem Sumpf emporarbeiten« erinnert an Adlers eigene schulische Schwierigkeiten, die er unter anderem dank der Unterstützung durch seinen Vater überwinden konnte. Deshalb glaube er heute nicht mehr an den Mythos der Begabung: »Ich selbst bin auch so ein Unglücklicher gewesen, der als vollkommen unbegabt für Mathematik gegolten hat. Ich musste die erste Klasse wiederholen – und auf einmal war ich der beste Mathematiker. Wenn mein Vater das getan hätte, wozu man ihn aufgemuntert hatte, wenn ich ausgetreten und ein Handwerker geworden wäre, wäre ich ein ganz guter Schlosser geworden, aber ich würde heute überzeugt sein: es gibt Menschen, die für Mathematik begabt sind, und solche, die es nicht sind. Da ich selbst in dem Sumpf gesessen bin und mich dort auskenne, glaube ich das nicht mehr« (Adler 1930/1974, S. 129).

21,21 f. *Nur die Freiheit … tötet und verdirbt*: In Anlehnung an Schillers Drama *Die Räuber*, wo es heißt (1. Akt, 2. Szene): »Das Gesetz hat noch keinen großen Mann gebildet, aber die Freiheit brütet Kolosse und Extremitäten aus.«

33,20 *Darwin:* Hier stützt sich Adler auf Charles Darwin (1809–1882), den Begründer der Evolutionslehre, um auf die Bedeutung von Kooperation und Zusammenarbeit hinzuweisen. In seiner Spätschrift *Der Sinn des Lebens* von 1933 wird sich Adler an Darwin und den französischen Naturforscher Jean-Baptiste de Lamarck (1744–1829) anlehnen.

38,13 *Furtmüller:* Carl Furtmüller (1880–1951) war ein österreichischer Pädagoge, der die Anwendung der Individualpsychologie im Rahmen der Wiener Schulreformen nach 1918 maßgeblich mitprägte. Adler und Furtmüller begründeten zusammen 1914 die *Zeitschrift für Individualpsychologie.* 1938 musste Carl Furtmüller zusammen mit seiner Frau Aline nach Frankreich, später in die USA fliehen.

41,7 f. *Organminderwertigkeit:* Hier betrachtet Adler die »Organminderwertigkeit« als *eine* mögliche Erschwerung der Entwicklung des Kindes, so wie Erziehungsfehler, zum Beispiel eine lieblose, verwöhnende oder harte, autoritäre Erziehung, die gesunde Persönlichkeitsentwicklung gefährden. In früheren Werken, zum Beispiel 1907 in seiner *Studie über Minderwertigkeit von Organen,* gewichtet Adler die schädlichen Auswirkungen der Organminderwertigkeit stärker.

52,1–7 *Kinder, die infolge … musikalisch sind:* Für Adler steht die Individualpsychologie »ganz auf dem Boden der Evolution« (Adler 1933/2008, S. 37). In diesem Abschnitt zeigt sich jedoch eine Differenz zu Darwin, der von einer zwingenden Benachteiligung von Menschen mit Organschwächen ausgeht. Adler kennt diesen Gedankengang von Darwin, wendet aber ein, dass zum Beispiel Kinder mit fehlerhaften Augen eine verstärkte Kompensationstendenz entwickeln können, um »das Sehbare der Welt stärker und intensiver zu erfassen«. Adler widersprach einer zwingenden Kausalität im menschlichen Seelenleben und plädierte dafür, »die Einflüsse der Umgebung und Erziehung als Bausteine [zu] betrachten, aus denen das Kind in spielerischer Kunst seinen Lebensstil aufbaut« (ebd., S. 25).

69,18 *Gemeinschaftsgefühls:* In späteren Schriften relativiert Adler das Angeborensein des »Gemeinschaftsgefühls« und betont die Notwendigkeit, die sozialen Möglichkeiten des Kindes zu fördern. In diesem Sinne schreibt er 1929: »Gemeinschaftsgefühl ist nicht angeboren, sondern es ist lediglich eine angeborene Möglichkeit, die es bewusst zu entfalten gilt. Wir können uns auf irgendeinen sogenannten sozialen ›Instinkt‹ nicht verlassen« (Adler 1929/1981, S. 49).

79,20 *Erziehungsfehler:* Im Folgenden beschreibt Adler Erziehungsfehler, wie sie später von der Erziehungsstilforschung ausführlich dargestellt werden. Verheerend sind für ihn eine strenge, autoritäre Erziehung sowie Verwöhnung und Vernachlässigung. Gemeinsamer Nenner aller Erziehungsfehler sind Vertiefung des kindlichen Minderwertigkeitsgefühls, Entmutigung sowie Reduktion des Gemeinschafsgefühls.

83,30–84,3 *Die bewusste Erziehung ... für andere auszustatten:* Neuere Darstellungen zur individualpsychologischen Pädagogik finden sich bei Beate Letschert-Grabbe, *Das übersehene Kind. Wenn »Super!« zu wenig und Verwöhnen Vernachlässigen ist,* Weinheim/Basel: Beltz Juventa, 2021, oder in der Nummer 3/2023 der im Vandenhoeck & Ruprecht Verlag erschienenen *Zeitschrift für Individualpsychologie,* die dem Thema »Bildung aus individualpsychologischer Sicht« gewidmet ist. Auch Michael Feltens *›Schwierige‹ Schüler. Wer sie versteht, kann ihnen helfen* (Stuttgart: Reclam, 2023) stützt sich weitgehend auf die individualpsychologische Pädagogik.

100,15 f. *um die Aufmerksamkeit ... auf sich zu lenken:* Hier konkretisiert Adler die Finalität, die Zielgerichtetheit im menschlichen Seelenleben. Dieses Mädchen versucht einfallsreich die Aufmerksamkeit der Eltern auf sich zu lenken. So verschieden seine Strategien von außen gesehen sein mögen, so einheitlich ist ihr Ziel, die Aufmerksamkeit und Beachtung der Eltern zu erreichen. Die Individualpsychologie leitet darum an, sich von der Vielfalt menschlicher Verhaltensweisen nicht blenden zu lassen, sondern stets die zum »Lebensstil«, zur »Lebenslinie« gehörende subjektive Finalität zu erkennen.

104,23 *das Maß des Gemeinschaftsgefühls:* Das »Maß des Gemeinschaftsgefühls« ist für Adler das wichtigste Kriterium für seelische Gesundheit und Krankheit. Die Individualpsychologie geht bei allen psychischen Störungen von einem Mangel an Gemeinschaftsgefühl aus.

111,2 f. *der stärkste Faktor im seelischen Leben:* Wenn Adler hier vom Unbewussten als »stärkste[m] Faktor im seelischen Leben« spricht, zeigt dies seine Zugehörigkeit zur Tiefenpsychologie, die seit ihren Anfängen mit Freud von der Existenz des Unbewussten ausgeht. Adler war von 1902 bis 1911 Mitglied und Mitbegründer der »Mittwochsgesellschaft«, die Freud im Herbst 1902 ins Leben rief, indem er mit einer Postkarte vier Kollegen einlud, mit ihm über psychoanalytische Fragen zu diskutieren.

113,20 *Dostojewski:* Zur Bedeutung des russischen Dichters Fjodor Dostojewski (1821–1881) für die Individualpsychologie hat sich Adler in seinem Aufsatz »Dostojewski« von 1918 ausführlich und mit Bewunderung geäußert: »So steht *Dostojewski* als Künstler und als Ethiker groß und unerreicht vor unseren Augen« (Adler 1918/2009, S. 110).

134,8–10 *Das spricht aber … in der Vorgeschichte:* Hier zeigt sich Adlers kritische Einstellung zum damals vorherrschenden statischen Begabungsverständnis, das der Vererbung einen aus heutiger Sicht zu großen Wert beimaß. Der Begründer der Individualpsychologie ging von einem dynamischen Verständnis von Begabung aus, das Training, Übung und Förderung der Motivation durch das Elternhaus mitberücksichtigte (vgl. Rüedi 1988, S. 340 f.). Die moderne Erziehungswissenschaft betont im Einklang mit Adler die Abhängigkeit der Begabung von Lern-, Lehr- und Sozialisationsprozessen.

139,31–140,3 *Hinsichtlich des historischen … Erscheinung getreten ist:* Die männliche Vormachtstellung betrachtete Adler nicht als »natürliche Tatsache«, sondern als eine kulturelle Fehlentwicklung. Zur Begründung berief er sich auf das Mutterrecht, das von der modernen Forschung als »Mythos« (van Schaik/Michel 2020, S. 203) bezeichnet wird. Adlers grundsätzliche Einschätzung des Patriarchats als kulturelle Fehlentwicklung mit schädlichen Auswirkungen für beide Geschlechter findet jedoch durch die moderne Forschung unzählige Bestätigungen, zum Beispiel wenn van Schaik und Michel aus evolutionsbiologischer und historischer Sicht schreiben: »Die männliche Vormachtstellung ist nicht der Normalzustand des Homo sapiens, sondern eine kurze Anomalie, ein Irrweg« (ebd., S. 28).

146,3 *mulier est hominis confusio:* Das lateinische Zitat »Die Frau ist die Verwirrung des Mannes« findet sich in der »Erzählung des Nonnenpriesters« aus Chaucers *Canterbury Tales* aus dem 14. Jahrhundert.

157,12 *Türschnalle:* (österr.) Türklinke.

161,25 *Kästen:* (österr.) Schränke.

168,13–19 *Eine Situation … Jüngste usw. ist:* Der Zürcher Psychologe Jürg Frick bezeichnet Adler als »Vater der Geschwisterforschung«, »da er als erster Psychologe begann, sich ausführlicher schon ab Mitte der 1920er Jahre mit den Geschwisterpositionen und deren Einfluss zu beschäftigen« (Frick 2006, S. 17). Frick verweist im Weiteren auf Adlers Schrift *Menschenkenntnis.*

171,17 *Josefslegende:* Altes Testament, 1 Mose 37–50.

174,4 f. *Legende von Esau und Jakob:* Altes Testament, 1 Mose 27.

176,14 *Hereditätslehre depossediert:* Die Lehre von der Vererbung sieht Adler auch hier ›entthront‹, also in Frage gestellt.

178,3–5 *Er wird für … der Fall ist:* Hier zeigt sich wiederum Adlers Vorsicht bei der Beurteilung von Menschen, die sogenannt »schwierig« sind. Der Mensch macht nicht Schwierigkeiten, sondern er hat zuallererst selbst welche, ist »Opfer einer fehlerhaften Entwicklung«.

188,1 *Gemeinschaftsgefühl:* Hier spricht Adler mit dem »Gemeinschaftsgefühl« die individuelle Bereitschaft zur Hilfeleistung an. Zum entwickelten Gemeinschaftsgefühl zählt er weiter die Kompetenz, die eigenen Lebensaufgaben zu lösen, die Fähigkeit zur Einfühlung in andere Menschen und das Empfinden für Recht und Unrecht. Sein Kernbegriff »Gemeinschaftsgefühl« umfasst somit ein weites Feld, was in der Fachliteratur zuweilen zu Kritik geführt hat.

209,1 f. *Wir werden demzufolge … Recht erhalten bleibt:* Adler nannte seine Individualpsychologie eine »Positions-« oder eine »Gebrauchspsychologie«, um den Gegensatz zu einer »Dispositions-« oder »Besitzpsychologie« zu betonen. Es komme nicht so sehr darauf an, was der Mensch von seinen genetischen Anlagen her mitbringe oder besitze, sondern entscheidend sei der Gebrauch, den er in schöpferischer Eigenaktivität vom Vorgegebenen mache.

211,10 f. *Es ist ein ... wir Charakter nennen:* Diese antagonistische Sicht der Charakterentwicklung wird Adler ab 1928 revidieren, wie im Nachwort gezeigt wird.

220,8 *Entwertungstendenz:* »Entwertungstendenz« ist in der Individualpsychologie ein Zeichen für ein labiles Selbstwertgefühl. Der neurotische oder »eitle Mensch« trachte danach, sich selbst zu erhöhen, indem er den anderen herabsetze (vgl. Adler 1912/1997, S. 111). Entwertungstendenzen sind für Adler zugleich ein Hinweis für ein reduziertes Gemeinschafsgefühl.

237,2 *Märchen »Der Essigkrug«:* Das Märchen *Mann und Frau im Essigkrug* stammt, anders als Adler vermutet, nicht von Hans Christian Andersen, sondern aus dem *Deutschen Märchenbuch* von Ludwig Bechstein. Dort erfüllt jedoch ein »Goldvögelchen« die maßlosen Wünsche der Ehefrau. Adler meinte wohl ein anderes Märchen, nämlich *Vom Fischer und seiner Frau* von Philipp Otto Runge (von den Brüdern Grimm in die *Kinder- und Hausmärchen* aufgenommen), wo der Ehemann die Wünsche seiner unzufriedenen Ehefrau einem Fisch überbringt.

244,14 *entthronter König:* Adler legte Gewicht darauf, den Begriff der »Entthronung« in die Fachliteratur eingeführt zu haben: »Bei größerer Kinderzahl findet man den Erstgeborenen in einer einzigartigen Situation, die keines der anderen Kinder erlebt. Er ist eine Zeitlang ein einziges Kind und erfährt Eindrücke wie dieses. Verschiedene Zeit später wird er ›entthront‹. Dieser von mir gewählte Ausdruck gibt den Wechsel der Situation so genau wieder, dass auch spätere Autoren, wenn sie diesem Falle gerecht werden, wie Freud, sich dieses bildlichen Ausdruckes nicht entschlagen können« (Adler 1933/2008, S. 136).

264,26 f. *aus den Tagen des Umsturzes von 1918:* Die Rede ist von Unruhen und Streiks, in denen Arbeiter das Ende des Ersten Weltkriegs und demokratisches Wahlrecht forderten. Am 9. November wurde schließlich in Berlin die Republik ausgerufen, in Wien, nachdem mit der Kriegskapitulation auch das Ende der Habsburgermonarchie besiegelt war, am 12. November die Republik »Deutsch-Österreich«.

266,22 *Aus der Größe … Menschenkenntnis zu gewinnen:* Die Art und Weise der Lösung dieser drei Lebensfragen gibt Adler wichtige diagnostische Hinweise zur seelischen Gesundheit. Seelische Gesundheit ist das psychische Korrelat und bedeutet, dass ein Individuum auf seine soziale Lebenssituation im Sinne des entwickelten Gemeinschaftsgefühls zu antworten vermag. Der Grad an Gemeinschaftsgefühl und Beziehungsfähigkeit charakterisiert den Grad an seelischer Ausgeglichenheit und Gesundheit. Je entwickelter das Gemeinschaftsgefühl eines Menschen ist, desto seelisch gesünder ist er für Adler.

272,7 *Kneipgesellschaft:* alte Bezeichnung für Studentenverbindungen; hier allgemein gebraucht für eine Gruppe von Menschen, die sich regelmäßig in der Kneipe trifft.

315,26 f. *Es gibt wohl … erkennen und auszumerzen:* In der zweiten Auflage der *Menschenkenntnis* von 1928 (S. 224) wird Adler den folgenden Satz hinzufügen: »*Seit der Errichtung unserer Schulberatungsstellen kann dieser Satz nicht mehr aufrechterhalten werden.*« Die erste individualpsychologische »Erziehungsberatungsstelle war bereits 1920 im Anschluss an Adlers Vortragstätigkeit vor Lehrern entstanden« (Bruder-Bezzel 1995, S. 197). In den folgenden Jahren kamen zahlreiche weitere Beratungsstellen hinzu, die allen Lehrerinnen und Lehrern der Stadt Wien offenstanden.

Literaturhinweise

Ausgaben

Adler 1912/1997 Über den nervösen Charakter. Grundzüge einer vergleichenden Individualpsychologie und Psychotherapie. Kommentierte textkritische Ausgabe. Hrsg. von Karl Heinz Witte, Almuth Bruder-Bezzel und Rolf Kühn. Göttingen: Vandenhoeck & Ruprecht 1997.

Adler 1918 Bolschewismus und Seelenkunde. In: Internationale Rundschau 4 (1918) S. 597–600.

Adler 1918/2009 Dostojewski. In: A. A.: Gesellschaft und Kultur (1897–1937). Hrsg. von Almuth Bruder-Bezzel. Göttingen: Vandenhoeck & Ruprecht, 2009. (Studienausgabe. Bd. 7.) S. 101–110.

Adler 1927 Menschenkenntnis. Leipzig: S. Hirzel, 1927.

Adler 1927/2007 Menschenkenntnis (1927). Hrsg. von Jürg Rüedi. Göttingen: Vandenhoeck & Ruprecht, 1927. (Studienausgabe. Bd. 5.)

Adler 1928 Menschenkenntnis. 2., verb. Aufl. Leipzig: S. Hirzel, 1928.

Adler 1929/1981 Neurosen. Fallgeschichten. Zur Diagnose und Behandlung. Hrsg. von Heinz L. Ansbacher und Robert F. Antoch. Aus dem Engl. von Willi Köhler. Frankfurt a. M.: Fischer Taschenbuch Verlag, 1981.

Adler 1930/1974 Die Technik der Individualpsychologie. Bd. 2: Die Seele des schwererziehbaren Schulkindes. Frankfurt a. M.: Fischer Taschenbuch Verlag, 1974.

Adler 1932/1982 Persönlichkeit als geschlossene Einheit. In: Internationale Zeitschrift für Individualpsychologie 10 (1932) S. 81–88. – Nachdr. in: A. A.: Psychotherapie und Erziehung. Ausgewählte Aufsätze. Hrsg. von Heinz L. Ansbacher und Robert F. Antoch. Bd. 2: 1930–1932. Frankfurt a. M.: Fischer Taschenbuch Verlag, 1982. S. 236–247.

Adler 1933/2008 Der Sinn des Lebens (1933). Religion und Individualpsychologie (1933). Hrsg. von Reinhard Brunner und Ronald

Wiegand. Göttingen: Vandenhoeck & Ruprecht, 2008. (Studienausgabe. Bd. 6.)

Adler 1937/2009 Rettung der Menschheit durch Psychologie? In: A. A.: Gesellschaft und Kultur (1897–1937). Hrsg. von Almuth Bruder-Bezzel. Göttingen: Vandenhoeck & Ruprecht, 2009. (Studienausgabe. Bd. 7.) S. 163–168.

Weiterführende Literatur

Ansbacher, Heinz L.: Die Entwicklung des Begriffs »Gemeinschaftsgefühl« bei Adler. In: Zeitschrift für Individualpsychologie 6 (1981) S. 177–194.

– Stichwort »Lebensstil«. In: Wörterbuch der Individualpsychologie. Hrsg. von Reinhard Brunner und Michael Titze. München/Basel: Ernst Reinhardt, 1995. S. 281–291.

– / Ansbacher, Rowena R. (Hrsg.): Alfred Adlers Individualpsychologie. Eine systematische Darstellung seiner Lehre in Auszügen aus seinen Schriften. München: Ernst Reinhardt, 1982.

Antoch, Robert F.: Beziehung und seelische Gesundheit. Frankfurt a. M.: Fischer, 1994.

Bruder-Bezzel, Almuth: Die Geschichte der Individualpsychologie. Frankfurt a. M.: Fischer Taschenbuch Verlag, 1991.

– Stichwort »Geschichte der Individualpsychologie«. In: Wörterbuch der Individualpsychologie. Hrsg. von Reinhard Brunner und Michael Titze. München/Basel: Ernst Reinhardt, 1995. S. 193–204.

– Alfred Adler und der Erste Weltkrieg. In: A. B.-B.: Alfred Adlers Wiener Kreise in Politik, Literatur und Psychoanalyse. Beiträge zur Geschichte der Individualpsychologie. Göttingen: Vandenhoeck & Ruprecht, 2019. S. 85–99.

Caruso, Igor / Englert, Ewald: Sozialpsychologie bei Alfred Adler. In: Ein Österreicher namens Alfred Adler. Seine Individualpsychologie, Rückschau und Ausblick. Hrsg. von Erwin Ringel und Gerhard Brandl. Wien: Österreichischer Bundesverlag für Unterricht, Wissenschaft und Kunst, 1977. S. 76–107.

Ellenberger, Henri F.: Die Entdeckung des Unbewussten. Ins Dt. übertr. von Gudrun Theusner-Stampa. Bd. 2. Bern [u.a.]: Huber, 1973.

Erdmenger, Lothar: Alexandra Adler (1901). Leben und Werk. Inaugural-Dissertation der Medizinischen Fakultät der Universität Köln. 1992

Frick, Jürg: Ich mag dich – du nervst mich! Geschwister und ihre Bedeutung für das Leben. 2., überarb. und erg. Aufl. Bern: Huber, 2006.

Furtmüller, Carl: Denken und Handeln. Schriften zur Psychologie 1905–1950. Von den Anfängen der Psychoanalyse zur Anwendung der Individualpsychologie. Hrsg. von Lux Furtmüller. München: Ernst Reinhardt, 1983.

Hoffman, Edward (1997): Alfred Adler. Ein Leben für die Individualpsychologie. Aus dem Amerik. von Eva Spur. München: Ernst Reinhardt, 1997.

Metzger, Wolfgang: Alfred Adler im deutschen Sprachraum. In: Beiträge zur Individualpsychologie 1 (1978) S. 9–15.

Pinker, Steven: Aufklärung jetzt. Für Vernunft, Wissenschaft, Humanismus und Fortschritt. Eine Verteidigung. Aus dem Engl. von Martina Wiese. Frankfurt a. M.: S. Fischer, 2018.

Rapp, Christian: Alfred Adler – Individuum und Gesellschaft. In: Hannes Leidinger / C. R. / Birgit Mosser-Schuöcker: Freud – Adler – Frankl. Die Wiener Welt der Seelenforschung. Salzburg/ Wien: Residenz Verlag, 2022.

Rattner, Josef: Alfred Adler in Selbstzeugnissen und Bilddokumenten. Reinbek b. Hamburg: Rowohlt, 1972.

Rüedi, Jürg: Die Bedeutung Alfred Adlers für die Pädagogik. Eine historische Aufarbeitung der Individualpsychologie aus pädagogischer Perspektive. Bern: Haupt, 1988.

– Einführung. In: Alfred Adler: Menschenkenntnis (1927). Hrsg. von J. R. Göttingen: Vandenhoeck & Ruprecht, 2007. (Studienausgabe. Bd. 5.) S. 9–22.

Schaik, Carel van / Michel, Kai: Die Wahrheit über Eva. Die Erfindung der Ungleichheit von Frauen und Männern. Hamburg: Rowohlt, 2020.

Schiferer, Rüdiger: Alfred Adler. Eine Bildbiographie. München/Basel: Ernst Reinhardt, 1995.

Seidenfuss, Josef: Stichwort »Gemeinschaftsgefühl«. In: Wörterbuch der Individualpsychologie. Hrsg. von Reinhard Brunner und Michael Titze. München/Basel: Ernst Reinhardt, 1995. S. 185–191.

Sperber, Manès: Alfred Adler oder Das Elend der Psychologie. Wien/München/Zürich: Molden, 1970.

Spiel, Walter: Vom 1. bis zum 5. Lebensjahr. In: Die Psychologie des 20. Jahrhunderts. Bd. 11: Konsequenzen für die Pädagogik. Tl. 1: Entwicklungsmöglichkeiten und erzieherische Modelle. Hrsg. von W. S. Zürich: Kindler, 1980. S. 92–125.

Stahl, Stefanie: Wer wir sind. Wie wir wahrnehmen, fühlen und lieben. Alles, was Sie über Psychologie wissen sollten. München: Kailash, 2022.

Zilahi, Ladislaus: Buchbesprechung zu Alfred Adlers »Menschenkenntnis«. In: Internationale Zeitschrift für Individualpsychologie 5 (1927) S. 154 f.

Nachwort

Menschenkenntnis wurde von allen Werken Alfred Adlers am häufigsten in andere Sprachen übersetzt. 1927 erschien es im Verlag S. Hirzel (Leipzig) erstmals auf Deutsch. Noch im gleichen Jahr kam *Understanding Human Nature* in Amerika heraus, die englische Übersetzung besorgte der Psychiater Walter B. Wolfe. Am 19. Oktober 1927 schrieb Alfred Adler: »Ich darf das baldige Erscheinen einer zweiten Auflage als ein Zeichen ansehen, dass die Öffentlichkeit den Bestrebungen der Individualpsychologie Vertrauen entgegenbringt« (Adler 1928, Vorwort).

Die erwähnte »zweite, verbesserte Auflage« erschien 1928 wiederum im Hirzel Verlag, Leipzig. Übersetzungen ins Dänische (1930), Spanische (1931), Holländische (1932), Griechische (1934), Serbische (1934), Portugiesische (1945), Polnische (1948), Französische (1949), Italienische (1954) und ins Japanische (1957) folgten.

In Amerika wurde Adlers *Menschenkenntnis* zu einem großen Erfolg. Edward Hoffman schreibt zur Anerkennung dieses Buches: »Es war [...] Adlers erste populärwissenschaftliche Publikation in der englischsprachigen Welt; fraglos war es leichter lesbar als die beiden anderen, ›Über den Nervösen Charakter‹ oder ›Praxis und Theorie der Individualpsychologie‹« (Hoffman 1997, S. 242). Die *Menschenkenntnis* erlebte drei Auflagen innerhalb des ersten halben Jahres und wurde »mit mehr als einer Million verkaufter Exemplare ein Longseller« (Rapp 2022, S. 162).[1]

1 Adlers Begriffe fanden Eingang in US-amerikanische Lehrbücher und beeinflussten Autoren wie Dale Carnegie, »dessen Bestseller

In der *Internationalen Zeitschrift für Individualpsychologie* von 1927 beschrieb Ladislaus Zilahi[2] die Vorträge, die dann im Endergebnis zum Werk *Menschenkenntnis* führten, so:

> »Diese Adler-Vorträge im Wiener Volksheim sind berühmt. Im Laufe der letzten Jahre gab es keinen Mittwochabend, an dem der große, 700 Personen fassende Vortragssaal nicht gestürmt und nicht bis zum letzten Plätzchen gefüllt worden wäre. Auf dem Podium, auf den Treppen, um den stehend sprechenden Meister herum saßen auch auf dem Fußboden die Hörer, die in den Bänken keinen Platz mehr erobern konnten. Schon zu Beginn der Vorlesung lagen geschriebene Fragen auf dem Vortragstisch, Fragen ohne Unterschrift, namenlos gestellt, aus allen Weltteilen menschlichen Strebens und Leidens. Adler beantwortete alle Fragen, von den unerschütterlichen wissenschaftlichen Grundlagen der Individualpsychologie ausgehend, sich auf die verschiedensten Beziehungen des menschlichen Seelenlebens verbreitend, immer ernst und dennoch immer heiter, mit tiefer Mitempfindung und hilfsbereit.« (Zilahi 1927, S. 154 f.)

Ziel der *Menschenkenntnis* war es, die wissenschaftlichen Grundlagen der Individualpsychologie über Wien und Eu-

›How to win friends …‹ (1936) von Adlers Ideen inspiriert war« (Rapp 2022, S. 163).

2 Der Jurist und Individualpsychologe Dr. Ladislaus Zilahi war Schriftleiter der *Internationalen Zeitschrift für Individualpsychologie*.

ropa hinaus zu verbreiten. Adlers Vorgehen, Zuhörerinnen und Zuhörer durch persönliche Fragen einzubeziehen, war für die damalige Zeit etwas Neues. Der Begründer der Individualpsychologie wollte die Menschen persönlich ansprechen und ihnen bei der Lösung ihrer Lebensfragen helfen. Er wollte keine voreiligen Ratschläge geben, sondern Menschenkenntnis, also Psychologie, vermitteln.

Wie kam der 57-jährige Arzt aus Wien dazu? Zur Beantwortung dieser Frage ist es sinnvoll, einen Blick auf Adlers Biographie zu werfen.

Zum Leben Alfred Adlers

Alfred Adler wurde am 7. Februar 1870 in Wien geboren und absolvierte an der dortigen Universität ein Medizinstudium, das er 1895 abschloss. Seine erste Schrift, das *Gesundheitsbuch für das Schneidergewerbe,* erschien bereits 1898. Darin zeigte er ein großes Interesse an sozialmedizinischen und gesellschaftspolitischen Zusammenhängen. In den folgenden Jahren gehörte Adler zu den Mitbegründern der Freud'schen »Mittwochs-Gesellschaft« und zählte zu den wichtigsten Diskutanten in diesem Kreis (vgl. Bruder-Bezzel 1991, S. 19). 1911 kam es zum Bruch zwischen Freud und Adler, der in der Folge den »Verein für freie psychoanalytische Forschung« gründete. Einerseits wies Adler so auf seine psychoanalytische Herkunft hin, das Ziel der »Pflege der psychoanalytischen Forschung« wurde in den Statuten festgehalten (vgl. Schiferer 1995, S. 86). Andrerseits drückte er aus, wie wichtig ihm die Freiheit der Forschung war. Am 27. September 1913 erfolgte die Namensänderung in »Verein für Individualpsychologie«. Individuum ist das lateinische Wort für ›das Unteilbare‹. Mit dem Begriff der »Individualpsychologie« verfolgte Adler also zwei Ziele. Erstens wollte er der in seinen Augen analytisch-zerlegenden Denkweise Freuds den Ganzheitsgedanken entgegensetzen, die Psychologie des unteilbaren Menschen, des Individuums, das in die Zukunft strebt, ohne sich in verschiedene Instanzen wie Ich oder Es unterteilen zu lassen. Zweitens wollte Adler die Einzigartigkeit und die Unverwechselbarkeit jedes Individuums betonen. Ein erstes Fundament für seine Individualpsychologie legte er mit der Schrift *Über den nervösen Charakter* von 1912. Den Begriff »Individualpsychologie« begründete er dort im Vorwort mit der planvoll gerichteten Einheitlichkeit der menschlichen Persönlichkeit: »Die vergleichende Individualpsychologie erblickt in jedem psychischen Geschehen den Abdruck, sozusagen ein Symbol des einheitlich gerichteten Lebensplanes, der in der Psychologie der Neurosen und Psychosen nur deutlicher zutage tritt« (Adler 1912/1997, S. 29).

Die Jahre während des Ersten Weltkriegs von 1914 bis 1918 wurden für Adler zu einer Zeit des grundsätzlichen Weiterdenkens. Mit den Worten Carl Furtmüllers (1983, S. 260): »Während des Krieges entdeckte Adler die grundlegende und entscheidende Bedeutung des Gemeinschaftsgefühls«.

Diese Aussage ist wichtig, um Adlers weiteren Weg zur Psychologie zu verstehen: Die schrecklichen Ereignisse des Ersten Weltkrieges sowie die Gewalt der radikalen revolutionären Bolschewiki in Russland zeigten ihm die Gefahren auf, welche die Menschen bedrohten, solange sie an die Wirksamkeit und Legitimität der Machtanwendung glaubten. Erst von neuen Menschen mit Gemeinschaftsgefühl und Menschenkenntnis – heute würden wir von Sozial- und Selbstkompetenzen sprechen – erhoffte sich der dem Sozialismus nahestehende Adler eine friedliche Verbesserung des sozialen Zusammenlebens. Die Gewaltherrschaft des Bolschewismus verurteilte er bereits 1918 in seinem Aufsatz »Bolschewismus und Seelenkunde«, indem er auf die Aussichts- und Sinnlosigkeit aller Machtanwendung hinwies:

> »Die Bolschewiken müssen mit neuen Verstärkungen ihrer Machtpositionen antworten. Wer noch nicht dem Machtrausch erlegen ist, halte sich an die Frage, ob je auf diesem Wege die Einigung der Menschheit, die Stärkung des Gemeinschaftsgefühls zu erwarten ist.
>
> Wir sehen ehemalige Freunde, alte, wackere Weggenossen in schwindliger Höhe. Verführt vom Machttrieb, wecken sie allenthalben das Verlangen nach Gewalt. Hier gibt es keinen Abbau, nur weitere Steigerungen, wie immer, wenn die Macht das entscheidende Wort sprechen soll. Wenn es Mittel gibt, sie zurückzurufen, dann kann es nur die Erinnerung sein an das Wunder der Gemeinschaftsgefühle, das wir zu wirken haben, das nie durch Anwendung der Macht gelingt.
>
> Für uns andere aber ergeben sich Weg und Taktik aus unserem obersten Ziel: der Pflege und Verstärkung der Gemeinschaftsgefühle.« (Adler 1918, S. 600.)

Die wichtigsten Grundanliegen wurden für Adler die »Pflege«, die »Verstärkung« und Förderung der »Gemeinschaftsgefühle« sowie die Verbreitung der Menschenkenntnis, der

Psychologie, um »zu einem besseren und glücklicheren Zusammenleben der Menschen beizutragen. Adlers gesamtes weiteres Forschen und pädagogisches Wirken kann grundsätzlich in diesem optimistischen Sinne aufgefasst werden« (Rüedi 1988, S. 71).

Die theoretische Konsequenz von Adlers Wandlung im Ersten Weltkrieg fasst der Schweizer Psychiater Ellenberger folgendermaßen zusammen:

»Nach dem Ersten Weltkrieg überdachte Alfred Adler sein psychologisches System noch einmal und formulierte es neu. Der Begriff des ›Gemeinschaftsgefühls‹, der in seiner früheren Neurosenlehre implizit enthalten gewesen war, wurde nun mit diesem Ausdruck bezeichnet und in den Vordergrund gestellt. 1927 erklärte Adler sein neues System in dem klarsten und systematischsten seiner Bücher: Menschenkenntnis […].« (Ellenberger 1973, S. 819.)

Menschenkenntnis gliedert sich in zwei Hauptteile, in einen »allgemeinen«, (anthropologischen) Teil und in einen persönlichkeitspsychologischen Teil, in die »Lehre vom Charakter«.

Adlers Anthropologie

Seit Jahrhunderten versuchen die Menschen, ihr eigenes Handeln, Tun und Lassen zu ergründen sowie Beweggründe und Ziele ihrer Mitmenschen zu verstehen und richtig einzuschätzen. Schon die alten Griechen suchten nach Zusammenhängen zwischen Körpersäften und dem menschlichen Charakter. So folgte Galenos von Pergamon (um 130–200 n.u.Z.) den Vorstellungen der Hippokratiker, schrieb die Lehre der Humoralpathologie in systematischer Form nieder und verband die vier Säfte Blut, gelbe Galle, schwarze Galle und Schleim und deren Zusammensetzungen mit menschlichen Persönlichkeitszügen. Daher leiteten sich die Namen der vier Temperamente »Sanguiniker«, »Phlegmatiker«, »Melancholiker« und »Choleriker« aus den griechischen Wörtern für diese vier Körperflüssigkeiten ab. Heute schmunzeln wir über diese frühen Versuche zum Verstehen der menschlichen Persönlichkeit, weil wir wissen, dass alles viel komplizierter ist. Diese Anfänge der Beobachtung von Gesetzmäßigkeiten in der Natur und die Herstellung eines Bezugs zu Gesundheit und Krankheit des Menschen stellen jedoch historisch gesehen einen wesentlichen Fortschritt gegenüber jenen früheren Ansichten dar, die Gesundheit und Charakter des Menschen als allein von den Göttern bestimmt gesehen hatten.

Alfred Ader behandelt die vier Temperamente im zweiten Teil der *Menschenkenntnis*, dort in Kapitel 5 »Temperamente und innere Sekretion«, ohne sich diesen Vorstellungen der alten Griechen anzuschließen. Er knüpfte vielmehr an jene Philosophen und Dichterinnen an, die mit intuitiver Gabe Gesamtbilder von Individuen gezeichnet hatten, indem sie deren Auseinandersetzung mit Schicksalsschlägen oder sonstigen Hürden im Leben beschrieben hatten:

> »An diese Tradition der intuitiven Erfassung des Menschen wollte Adler mit seiner Schrift ›Menschenkenntnis‹ anknüpfen, in diesem Sinne bezog er sich zum Bei-

> spiel auf Dostojewski oder La Rochefoucauld. Allerdings glaubte er zuerst eine wissenschaftliche Grundlage schaffen zu müssen, weil die intuitive Menschenerfassung noch keine wissenschaftliche Tradition besitze, sondern sich noch in demselben Zustand befinde wie etwa die Chemie, als sie noch Alchemie war. Die Individualpsychologie als Wissenschaft sollte fortsetzen und vollenden, was Philosophen und Philosophinnen, Dichterinnen und Dichter vorausahnend und intuitiv beschrieben hatten.
>
> Eine Tradition der wissenschaftlichen Menschenkenntnis zu begründen ist deshalb Adlers Grundanliegen, das ihn durch das ganze Werk leitet. Ausführlicher als in verschiedenen anderen Werken oder Aufsätzen klärt er hier die anthropologischen Voraussetzungen der Individualpsychologie. Er ordnet das Psychische in die Evolution ein und spricht von der Psyche als einem Lebenserhaltungs- und Steuerungsorgan, das sich im Überlebensprozess der Menschheit bewährt habe. (Rüedi 2007, S. 13 f.)

Diese Einordnung des Psychischen in die Evolutionstheorie ist für Alfred Adler wichtig, auch wenn er sie nicht in allen weiteren Werken nach 1927 wiederholen wird. In seinem Spätwerk *Der Sinn des Lebens* von 1933 wird er auf die Bedeutung der Evolution zurückkommen (vgl. Anm. zu 33,20 und 52,1–7). In den ersten beiden Kapiteln der *Menschenkenntnis* beschreibt er den Begriff, die Voraussetzungen und die psychischen Funktionen, die immer Ziele wie Abwehr, Sicherung oder Schutz ermöglichen: Der Mensch macht und unternimmt nichts, ohne dass ihm dabei ein Ziel der

Überwindung oder Selbsterhaltung vorschwebt. Wie das Individuum jeweils mit seiner einzigartigen Persönlichkeit dieses Ziel verfolgt, wie diese Strebung in der Kindheit entsteht, welche Rolle dabei dem »Minderwertigkeitsgefühl« zukommt: Diese Fragen stehen im Zentrum der Individualpsychologie. Zögernd oder mutig, aktiv oder passiv, wortreich oder kurz und bündig: Mit ganz unterschiedlichen Strategien strebt der Mensch nach Durchsetzung und Geltung. Die von außen gesehen große Unterschiedlichkeit und Variabilität der Handlungsweisen dürfen jedoch nicht darüber hinwegtäuschen, dass es dabei immer um soziale Beachtung, Anerkennung und um Aufrechterhaltung des eigenen Selbstwertgefühls geht. Für das Verständnis menschlicher Charakterzüge ist dies ein wichtiger Hinweis, der die Leserin und den Leser begleiten soll. Vorerst ist Adler am Ende des zweiten Kapitels wichtig, das »Gemeinschaftsgefühl« einzuführen, das einen Rahmen abgibt, um die Entwicklung menschlicher Kulturen ebenso wie der einzelnen Persönlichkeit zu beurteilen. Mit Adlers eigenen Worten:

> »Was wir *Gerechtigkeit* nennen, was wir als die Lichtseite des menschlichen Charakters betrachten, ist im Wesentlichen nichts anderes als Erfüllung von Forderungen, die aus dem gemeinsamen Leben der Menschen erflossen sind. Sie sind es, die das seelische Organ geformt haben. So kommt es, dass Verlässlichkeit, Treue, Offenheit, Wahrheitsliebe u. dgl. eigentlich Forderungen sind, die durch ein allgemein gültiges Prinzip der Gemeinschaft aufgestellt und gehalten werden. Was wir einen guten oder schlechten Charakter nennen, kann nur vom Standpunkt der Gemeinschaft aus beurteilt werden.« (S. 37)

In den Jahren 1927 bis 1937 wird der Begründer der Individualpsychologie das Konzept »Gemeinschaftsgefühl« Schritt um Schritt ausbauen und immer stärker gewichten. Josef Seidenfuss schreibt in diesem Zusammenhang:

> »Das Maß an Gemeinschaftsgefühl wird in Adlers Spätschriften zum wichtigsten Kriterium *psychischer* Gesundheit (> Normalität). Mangelndes Rechnen mit der Tatsache der Zusammengehörigkeit, fehlende Einfühlung und Kooperation verstärken private Minderwertigkeitsgefühle angesichts eines Lebens, das nur gemeinsam bewältigt werden kann; fehlende allgemeine Nützlichkeit vermittelt das Gefühl, wertlos zu sein: Gemeinschaftsgefühl und *Selbstwertgefühl* bedingen einander. Einfühlung, Kooperation und Ausrichtung auf ein größeres Ganzes samt zweckmäßiger Beiträge zu demselben machen auch den *Sinn des Lebens* aus. Und schließlich wird für Adler Gemeinschaftsgefühl auch zum Moral begründenden *Ethos* (> Gewissen): Der nützliche Mensch ist auch der gute Mensch (Adler 1935) […]. So wird die Entwicklung des Gemeinschaftsgefühls als angeborener Möglichkeit im Sinne der vier skizzierten Aspekte zum zentralen Thema individualpsychologischer Erziehung, Beratung und Psychotherapie […].« (Seidenfuss 1995, S. 191.)

Im zweiten Hauptteil der *Menschenkenntnis*, in der »Lehre vom Charakter«, wird Adler das Gemeinschaftsgefühl aufgreifen und für die Entwicklung des Charakters mitverantwortlich machen. In den Kapiteln 3 bis 8 des ersten Hauptteils beschäftigt er sich damit, wie das Kind mit den Eindrücken der Außenwelt und seinem »Minderwertigkeitsgefühl« umgeht. Der Begriff »Minderwertigkeitsgefühl« wurde mit der Zeit beinahe zu einem Synonym für die Adler'sche Lehre, wurde jedoch schon früher von Dichtern und Philosophen wie Stendhal (1783–1842) und Fjodor Dostojewski (1821–1881) verwendet. Der 1859 in Paris geborene Psychiater und Psychotherapeut Pierre Janet sprach vom »sentiment d'incomplétude« (»Gefühl der Unvollständigkeit«). Adler verwendete den Begriff »Minderwertigkeitsgefühl«, um die Bedeutung der subjektiven Einstellung zu betonen. Schon 1910 schrieb er, die Erziehung müsse dem Kind die Möglichkeit nehmen, ein Gefühl der Minderwertigkeit aufkommen zu lassen (vgl. Rüedi 1988, S. 30–32).

Im fünften Kapitel der *Menschenkenntnis* stellt Adler eine weitere Bedeutungsvariante des Minderwertigkeitsgefühls dar. Wenn man die Abhängigkeit und Kleinheit des Kindes dem Leben gegenüber ins Auge fasse, so dränge sich die Annahme auf,

> »dass am Beginn jedes seelischen Lebens ein mehr oder weniger tiefes *Minderwertigkeitsgefühl* steht. Dies ist die treibende Kraft, der Punkt, von dem alle Bestrebungen des Kindes ausgehen und sich entwickeln, sich ein Ziel zu setzen, von dem es alle Beruhigung und Sicherstellung seines Lebens für die Zukunft erwartet und einen Weg einzuschlagen, der ihm zur Erreichung dieses Zieles geeignet erscheint.« (S. 78)

Ein primäres Minderwertigkeitsgefühl als Motor zur psychischen Entwicklung? Braucht der Mensch einen solchen Antrieb, um erwachsen zu werden? Die spätere Fachliteratur wird diese Position Adlers später kritisch diskutieren (vgl. Rüedi 1988, S. 336–338). Er selber wird zeit seines Lebens an dieser Aussage festhalten und 1933 die bekannte Formel prägen: »Ich habe vor langer Zeit hervorgehoben, dass Menschsein heißt, sich minderwertig fühlen« (Adler 1933/2008, S. 67).

Den »Minderwertigkeitskomplex« verwendet er dann, wenn es sich um eine stärkere Variante, um ein dauerhaftes Verharren im Gefühl der Minderwertigkeit handelt. Wir stoßen hier auf das bei Adler häufige Phänomen, dass er mit einem Begriff verschiedene Sachverhalte angesprochen hat. Er vermied es, komplizierte Fachbegriffe neu zu prägen, und verwendete oft – wenn möglich – bereits bestehende Begriffe aus dem Alltag oder – wie hier beim Minderwertigkeitsgefühl – aus der Dichtkunst oder der Philosophie. Mit »Minderwertigkeitsgefühl« bezeichnete er einerseits einen positiv einzuschätzenden Antrieb des Kindes zum seelischen Wachstum. Andererseits verwendete er diesen Begriff für die Verstärkung kindlicher Insuffizienzgefühle, die durch Erziehungsfehler wie Härte, Strenge, Bevorzugung, Vergleichen, Vernachlässigung oder Verwöhnung zustande gekommen waren.

In der Sekundärliteratur ist später der Vorschlag gemacht worden, zwei Arten von Minderwertigkeitsgefühlen zu unterscheiden: ein primäres Minderwertigkeitsgefühl im Sinne eines anthropologischen Antriebs und ein sekundäres Minderwertigkeitsgefühl, das in der Kindheit erworben worden ist. Sicher bleibt es – so drückte dies der Wiener Professor für Kinder- und Jugendpsychiatrie Walter Spiel aus –

»das unbestrittene Verdienst der Individualpsychologie Alfred Adlers, auf die besondere Daseins- und Lebenssituation des ›Kind-Seins‹ und deren Bedeutung hingewiesen zu haben. [...], das Konstrukt der Minderwertigkeitsgefühle und deren Kompensation hat unendlich viel zum Verständnis kindlichen Verhaltens beigetragen [...].« (Spiel 1980, S. 108 f.)

Adler und der Feminismus

Wenn man unter »Feminismus« den Kampf für die Gleichstellung aller Menschen sowie den Kampf gegen Sexismus und gegen die Diskriminierung von Frauen versteht, war Alfred Adler einer seiner Pioniere.

In diese Richtung weist zum Beispiel die Einschätzung von Wolfgang Metzger, der bis zu seiner Emeritierung 1968 Professor für Psychologie an der Westfälischen Wilhelms-Universität Münster war. Er schrieb 1978: »Adler war wohl das erste männliche Wesen, das damals den Vorrang der Männer und die Herabsetzung der Frauen als den ›Krebsschaden unserer Kultur‹ und als ›eine der tiefsten Wunden unseres Gesellschaftslebens‹ bezeichnete« (Metzger 1978, S. 13).

Und Igor Caruso und Ewald Englert meinten 1977:

»Dass die sozialpsychologischen Überlegungen Adlers verdienen, sich mit ihnen auseinanderzusetzen, hat seine Ursache darin, dass sie eine eminent praktische Bedeutung hatten – und wie zu zeigen sein wird, noch heute haben. Beispielhaft dafür sind seine Äußerungen zur

> Frauenfrage. Und obwohl seine Analyse dazu ein halbes Jahrhundert zurückliegt, hat sie nichts von ihrer Aktualität eingebüßt. Zwar ist die Emanzipation der Frau das beherrschende Thema unseres Jahrhunderts, jedoch ist eine Lösung der damit einhergehenden Probleme einer Praxis der Veränderung unseres Erachtens heute so entfernt wie zu jener Zeit, da Adler sich mit dieser Frage auseinandersetzte […].« (Caruso/Englert 1977, S. 80 f.)

Wie weit die Emanzipation der Frau vorangeschritten ist oder eben nicht, darüber gehen die Ansichten wohl auseinander. Der 1954 geborene US-amerikanisch-kanadische Psychologe Steven Pinker betont die erreichten Fortschritte und meint:

> »Noch zu Zeiten meiner Kindheit durften amerikanische Frauen in den meisten Bundesstaaten auf ihren Namen kein Darlehen aufnehmen oder eine Kreditkarte benutzen, mussten in den unterteilten Stellenannoncen in der Spalte weiblich nach einem Jobangebot suchen und konnten ihren Ehemann nicht wegen Vergewaltigung anzeigen. Heute machen Frauen 47 % der Arbeitskräfte und die Mehrheit der Studierenden aus […].« (Pinker 2018, S. 283.)

Diese von Pinker angesprochenen Fortschritte sowie viele weitere Verbesserungen der Situation der Frau sind Tatsachen. Gerade ein Blick in Adlers *Menschenkenntnis* von 1927 zeigt jedoch, wie vieles noch im Argen liegt. Dort schreibt der Begründer der Individualpsychologie:

»Es ist ein fortwährendes Ringen um die persönliche Überlegenheit, weil es als männlich gilt, überlegen zu sein. Auf diese Weise wird der Knabe Züge annehmen, für die er die Vorbilder natürlich nur bei erwachsenen Männern, vor allem beim Vater, entlehnen kann. Überall kann man die Spuren dieses künstlich gezüchteten Größenwahns verfolgen. Der Knabe wird frühzeitig verleitet darauf auszugehen, sich Übermaß an Macht und Privilegien zu sichern. Diese bedeuten ihm so viel wie ›Männlichkeit‹. Sie artet in schlimmen Fällen oft zu den bekannten Erscheinungen von Rohheit und Brutalität aus.« (S. 144)

Zahlreiche Rohheiten betreffen heute immer noch mehr Frauen als Männer; Frauen tragen zum Beispiel ein höheres Risiko, durch einen Intimpartner getötet zu werden.[3] Als Ursache für die weit verbreitete Gewalt von Intimpartnern gegen Frauen und Mädchen gelten weithin akzeptierte geschlechtsspezifische Normen über männliche Autorität in der Gesellschaft, Normen, vor deren Folgen Adler schon vor bald 100 Jahren warnte, als er die »bekannten Erscheinungen von Rohheit und Brutalität« (ebd.) ansprach.

3 In der Fachwelt wird dafür seit den 1990er Jahren der Begriff »Femizid« verwendet. Femizid meint die Tötung einer Frau, weil sie eine Frau ist. So die bekannte Definition der US-Soziologin und Feministin Diana E. H. Russell von 1976. Weltweit werden zwar viel mehr Männer ermordet als Frauen, jedoch sind bei den Morden durch einen Intimpartner oder die Familie fast zwei Drittel der Opfer Frauen.

»Charakterlehre«

Der Arzt, Psychotherapeut und Autor Josef Rattner (1928–2022) fasst den zweiten Teil des Buches *Menschenkenntnis* so zusammen:

> »Besonders eindrucksvoll ist die in diesem Buch enthaltene ›Charakterlehre‹. Aus seiner reichen praktischen Erfahrung schildert der große Seelenarzt die Charakterzüge der Menschen, deren Ursprung in der Kindheit zu suchen ist, die spätere Dynamik angesichts der drängenden Lebensfragen, die Techniken des Ausweichens, der Überheblichkeit und der sozialen Einfügung. Lesenswert sind auch Adlers Beschreibungen von Eitelkeit, Ehrgeiz, Eifersucht, Neid, Geiz, Hass, Zurückgezogenheit, Angst, Zaghaftigkeit, Prinzipienhaftigkeit und Pedanterie, Unterwürfigkeit, Stimmungslabilität, Zorn, Trauer, Ekel, Freude, Mitleid und Scham: in diesen Darstellungen verbindet der Schriftsteller Adler die Klarheit der französischen Moralisten mit der epischen Kraft eines Dostojevskij[4] und dem entlarvenden Scharfsinn eines Nietzsche […].« (Rattner 1972, S. 93.)

Um menschliche Charakterzüge zu verstehen, greift Adler auf den Begriff »Finalität« zurück: Jeder Charakterzug zeichne sich durch eine subjektive Zielorientierung des jeweiligen Individuums aus. Charakterzüge sind für Adler zielgerichtete Mittel, um die eigene Persönlichkeit zur Geltung zu

4 Dem russischen Dichter Dostojewski widmete Adler 1918 einen eigenen Aufsatz, siehe Adler 1918/2009, S. 101–110.

bringen. Der eitle Mensch zum Beispiel beschäftige sich (zu) oft mit der Frage, was die anderen Menschen von ihm denken, er möchte einen exzellenten Eindruck machen, sein bewusstes oder unbewusstes Ziel motiviere ihn, sich so zu verhalten. Adler spricht beim Eitlen von einer erhöhten Spannung, »die bewirkt, dass der Mensch das Ziel der Macht und Überlegenheit deutlicher ins Auge fasst und ihm mit verstärkten Bewegungen näherzukommen trachtet« (S. 211).

Gleichzeitig zieht er in Betracht, dass der eitle Mensch eine *»geringe Selbsteinschätzung* hat, von der er meist selbst nichts weiß« (S. 217). Ursachen und Hintergrund dafür können zum Beispiel eine mangelhafte Erziehung oder eine unglückliche Vorbildwirkung von hochnäsigen, sich über die Mitmenschen stellenden Eltern sein. Um eitle Menschen zu verstehen, nimmt Adler somit die kausale, ursachenorientierte Perspektive ebenso zu Hilfe wie die finale, zielgerichtete. Zeitweise hat Adler die Zielgerichtetheit des menschlichen Fühlens und Denkens bewusst betont, um sich von Freud, der die Kausalität stark gewichtete, abzugrenzen.

Aus heutiger Sicht ist bei Adlers Betonung der Zielgerichtetheit (Finalität) wohl zu berücksichtigen, dass er sich auch dabei – wie schon bei der Namensgebung seines »Vereins für Individualpsychologie« – gegenüber seinem Kontrahenten Sigmund Freud abgrenzen wollte. Almuth Bruder-Bezzel meint darum:

> »Wir sollten die Zuspitzungen des Subjektiven und des Finalen in Adlers Formulierungen vor allem als Formulierung einer Gegenposition zu Freud, nicht eigentlich im wortwörtlichen Sinn verstehen – als solche haben sie

> zu Missverständnissen und Fehlinterpretationen geführt.« (Bruder-Bezzel 1991, S. 23.)

Wenn wir analysieren, wie Adler die Entstehung von Charakterzügen in der *Menschenkenntnis* beschreibt, kommen wir zum Schluss, dass er finale wie kausale Zusammenhänge berücksichtigt und einbezieht. Pessimisten werden zum Beispiel jene Menschen,

> »die aus den Erlebnissen und Eindrücken der Kindheit ein Minderwertigkeitsgefühl bezogen haben, denen durch allerhand Schwierigkeiten die Empfindung nahegelegt wurde, dass das Leben nicht leicht ist. Einmal im Bannkreis einer durch unrichtige Behandlung genährten pessimistischen Weltanschauung, wird ihr Blick immer auf die Schattenseiten des Lebens fallen.« (S. 194)

Zugleich verfolgen sie mit ihrem Pessimismus das Ziel, sich mit größerer Vorsicht und Wachsamkeit gegenüber den Gefahren des Lebens zu wappnen: »Es ist, wie wenn diese Menschen fortwährend auf der Wacht wären, um sich vor den Feindseligkeiten des Lebens besser zu schützen« (ebd.).

Die Vererbung der Charakterzüge weist Adler zurück, entscheidend seien die Erlebnisse und Eindrücke des Kindes, wie es mit seinen Minderwertigkeitsgefühlen umgehe, von welchem subjektiven Ziel es sich die Überwindung und Befreiung erhoffe, welchen Gebrauch es von dem mache, was ihm vom Leben zugemutet würde.

»Macht« und »Machtstreben« bei Alfred Adler

Mit seinem ersten Hauptwerk *Über den nervösen Charakter* begründete Alfred Adler 1912 die Individualpsychologie, danach folgten Schritt um Schritt die nächsten Veröffentlichungen. Neue Theoriebausteine wie das »Gemeinschaftsgefühl« kamen dazu, andere wie die »Organminderwertigkeit« verloren an Bedeutung oder wurden relativiert. Bei den Themen »Macht« und »Machtstreben« setzte der Begründer der Individualpsychologie ab 1912 verschiedene Akzente, so dass sich ein vertiefter Blick in die Entwicklung dieses wichtigen Theoriebausteins lohnt.

1912 dachte Adler beim Machtstreben an neurotische Individuen, die jede zukünftige Erniedrigung ausschalten wollen und darum »mit besonderer Macht« die »Erhöhung des Persönlichkeitsgefühls« (Adler 1912/1997, S. 72) erstreben. Hier ist das Streben nach Macht Folge einer krankhaften Entwicklung, der eine Organminderwertigkeit oder ein vertieftes Minderwertigkeitsgefühl zugrunde liegen. Adler verstand das Machtstreben 1912 als Sekundärphänomen, als Folge einer zu kompensierenden Minderwertigkeit. Je stärker das Minderwertigkeitsgefühl in der Kindheit geworden sei, desto heftiger falle später die Kompensation, ja Überkompensation aus.

Nach dem Ersten Weltkrieg, im Jahr 1918, brachte Adler das Machtstreben in einen Zusammenhang mit der Russischen Revolution, er wurde zum frühen Kritiker der Bolschewiki:

> »Wir sehen ehemalige Freunde, alte, wackere Weggenossen, in schwindliger Höhe. Verführt vom Machttrieb,

> wecken sie allenthalben das Verlangen nach Gewalt. [...] Für uns andere aber ergeben sich Weg und Taktik aus unserem obersten Ziel: der Pflege und Verstärkung der Gemeinschaftsgefühle.« (Adler 1918, S. 600.)

Das Machtstreben sah er 1918 eindeutig als Folge spezifischer Sozialisationsbedingungen, die moderne Seelenkunde habe gezeigt,

> »dass die Züge von Herrschsucht, Ehrgeiz und Machtstreben über den anderen samt ihrer Fülle von hässlichen Begleiterscheinungen nicht angeboren und unabänderlich sind. Sie werden vielmehr dem Kinde frühzeitig eingeimpft, das Kind empfängt sie willenlos aus einer Atmosphäre, die vom Machtkitzel getränkt ist. In unserem Blute liegt noch die Sehnsucht nach dem Machtrausch, und unsere Seelen sind Spielbälle der Herrschsucht. Eins kann uns retten: das Misstrauen gegen jede Vormacht. Unsere Stärke liegt in der Überzeugung, in der organisierenden Kraft, in der Weltanschauung, nicht in der Gewalt der Waffen und nicht in Ausnahmegesetzen. Mit solchen Mitteln haben auch schon andere, starke Kräfte vergeblich um ihren Bestand gekämpft.« (Ebd.)

In diesem bis heute sehr aktuellen Zitat spricht Adler als Zeitgenosse des Ersten Weltkriegs, der als Militärarzt unter seinen Aufgaben gelitten und sich vom Kriegsbefürworter von 1914 zum Pazifisten von 1918 gewandelt hatte (vgl. Bruder-Bezzel 2019, S. 85–99).

In den folgenden Jahren von 1919 bis 1926 entwickelte Adler sein lösungsorientiertes Konzept weiter, durch Pflege, Verstärkung und Förderung des Gemeinschaftsgefühls zu einem besseren und glücklicheren Zusammenleben der Menschen beizutragen. Er hielt Vorträge im Volksheim Wien, mit »ständig wachsenden Zuhörerzahlen« (Schiferer 1995, S. 128) und fasste diese Vorlesungen dank der Hilfe eines mitschreibenden Hörers namens Broser in seinem umfangreichen Hauptwerk *Menschenkenntnis* von 1927 zusammen.

Dort finden sich viele Aussagen zu den Stichworten »Macht« und »Machtstreben«. Zur Genese des »Strebens nach Macht« meinte Adler im Kapitel V:

> »Ist nun das Minderwertigkeitsgefühl besonders drückend, dann besteht die Gefahr, dass das Kind in seiner Angst, für sein zukünftiges Leben zu kurz zu kommen, sich mit dem bloßen Ausgleich nicht zufriedengibt und zu weit greift (*Überkompensation*). Das Streben nach Macht und Überlegenheit wird überspitzt und ins Krankhafte gesteigert. Solchen Kindern werden die gewöhnlichen Beziehungen ihres Lebens nicht genügen. Sie werden, ihrem hochgesteckten Ziel entsprechend, zu großen, auffallenden Bewegungen ausholen. Mit einer besonderen Hast, mit starken Impulsen, die weit über das gewöhnliche Maß hinausgehen, ohne Rücksicht auf ihre Umgebung, suchen sie ihre eigene Position sicherzustellen. Auf diese Weise werden sie auffallend, greifen störend in das Leben anderer ein und nötigen sie naturgemäß, sich zur Wehr zu setzen. Sie sind gegen alle und alle gegen sie.« (S. 85)

Hier ist das Streben nach Macht kompensatorisch zu verstehen, als Folge eines besonders bedrückenden Minderwertigkeitsgefühls. Andere Stellen in der *Menschenkenntnis* legen jedoch nahe, das Streben nach Macht als eine anthropologische Grundkonstante aufzufassen, zum Beispiel wenn Adler schreibt,

> »dass die Unterschiede unter Menschen bedingt sind durch die Größe des Gemeinschaftsgefühls und des Strebens nach Macht, welche Faktoren sich gegenseitig beeinflussen. Es ist ein Kräftespiel, dessen äußere Erscheinungsform das ist, was wir Charakter nennen.« (S. 211)

Adler beschreibt »Charakter« hier als ein Zusammenspiel von Gemeinschaftsgefühl und Machtstreben. Hier stellen sich die folgenden zwei Fragen: Sind Machtstreben und Gemeinschaftsgefühl gleichwertige Bausteine der individualpsychologischen Theorie? Ist die Individualpsychologie die Lehre von Gemeinschaftsgefühl und Machtstreben? Es kann vermutet werden, dass Adler auf die Gefahren dieser Interpretationsmöglichkeit aufmerksam geworden ist. Ab 1928 verwendet er bewusst die neuen Begriffe »Streben nach Überwindung« und »Streben nach Vollkommenheit«, um die vorherrschenden dynamischen Kräfte der menschlichen Entwicklung zu beschreiben. Er rückt von der antagonistischen Sicht bei der Charakterentwicklung ab und bezeichnet das Streben nach Macht als eine der möglichen Konkretisierungen des »Strebens nach Vollkommenheit«. Das »Machtstreben« wird damit untergeordnet. Für die Zeit bis 1927 spricht Heinz L. Ansbacher darum von einem »eigentlich antithetische[n] Charakter des Gemeinschaftsgefühls« (Ansbacher 1981, S. 185). Für die Zeit nach 1928 konstatiert er jedoch eine »Vereinbarkeit mit der holistischen Theorie« (ebd., S. 187). Adler erkennt nun im »Machtstreben« keinen antagonistischen Grundfaktor der Charakterentwicklung mehr, der im Widerspruch zum Gemeinschaftsgefühl stünde, sondern das »Machtstreben« stellt nur eine der vielen möglichen Formen des Strebens nach Vollkommenheit dar.

Typisch für diese Zeit ist die folgende Abgrenzung Adlers:

> »Wir bleiben mit Vorliebe bei dem allgemeinen Ausdruck: Überwindung. Hier setzt das Missverständnis ein, als ob die Individualpsychologie das Seelenleben nicht nur auffasst als ein Streben nach Macht, als ob sie es auch propagieren würde. Dieses Streben nach Macht ist nicht unser Wahnsinn, es ist der, den wir bei anderen finden.« (Adler 1932/1982, S. 238.)

Wenn wir so die Entwicklung Adlers im Zusammenhang mit dem »Machtstreben« überblicken, wird ersichtlich, dass er dieses immer deutlicher als eine unglückliche Variante von Menschsein, als eine gefährliche Kompensation auf der unnützen Seite des Lebens betrachtet. Gefährlich ist die Kompensation in zweierlei Hinsicht: Der vom Machtstreben geplagte Mensch wird seines Lebens nicht froh, weil er den sozialen Zusammenhalt nicht findet. Zugleich kommt er einer für sich und seine Mitmenschen gefährlichen Zeitbombe gleich, die unter gewissen Umständen explodieren und Schaden unter seinen Mitmenschen anrichten kann. In diesem Sinne schreibt der deutsche Individualpsychologe Robert F. Antoch:

»Alfred Adler hat also, wie ich meine, die Anwendung von Zwang, Macht und Gewalt als größte Gefahr für die seelische Gesundheit und für das förderliche soziale Zusammenleben von Menschen früh gesehen und herausgearbeitet.« (Antoch 1994, S. 162.)

Oder um mit Manès Sperber zu schließen:

»Für Adler ist Machtstreben eine verfehlte Kompensation quälender Minderwertigkeitsgefühle gedemütigter Menschen, eine Unfähigkeit zu einem auf Gleichwertigkeit beruhenden sozialen Verhalten.« (Sperber 1970, S. 107 f.)

Adler als Psychologe der Gegenwart

Zur Aktualität Adlers schrieb Ellenberger 1973:

»Man wird schwerlich einen anderen Autor finden, von dem von allen Seiten soviel entliehen worden ist, ohne dass es zugegeben wird, wie Alfred Adler. Seine Lehre ist, um eine französische Redensart zu benützen, ›une carrière publique‹ (ein öffentlicher Steinbruch) geworden, d. h. ein Ort, wo jedermann kommen und sich ohne Skrupel etwas nehmen kann.« (Ellenberger 1973, S. 873.)

Wie steht es heute mit der Aktualität von Alfred Adler? Manche seiner Begriffe wie Kompensation, Minderwertigkeitsgefühl oder Geltungsstreben sind Bestandteil der Alltagssprache geworden. Das Unbewusste, eine wissenschaftliche Entdeckung von Freud und Adler, ist salonfähig geworden und wird in der Psychologie grundsätzlich[5] anerkannt. Psychologinnen und Psychologen, Psychotherapeuten und Psychotherapeutinnen wie zum Beispiel die deutsche Buchautorin Stefanie Stahl beziehen sich auf Alfred Adler.

So schreibt Stahl: »Ein guter Weg aus dem Gefühl der Wertlosigkeit ist, sich in den Dienst der Gemeinschaft zu stellen. So schlägt es auch Alfred Adler vor, mit dessen Gedanken ich absolut konform bin« (Stahl 2022, S. 353).

Besonders beschäftigt hat Adler der Gegensatz von Gemeinwohl und Egoismus. Er kritisiert erstens eine Erziehung, die vom Kind erwartet, immer der oder die Erste zu sein. Es komme im Leben nicht darauf an, heißt es in der *Menschenkenntnis*,

> »der Erste zu sein. Besser ist es, hier eher etwas zu übertreiben und zu sagen: Wir brauchen keine Ersten. Vor ihnen ist uns eigentlich schon übel. Wenn wir die Geschichte sowie unsere Erfahrungen überblicken, so müssen wir feststellen, dass darauf kein Segen ruht. Ein solches Prinzip macht das Kind einseitig und vor allem zu keinem guten Mitmenschen. Denn die nächste Folge ist meist, dass es nur an sich denkt und daran, ob andere ihm nicht zuvorkommen könnten. Es entwickeln sich Neid- und Hassgefühle, eine Bangigkeit, ob er auch immer der Erste sein werde.« (S. 170 f.)

Beim Gegensatz zwischen Gemeinwohl und Egoismus denkt Adler zweitens an überholte und unzureichende Me-

5 Differenzen ergeben sich dann beim genaueren Definieren, wie das Unbewusste zu verstehen ist.

thoden, welche die Völker und Volksgruppen gegeneinander aufhetzen, statt zur Kooperation anzuleiten. Über solche Methoden schreibt er 1937:

> »Sie beruhen weitgehend darauf, nationalistische oder religiöse Leidenschaften anzufachen, und führen zu Unterdrückung, Verfolgung und Krieg. Eine Erziehung, die auf den Prinzipien der Individualpsychologie basiert, würde diese Truggebilde des Egoismus und der Torheit beseitigen und durch eine allgemeine Begeisterung für die allgemeine Wohlfahrt ersetzen. Die Individualpsychologie könnte alle latenten Kräfte, die Gruppen innewohnen, zum Guten bündeln, wie sie es bereits mit den latenten Kräften der Individuen tut.« (Adler 1937/2009, S. 167.)

Adlers Orientierung am Gemeinwohl[6] ist heute aktueller denn je. Die großen Menschheitsprobleme wie Umweltzerstörung oder Bedrohung durch Kriege/Massenvernichtungswaffen lassen sich nur durch gemeinsame Anstrengungen unter Verzicht auf Gewalt und hegemoniale Durchsetzung der eigenen egoistischen und nationalistischen Interessen lösen. Dass dieser Weg zu einer Gemeinwohlorientierung für die Menschheit kein einfacher ist, wusste der Begründer der Individualpsychologie genau. Er sprach im *Sinn des Lebens* (1933) von einem

6 Aktuelle Publikationen wie *Vom Ende des Gemeinwohls* von Michael J. Sandel (2020) oder *Zusammen. Wie wir mit Gemeinsinn globale Krisen bewältigen* von Ulrich Schnabel (2022) weisen in die gleiche Richtung.

»Ringen der Menschheit um ein stärkeres Gemeinschaftsgefühl. Es ist kaum zu übersehen, dass die Menschheit um dieses Problem weiß und von ihm durchdrungen ist. Was in der Gegenwart auf uns lastet, stammt aus dem Mangel sozialer Durchbildung. Was in uns drängt, um auf eine höhere Stufe zu kommen, von den Fehlschlägen unseres öffentlichen Lebens und unserer Persönlichkeit frei zu werden, ist das gedrosselte Gemeinschaftsgefühl. Es lebt in uns und sucht sich durchzusetzen, es scheint nicht stark genug zu sein, um sich trotz aller Widerstände zu bewähren. Es besteht die berechtigte Erwartung, dass in viel späterer Zeit, wenn der Menschheit genug Zeit gelassen wird, die Kraft des Gemeinschaftsgefühls über alle äußeren Widerstände siegen wird. Dann wird der Mensch Gemeinschaftsgefühl äußern wie Atmen. Bis dahin bleibt wohl nichts anderes übrig, als diesen notwendigen Lauf der Dinge zu verstehen und zu lehren.« (Adler 1933/2008, S. 165.)

Jürg Rüedi

Inhalt

Anhang